Klaus Busch/Joachim Bischoff/Hajo Funke

Rechtspopulistische Zerstörung Europas?

Klaus Busch ist Professor (i.R.) für Europäische Studien an der Universität Osnabrück und europapolitischer Berater der Gewerkschaft ver.di. 2016 veröffentlichte er zusammen mit Axel Troost, Gesine Schwan, Frank Bsirske, Joachim Bischoff, Mechthild Schrooten und Harald Wolf bei VSA: »Europa geht auch solidarisch! Streitschrift für eine andere Europäische Union«.

Joachim Bischoff ist Ökonom und Mitherausgeber der Zeitschrift Sozialismus. 2018 veröffentlichte er zusammen mit Dieter Sauer, Ursula Stöger, Richard Detje und Bernhard Müller bei VSA: »Rechtspopulismus und Gewerkschaften. Eine arbeitsweltliche Spurensuche«.

Hajo Funke ist Professor (i.R.) an der Freien Universität Berlin. 2018 erschien von ihm zusammen mit Christiane Mudra bei VSA: »Gäriger Haufen. Die AfD: Ressentiments, Regimewechsel und völkische Radikale. Handreichung zum demokratischen Widerstand«.

Klaus Busch/Joachim Bischoff/Hajo Funke

Rechtspopulistische Zerstörung Europas?

Wachsende politische Instabilität
und die Möglichkeiten einer Kehrtwende

VSA: Verlag Hamburg

www.vsa-verlag.de

Für wertvolle Anregungen danken die Autoren Wolfgang Greif (Wien), Udo Rehfeldt (Paris) und Volker Telljohann (Bologna).

Titelfoto: Internationale Rechtspopulisten treffen sich in Koblenz, Januar 2017 (dpa)
Druck und Buchbindearbeiten: Beltz Bad Langensalza GmbH
ISBN 978-3-89965-778-4

Inhalt

Einleitung

In weiten Teilen Europas haben rechte Bewegungen und Parteien in den letzten Jahren einen beachtlichen Zulauf und eindrucksvolle Wahlerfolge zu verzeichnen. In den meisten europäischen Ländern sind sie seit Jahren zu einem Bestandteil des politischen Systems geworden. Rechtspopulistische Parteien können nicht mehr als nationale Besonderheit oder vorübergehendes Protest- oder Randphänomen verniedlicht werden. In der seit längerem in Gang befindlichen Transformation der politischen Systeme ist die Veränderung der Parteienlandschaft und im Besonderen die Herausbildung von rechtspopulistischen Akteuren eine wesentliche Komponente. Inzwischen, im Frühjahr 2018, sind die rechtspopulistischen und rechtsradikalen Bewegungen so stark, dass sie in Kernländern der Eurozone die Parteiensysteme verändern und zu einer wachsenden politischen Instabilität beitragen. Sie gefährden, wird ihnen nicht Einhalt geboten, die Existenz Europas, nicht nur des Euroraums.

1. Globalisierung und besondere Belastungen im Euro-Raum

Die Phänomene, auf die der Rechtspopulismus reagiert, finden sich in unterschiedlicher Weise in einer Vielzahl westlicher Länder. In *Wut auf die Eliten* schreibt Helmut Anheier (2017), dass es mehrere Wahrnehmungen sind, die zu einem Verlust des Westens an Einheit und Kohärenz beigetragen haben. Da ist der *liberale Marktkapitalismus*, der in den »goldenen« 1990er Jahren in einer angeblich posthistorischen Periode als einziges Modell nach dem Scheitern des Kommunismus übrig geblieben zu sein schien – und dieses Modell brach mit der globalen Finanzkrise 2008 zusammen. Da ist das Versagen der Wirtschafts- und politischen Eliten in der Mehrheit der kapitalistischen Länder. Als Hüter der Gesellschaften haben sie sich zu sehr auf ihre eigenen Interessen bezogen und begonnen, ihre moralische Autorität zu verlieren. Anheier datiert diesen Prozess auf das letzte Vierteljahrhundert, vor allem aber auf den Zusammenbruch der scheinbar sicheren neuen Weltordnung nach 1990 in der Großen Krise 2008/2009. Die Finanzkrise wurde zum größten wirtschaftlichen Stresstest seit der Weltwirtschaftskrise in den 1930er Jahren und zur größten Herausforderung für die sozialen und politischen Systeme, die nur begrenzt bewältigt wurden, vor allem durch Sparmaßnahmen, steigende Arbeitslosigkeit und eine Reduktion der Sozialversicherungssysteme. Diese Finanzkrise hat die »neoliberale Agenda« infrage gestellt und war doch im bundesdeutschen Wahlkampf 2009 zum Beispiel kein Thema. Das politische Establishment der westlichen Staaten hat es versäumt, nach 2008 eine neue soziale Balance herzustellen und sich mit der anschwellenden immensen Unzufriedenheit in ihren Gesellschaften auseinanderzusetzen.

Die Zweifel an den versprochenen positiven Effekten der Globalisierung und der Europäisierung haben zum schnellen Anstieg reaktionärer, zum Teil völkischer ethnonationalistischer Bewegungen geführt. In den Kernländern der Eurozone profitieren neue Parteien, wie die AfD, davon, dass die Bürger*innen nicht mehr »Zahlmeister« für »reformunwillige« Peripherieländer sein wollen. Der Frust über die Euromisere mischt sich mit dem Unbehagen an der Globalisierung und etlichen Erscheinungsformen des finanzgetriebenen Kapitalismus. Die wachsende soziale Polarisierung, das Gefühl, dass sich Anstrengung nicht mehr lohnt und die Zukunftsperspektiven der Kinder verbaut sind, und der Eindruck, dass die politische Klasse sich darum nicht kümmert, sind wesentliche Faktoren für den Aufstieg des Rechtspopulismus. Dessen gesellschaftliche Basis ist ein historisch spezifisches Ressentiment. Den Einstellungen und Handlungen liegt das Gefühl chronischer Ohnmacht gegenüber erlittener Benachteiligung zugrunde. Das Ressentiment im Wortsinne ist ein Re-Sentiment, ein bloßes Wieder-Fühlen der Selbstwertverletzung. Die neoliberale Politik hat einerseits eine Aufwertung der Subjektivität in der gesellschaftlichen Wertschöpfung gefördert und gefordert. Andererseits sind weder die Leistungsansprüche noch der Selbstwert der Bürger*innen befriedigt worden. Mehr noch: Technologischer Wandel, Globalisierung sowie die Schwächung von Arbeitnehmerrechten haben in den letzten Jahrzehnten mit all ihren zerstörerischen Folgen – Selbstentmachtung der Nationalstaaten durch den Verzicht auf die staatliche Regulierung der globalisierten Finanzmärkte – die Basis für die Entstehung und Verbreitung sozialer Ungleichheit geschaffen, die sich in ein antistaatliches, gegen das Establishment gerichtetes Ressentiment umsetzt.

Einwandererströme und zunehmende Unterschiede zwischen Arm und Reich – die Furcht vor Folgewirkungen der Globalisierung – sowie die Abkoppelung der Eliten bescheren den rechten Populisten Argumente und Zulauf. Das Anschwellen der Flüchtlingsbewegung im Jahr 2015 wirkte gleichsam als Katalysator für eine Veränderung im Alltagsbewusstsein eines Teiles der Bürger*innen in Richtung offener zutage tretender fremdenfeindlicher und Anti-Establishment-Haltungen und Mentalitäten. In Deutschland erlangen Wut, Apathie und Unzufriedenheit in Zivilgesellschaft und politischem Raum einen Resonanzboden und Adressaten. Mit der Gründung der Alternative für Deutschland (AfD) 2013 und dem Aufkommen von Pegida im Herbst 2014 – und verstärkt durch die Flüchtlingsbewegung – setzt sich der Rechtspopulismus im politischen Raum fest.

In Westeuropa agieren die Parteien der Rechten vor allem gegen die EU und gegen Einwanderer, besonders solche muslimischen Glaubens bzw. muslimischer Herkunft. Angesichts der Aufwärtsbewegung der Rechtspopulisten in Österreich, Frankreich, den Niederlanden und des (Rechts-)Populismus in Italien besteht die Gefahr, dass sie eine unkontrollierbare Kettenreaktion ökonomischer und politischer Turbulenzen auslösen können.

Die zentrale These in diesem Buch lautet: Im Zuge der großen Krise, die seit 2008 die europäischen Länder sowie die EU als Ganzes erfasst hat, ist es nicht nur zu wachsenden ökonomischen und sozialen Ungleichgewichten, sondern auch zu einer zunehmenden politischen Instabilität gekommen. Die herrschenden Eliten erweisen sich mehr und mehr als unfähig, mit den Fehlentwicklungen der bürgerlichen Gesellschaften umzugehen. Die Enttäuschungen und die zunehmende Verunsicherung, das Gefühl, Politik sei nicht mehr in der Lage, Lösungen zu entwickeln, beziehen sich auf das gesamte traditionelle politische Spektrum, auch der politischen Linken.

2. Die Programmatik rechtspopulistischer Parteien

Rechtspopulisten definieren sich als die »wahren« Vertreter »ihres« Volkes (siehe z.B. die »Wahren Finnen«), eines Volkes, das ihres Erachtens schweren sozio-ökonomischen und identitätszerstörenden Gefährdungen ausgesetzt ist. Dazu zählen die Globalisierung und die Europäisierung (vor allem der Euro), die Arbeitsplätze und soziale Sicherheit zerstören, sowie der Zustrom an Flüchtlingen und Migrant*innen, der die völkische Identität bedroht. Die herrschende politische Klasse, die Parteien der Mitte, sind nach Auffassung der Rechtspopulisten nicht in der Lage, »ihr« Volk vor diesen Bedrohungen zu schützen. Im Gegenteil, die weltoffene Politik der Parteien der Mitte erzeugt und verfestigt diese Gefährdungen.

Deshalb seien nur sie, die rechtspopulistischen Parteien, in der Lage, durch einen radikalen Politikwechsel »ihr« Volk zu befreien und zu retten.

Die Globalisierung soll durch eine protektionistische Außenwirtschaftspolitik zurückgedrängt werden, der Euro soll abgeschafft werden, um wieder nationale Autonomie in der Geld- und Finanzpolitik zu erlangen, und die Zuwanderung gelte es durch eine harte Politik der Festung Europa, durch Abschottungen, Abschiebungen und eine Kasernierung der Flüchtlinge radikal einzudämmen. In Bezug auf die Sicherung und Bewahrung des Wohlfahrtsstaats ist die Haltung der rechtspopulistischen Parteien wechselhaft. Mal unterstützen sie eine neoliberale Politik des Zurückdrängens des Wohlfahrtsstaats, mal fordern sie dessen Bewahrung und Ausbau, freilich immer nur zum Wohle der einheimischen Bevölkerung.

Das Gefühl der Kränkung ermöglicht die Ausprägung und das Bedienen ethnozentristisch-fremdenfeindlicher, nationalistischer oder antisemitischer Ideologieelemente und politisch-psychologischer Bedürfnisse. Die rechtsnationale Mobilisierung gründet in der unzureichenden Partizipation an der allgemeinen Wohlstandsentwicklung. Sie ist aber auch ein Backlash gegen die Veränderungen des kulturellen Kapitals und gegen die Machtlosigkeit der Staatsapparate. Die Ursachen dieses kulturellen Wandels liegen in der gesellschaftlichen und ökonomischen Modernisierung: in Bildungsexpansion, Tertiarisierung und der zunehmenden Gleichstellung der Frau in Bildung und Arbeitsmarkt – zusammengefasst wird dies von der AfD in dem Bild: »Wir wollen weg vom links-rot-grün-versifften 68er-Deutschland ... hin zu einem wehrhaften Nationalstaat.« Die Entfesselung des Ressentiments erstreckt sich über bewusst miteinander verknüpfte Themen wie Einwanderung, Kriminalität, Globalisierung, innere Sicherheit und nationale Identität.

Insgesamt ist die Programmatik der Rechtspopulisten nicht differenziert entwickelt und voller Inkonsistenzen. Wir konzentrieren uns im Folgenden v.a. auf die wirtschaftspolitischen Aspekte. Eine Umsetzung der von den Rechtspopulisten geforderten protektionistischen Maßnahmen und der Austritt aus dem einheitlichen europäischen Binnenmarkt und dem Euroraum würden eine massive ökonomische Krise in Europa und der Welt erzeugen, die ihre nationalistischen arbeitsmarkt- und sozialpolitischen Forderungen unter sich begraben würde.

Die Inkonsistenz ihrer wirtschaftspolitischen Programmatik bedeutet allerdings nicht, dass die rechtspopulistischen Parteien mit ihrer Kritik an der Wirtschaftspolitik im Euroraum nach der Großen Krise 2008/2009 ebenso falsch lägen. In unserer Analyse der Eurokrise in Teil 1 dieses Buches werden wir zeigen, dass die herrschende Austeritätspolitik im Euroraum sich zunächst krisenverschärfend ausgewirkt und hohe Arbeitslosenraten, den Abbau von Reallöhnen und Sozialleistungen erzeugt hat. Dies hat in denjenigen Staaten, die unter dieser neoliberalen Sparpolitik besonders stark zu leiden hatten, bei vielen Bürger*innen zu einer massiven Ablehnung der europäischen Wirtschaftspolitik geführt. In zwei der von uns untersuchten fünf Staaten, in Italien und in Frankreich, die beide nach der Großen Krise unter anhaltend hohen Arbeitslosenraten zu leiden hatten, sind diese durch die Austeritätspolitik erzeugten sozialen Probleme ein besonders entscheidender Faktor für den Aufschwung der rechtspopulistischen Parteien (siehe die Länderanalysen in Teil 3).

In allen von uns untersuchten fünf Staaten haben der Fiskalpakt, die Schuldenbremse, das Sparparadigma und die damit einhergehende Austeritätspolitik bei Teilen der Bevölkerung, vor allem in den Unterschichten und den unteren Mittelschichten, zu einer wachsenden sozialen Verunsicherung beigetragen. Die Sorgen um den Arbeitsplatz, das Einkommen und den sozialen Schutz wurden größer, die Kritik an der zunehmenden Ungleichheit in der Verteilung von Vermögen und Einkommen wuchs. In dieser Lage konnten die rechtspopulistischen Parteien die Politik der Parteien der Mitte anprangern und die Ressentiments gegen die »unfähige« und »korrupte« herrschende politische Klasse schüren. Ebenso konnten sie angesichts der seit 2015 stark steigenden Flüchtlingszahlen mit einigem Erfolg die sozialen Abstiegsängste der unteren Schichten, ihre Wut und ihren Hass, auf die Migrant*innen ableiten und diese so zu Sündenböcken abstempeln. »Die bekommen alles, und wir bekommen nichts« ist eine auch in Deutschland seit 2015/2016 häufig zu hörende Anklage gegen eine Willkommenskultur in der Flüchtlingspolitik.

Da die Parteien der Mitte, aus Angst vor dem weiteren Aufschwung des Rechtspopulismus, in ihrer Flüchtlingspolitik sehr rasch von der Willkommens- zur Abschottungspolitik umschwenkten, bestätigten und verfestigten sie die Politik der rechtspopulistischen Parteien in der Flüchtlingsfrage. Die Parteien der Mitte machten nun genau das, was die Rechtspopulisten schon immer gefordert hatten, sodass Teile der Bevölkerung deren Verdikt von der »Überfremdung« des eigenen Volkes als von vornherein berechtigte Kritik an der Willkommenspolitik empfinden mussten. Die Ressentiments gegenüber Flüchtlingen und Migranten, deren Funktion als Sündenböcke für die sozialen Abstiegsnöte, wurden dadurch im erheblichen Maße verstärkt (vgl. dazu Teil 2).

3. Unterschiedliche Faktorenbündel erklären den Aufschwung des Rechtspopulismus

Die zunehmende soziale Ungleichheit, verschärft durch die Austeritätspolitik der EU sowie der Katalysatoreffekt der Flüchtlingskrise waren der Nährboden für den Aufschwung der rechtspopulistischen Parteien. In den Länderanalysen (Teil 3) haben wir den Rechtspopulismus in Italien, Frankreich, Österreich, den Niederlanden und Deutschland[1] anhand von fünf Einflussfaktoren untersucht: der sozio-ökonomischen Situation vor dem Hintergrund der Austeritätspolitik der EU, der Entwicklung und Wahrnehmung der sozialökonomischen Ungleichheit, der politischen Stabilität/Instabilität der Länder, der Einwanderungs- und Flüchtlingspolitik sowie des historisch-kulturellen Hintergrunds in Bezug auf den Rechtspopulismus. Diese fünf Faktoren haben in all diesen Ländern Einfluss auf die Entwicklung der rechtspopulistischen Parteien gehabt. Allerdings unterscheidet sich von Land zu Land die Bedeutung der einzelnen Faktoren, sodass sich insgesamt jeweils ein anderes Faktorenbündel ergibt.

In Italien waren die sozioökonomische Krise und die politische Instabilität seit den 1990er Jahren die relevantesten Einflussgrößen für die Entwicklung des Populismus. In Frankreich haben die sozio-ökonomische Entwicklung, vor allem die anhaltend hohe Arbeitslosigkeit, sowie die besondere Einwanderungs- und Flüchtlingssituation des Landes die wichtigste Bedeutung. Aber auch die spezifische Verarbeitung der Vichy-Vergangenheit und des Kolonialismus ist von großer Relevanz. In den Niederlanden spielen für den jüngsten Aufschwung der rechtspopulistischen Partij voor de Vrijheid (PVV) die harte Sparpolitik der zweiten Regierung Rutte sowie die zunehmende Verunsicherung der unteren und mittleren Schichten aufgrund der gewachsenen sozialen Ungleichheit die größte Rolle. Die langjährige rechtsnationalistische Tradition Österreichs, die in Gesellschaft und Politik bis heute nicht ausreichend kritisch aufgearbeitet worden ist, erklärt, dass

[1] Wir haben uns in der Untersuchung des Rechtspopulismus in der EU auf die fünf genannten Staaten konzentriert, weil in diesen Ländern zwischen dem Frühjahr 2017 und dem Frühjahr 2018 wichtige Parlaments- und Präsidentschaftswahlen stattgefunden haben. In allen fünf Staaten war vor den Wahlen die Sorge sehr groß, dass die rechtspopulistischen Parteien stark an politischem Einfluss gewinnen könnten.

die rechtspopulistische Freiheitliche Partei Österreichs (FPÖ) inzwischen in der Mitte der Gesellschaft angekommen und angenommen worden ist.

Ohne diesen historischen Hintergrund sind die aufgeladenen Ressentiments gegenüber den Flüchtlingen nicht zu verstehen, deren Zahl sich in Grenzen hält und inzwischen sogar stark rückläufig ist. Im ökonomisch stabilen Deutschland wiederum sind die unteren Schichten, die im großen Niedriglohnsektor des Landes arbeiten, sozial stark verunsichert. Darüber hinaus haben die wachsende soziale Ungleichheit sowie die düsteren Perspektiven der Alterssicherung auch in der Mittelschicht Abstiegsängste erzeugt. Dies ist der soziale Nährboden des Rechtspopulismus, dem es in der Zeit stark wachsender Flüchtlingszahlen auch gelungen ist, Ängste, Wut und Hass auf die Migranten abzuleiten.

4. Wachsende politische Instabilität in der EU durch das Erstarken des Rechtspopulismus

Unsere Länderanalysen zeigen nicht nur die zunehmende Erstarkung des Rechtspopulismus, sie offenbaren darüber hinaus eine wachsende Instabilität im Parteiensystem in den untersuchten Ländern. In Italien ist die politische Instabilität so groß, dass nach den Wahlen im März 2018 durchaus eine antieuropäische Regierungskoalition aus dem Movimento Cinque Stelle (M5S), der Lega (Nord) und den Fratelli d'Italia gebildet werden könnte. Neben diesem »worst case« für die EU ist auch ein weiterer Alptraum möglich: eine Regierungskoalition unter Führung von Berlusconis rechtem Dreierbündnis (Forza Italia, Lega Nord und Fratelli d'Italia).

Die Zunahme der politischen Instabilität wird in letzter Zeit nicht nur an der zunehmenden Zersplitterung der Parteienlandschaft bzw. an der Zerstörung ehedem stabiler Parteienkonstellationen sichtbar, sondern auch am Trend zu »Führer«-Parteien (siehe Teil 3, Abschnitt 6.2).

5. Entwicklungspfade für die EU – Zerstörung oder Stabilisierung?

Für die aktuelle Reformdebatte in der EU, die sich seit über einem Jahrzehnt in der schwersten Krise seit Beginn der Integration befindet, sind die beschriebenen Entwicklungstrends – das Erstarken des Rechtspopulismus, der Rechtsruck in Ländern wie Österreich und den Niederlanden sowie die zunehmende politische Instabilität in einigen Mitgliedstaaten – eine schwere Hypothek.

Schon die harte Austeritätspolitik, mit der die Eurozone auf die Große Finanzkrise antwortete, hat den Integrationsprozess stark geschwächt. Im Gefolge dieser Politik sank nicht nur die Akzeptanz der EU – selbst in Ländern wie Italien, die einst zu glühenden Anhängern der Integration zählten. Darüber hinaus erstarkte angesichts der sozio-ökonomischen Schwierigkeiten der Rechtspopulismus, was in den Europawahlen 2014 besonders sichtbar wurde. Dieser Rechtsruck wiederum hat alle in den Jahren 2011 bis 2013 diskutierten grundlegenden Reformvorschläge (Blaupause der Barroso-Kommission; Andor-Plan für eine soziale Wirtschafts- und Währungsunion [WWU]) zur Überwindung der Strukturdefizite der Eurozone zur Makulatur gemacht. Pläne zur Einführung einer Europäischen Fiskalpolitik (Wirtschaftsregierung), einer nachhaltigen Stärkung des Haushalts, um symmetrische und asymmetrische wirtschaftliche Krisen besser bekämpfen zu können, zur Einführung von Eurobonds und zur Verwirklichung einer sozialen Komponente der WWU, verschwanden nach den Europawahlen 2014 in der Schublade, weil Vertragsrevisionen angesichts des Rechtsrucks als illusionär betrachtet wurden.

Neben diesen sozio-ökonomischen Problemen verstärken der Brexit, die ungelösten Fragen der EU-Flüchtlingspolitik sowie die Unterhöhlung der demokratischen Verfassungsordnungen in Osteuropa, vor allem in Polen und Ungarn, die Integrationskrise der EU. Um diesem ökonomisch, politisch und kulturell destruktiven Zirkel zu begegnen, braucht es eine transparente und demokratisch kontrollierte Erneuerung der Eurozone und der EU. Dies gilt für die »Basics«, die Ökonomie und Finanzpolitik, aber ebenso für eine proeuropäische Grundhaltung, die ein Verständnis davon entwickelt, dass eine an gemeinsamen Zielen orientierte Wirtschafts-, Sozial- und Finanzpolitik gerade im Interesse derjenigen ist, die sich europaweit und in einzelnen Regionen abgehängt sehen. Dies macht eine pro-europäische Orientierung realistisch – und attraktiv. Sie sollte das Ziel aller demokratischen Parteien sein – diesseits eines neoliberalen Designs der bürgerlich-liberalen Parteien, des rechten Flügels der Konservativen und der vereinigten Rechtspopulisten aller europäischen Länder.

Damit stellt sich die Frage, welchen Entwicklungspfad die EU in den kommenden Jahren einschlagen wird. Dieser Frage ist Teil 4 dieses Buches gewidmet. Wir werden zunächst das Szenario der Zerstörung von Eurozone und EU darstellen und danach die Schritte aufzeigen, die im Integrationsprozess für eine Stabilisierung von Eurozone und EU getan werden müssten. Dabei unterscheiden wir zwischen einem – zurzeit wenig wahrscheinlichen – grundlegenden Reformszenario, das zu einem Supranationalisierungsschub und einem neuen europäischen Wirtschafts- und Sozialmodell führen würde, und einem minimalen politisch-kulturellen Stabilisierungskonzept, das die politischen und ökonomischen Reformen beinhaltet, die in Eurozone und EU in Angriff genommen werden müssten, um den Integrationsprozess zumindest zu stabilisieren und den weiteren Zerstörungsprozess zu verhindern.

In diesem Konzept geht es darum, den Abwärtstrend, in dem sich die EU momentan befindet, zu stoppen und neues Vertrauen in den Integrationsprozess zu schaffen. Das Konzept unterschreitet deutlich das Niveau des gerade beschriebenen Modells einer zusätzlichen Supranationalisierung der EU und eines alternativen europäischen Wirtschafts- und Sozialmodells, geht aber wesentlich weiter als die moderaten Reformvorschläge, die 2017 von der Europäischen Kommission initiiert worden sind.

Sollte auch dieses moderate Mindest-Stabilisierungskonzept nicht durchsetzbar sein, blieben Eurozone und EU auf der schiefen Ebene. Zu den Europawahlen 2019 würde sich die EU den Bürger*innen weiterhin in einem desolaten Zustand präsentieren. Sie wird einige Potemkinsche Dörfer, etwa in Gestalt der Säule sozialer Rechte in der EU, vorweisen können, aber in den großen Fragen weiterhin nackt wie der Kaiser ohne Kleider dastehen. Weder die Strukturfragen der WWU, noch ein europäischer Verteilungsmechanismus in der Flüchtlingsfrage, noch ein Stopp der Unterhöhlung demokratischer Verfassungsgrundsätze in Polen und Ungarn, noch ein Austrocknen der Steueroasen in Großbritannien, Irland, den Niederlanden, Luxemburg und Malta wird 2019 auf der Habenseite der Reformen der EU zu erkennen sein.

Für die rechtspopulistischen Parteien sind dies willkommene Argumente, die sie gegen die EU ins Feld führen können. Eine weitere Rechtsverschiebung der politischen Kräfteverhältnisse in Europa jedoch wird die beschriebene wachsende politische Instabilität in der EU und die Gefahr ihrer internen Zerstörung weiter befördern.

Teil 1: Die Eurokrise als Hintergrund für den Aufschwung des Rechtspopulismus

Die Europäische Union steht vor der größten Bewährungsprobe seit ihrer Grundsteinlegung vor 60 Jahren. Neben dem Brexit sowie der Unterminierung der demokratischen Ordnung in Polen und Ungarn drohen vor allem die nicht gelöste Eurokrise und die anhaltenden Konflikte zwischen den Mitgliedstaaten in der Flüchtlingskrise die Grundfesten der Union zu erschüttern. Die Austeritätspolitik, die in der EU zur Bekämpfung der Wirtschaftskrise im Gefolge der Finanzkrise 2008/2009 dominierte, hat die ökonomische Nord-Süd-Spaltung vertieft. Die Flüchtlingskrise hat darüber hinaus einen Ost-West-Gegensatz in der EU erzeugt. Die sozio-ökonomischen Probleme im Kontext der Eurokrise und die mangelhafte Solidarität innerhalb der EU bei der Lösung der Flüchtlingskrise erweisen sich als Treibsatz rechtspopulistischer Bestrebungen, die die Existenz der EU gefährden. Bevor wir in Teil 3 die Entwicklung des Rechtspopulismus in den von uns ausgesuchten fünf EU-Staaten untersuchen, sollen deshalb im Folgenden die Euro- und im anschließenden Teil 2 die Flüchtlingskrise näher analysiert werden.

1. Die ökonomischen und sozialen Folgen der Austeritätspolitik

Die aktuell verbesserte Wirtschaftslage von EU und Eurozone wird von den Verfechtern einer harten Sparpolitik als Beleg dafür angesehen, dass diese Austeritätspolitik erfolgreich und der richtige Weg zur Überwindung der im Gefolge der Großen Finanzkrise ausgebrochenen Eurokrise war. Die erneut hohen Wachstumsraten und die rückläufigen Arbeitslosenraten in den Krisenländern Irland, Portugal, Spanien und Griechenland zeigten (vgl. die Tabellen 1 und 2, S. 20), dass die Entbehrungen im Zuge der Austeritätspolitik notwendig waren, um eine neue Grundlage für eine erfolgreiche wirtschaftliche Entwicklung dieser Länder zu legen. Diese Argumentation muss in dreifacher Hinsicht deutlich kritisiert werden:

- Erstens lässt sich anhand eines Vergleichs der Wirtschaftsentwicklung in der EU/Eurozone und den USA zeigen, dass mithilfe einer alternativen, wachstumsorientierten Wirtschaftspolitik die Krise nach 2008/2009 schneller überwunden werden konnte als auf der Basis des harten Sparkurses.

- Zweitens wird damit deutlich, dass die enorm hohen sozialen Kosten des Austeritätskurses (Arbeitslosigkeit, Reallohneinbußen, Abbau der sozialen Sicherungssysteme) zu vermeiden gewesen wären. Damit hätte darüber hinaus die zusätzliche ökonomische und soziale Spaltung zwischen dem Norden und Süden der EU verhindert werden können, eine Spaltung, die aufgrund der politischen Abwendung von der EU schließlich die Re-Nationalisierungstendenzen und den Anstieg des Rechtspopulismus drastisch befördert hat. Die politische Instabilität, die in vielen EU-Staaten deutlich zunimmt, ist im entscheidenden Maße auf den Irrweg der Austeritätspolitik zurückzuführen.
- Drittens übersehen die Protagonisten der herrschenden Wirtschaftspolitik in der EU, dass die Geburtsfehler der Wirtschafts- und Währungsunion, ihre Strukturdefizite in Gestalt einer fehlenden gemeinsamen Fiskalpolitik und mangelhafter ökonomischer und sozialer Ausgleichsmechanismen, bis heute nicht überwunden worden sind und darüber hinaus wegen der erzeugten Tendenzen zur Re-Nationalisierung und zum Rechtspopulismus politisch aktuell immer schwieriger zu überwinden sind.

Die wirtschaftliche Entwicklung seit der Großen Krise 2008/09 macht deutlich, dass die harte Sparpolitik der EU wesentlich geringere Erfolge aufzuweisen hat als die expansive Wirtschaftspolitik, die die USA durch den parallelen Einsatz von Fiskal- und Geldpolitik betrieben hat. Ferner werden die enormen sozialen Kosten der Austeritätspolitik sichtbar, die einerseits in einer hohen Arbeitslosigkeit und andererseits in Umverteilungsprozessen zugunsten der Kapitalseite bestehen. Letzteres ist im Zuge der Stärkung der »Wettbewerbsfähigkeit« der Mitgliedstaaten vor allem durch eine politisch bewusst herbeigeführte Schwächung der Tarifmacht der Gewerkschaften erreicht worden.

Die ökonomische Dimension

Die Eurozone hat nach der Großen Krise 2008/2009 sehr lange gebraucht, um wirtschaftlich wieder Tritt zu fassen. Erst seit 2015/16 verzeichnet sie wieder Wachstumsraten, die mit denen der USA vergleichbar sind. In den Jahren 2012/13 hat die harte Sparpolitik erneut eine Rezession erzeugt. Insbesondere in Portugal, Spanien, Italien und Griechenland hinterließ der Austeritätskurs tiefe ökonomische Spuren (siehe Tabelle 1).

Tabelle 1: Wachstumsraten ausgewählter Staaten (EU, USA), Angaben in %

	2008	2009	2010	2011	2012	2013	2014	2015	2016	2017	2018
D	1,1	-5,6	4,1	3,7	0,5	0,5	1,9	1,7	1,9	2,2	2,1
F	0,2	-2,9	2,0	2,1	0,2	0,6	0,9	1,1	1,2	1,6	1,7
I	-1,1	-5,5	1,7	0,6	-2,8	-1,7	0,1	1,0	0,9	1,5	1,3
NL	1,7	-3,8	1,4	1,7	-1,1	-0,2	1,4	2,3	2,2	3,2	2,7
Ö	1,5	-3,8	1,8	2,9	0,7	0,0	0,8	1,1	1,5	2,6	2,4
IRL	-3,9	-4,6	1,8	3,0	0,0	1,6	8,3	25,6	5,1	4,8	3,9
POR	0,2	-3,0	1,9	-1,8	-4,0	-1,1	0,9	1,8	1,5	2,6	3,1
SP	1,1	-3,6	0,0	-1,0	-2,9	-1,7	1,4	3,4	3,3	3,1	2,5
GR	-0,3	-4,3	-5,5	-9,1	-7,3	-3,2	7,0	-0,3	-0,2	1,6	2,5
EURO	0,4	-4,5	2,1	1,6	-0,9	-0,2	1,3	2,1	1,8	2,2	2,1
GB	-0,5	-4,2	1,7	1,5	1,5	2,1	3,1	2,3	1,8	1,5	1,3
SCHW	-0,6	-5,2	6,0	2,7	-0,3	1,2	2,6	4,5	3,3	3,2	2,7
EU	0,4	-4,3	2,1	1,7	-0,4	0,3	1,8	2,3	1,9	2,3	2,1
USA	-0,3	-2,8	2,5	1,6	2,2	1,7	2,6	2,9	1,5	2,2	2,3

Quelle: European Commission: Statistical Annex of European Economy, Autumn 2017, table 10, p. 28.

Tabelle 2: Arbeitslosenraten ausgewählter Staaten (EU, USA), Angaben in %

	2008	2009	2010	2011	2012	2013	2014	2015	2016	2017	2018
D	7,4	7,6	7,0	5,8	5,4	5,2	5,0	4,6	4,1	3,7	3,5
F	7,4	9,1	9,3	9,2	9,8	10,3	10,3	10,4	10,1	9,5	9,3
I	6,7	7,7	8,4	8,4	10,7	12,1	12,7	11,9	11,7	11,3	10,9
NL	3,7	4,4	5,0	5,0	5,8	7,3	7,4	6,9	6,0	4,8	4,0
Ö	4,1	5,3	4,8	4,6	4,9	5,4	5,6	5,7	6,0	5,6	5,5
IRL	6,4	12,0	13,9	14,7	14,7	13,1	11,3	9,4	7,9	6,1	5,0
POR	8,8	10,7	12,0	12,9	15,8	16,4	14,1	12,6	11,2	9,2	8,3
SP	11,3	17,9	19,9	21,4	24,8	26,1	24,5	22,1	19,6	17,4	15,6
GR	7,8	9,6	12,7	17,9	24,5	27,5	26,5	24,9	23,6	21,8	20,4
EURO	7,6	9,6	10,2	10,2	11,4	12,0	11,6	10,9	10,0	9,1	8,5
GB	5,6	7,6	7,8	8,1	7,9	7,5	6,1	5,3	4,8	4,5	4,7
SCHW	6,2	8,3	8,6	7,8	8,0	8,0	7,9	7,4	6,9	6,6	6,4
EU	7,0	9,0	9,6	9,7	10,5	10,9	10,2	9,4	8,6	7,8	7,3
USA	5,8	9,3	9,6	8,9	8,1	7,4	6,2	5,3	4,9	4,4	4,3

Quelle: European Commission: Statistical Annex of European Economy, Autumn 2017, table 3, p. 14

Die USA erlebten dagegen seit 2010 eine deutliche Erholung von Produktion und Beschäftigung mit Wachstumsraten des Bruttoinlandsprodukts (BIP) von 2-3%. Während die Arbeitslosenrate in der Eurozone 2010 bei 10,2% lag und 2016 immer noch 10,0% betrug, sank sie in den USA im selben Zeitraum von 9,6% auf 4,9% (Tabelle 2).

Um die Ursachen dieser Entwicklung und den Unterschied zu den USA zu verstehen, muss man zunächst den besonderen Charakter der Großen Krise von 2008/2009 in den Blick nehmen. Die Große Krise war keine normale Konjunkturkrise, sondern eine Finanzmarktkrise, die von den Übertreibungen vor allem im Immobiliensektor hervorgerufen wurde, insbesondere in den USA, Großbritannien, Irland und Spanien. Das Platzen dieser Immobilienblasen löste in Verbindung mit dem Wertverfall global verteilter toxischer Finanzmarktpapiere, die auf Immobilienwerten basierten, Schockwellen im Finanzsektor aus, die sehr rasch auch die reale Wirtschaft erfassten.

Derartige Finanzkrisen unterscheiden sich von normalen Konjunkturkrisen in vielerlei Hinsicht, sie sind in der Regel tiefer und dauern wesentlich länger. Eine Konjunkturkrise währt im Durchschnitt ein bis eineinhalb Jahre, eine Finanzkrise dagegen fünf bis sechs Jahre. Dieser Unterschied ergibt sich vor allem aus zwei Prozessen. Einerseits zögert der Bankensektor in der Finanzkrise, neue Kredite zu gewähren, selbst wenn die Refinanzierung durch die Zentralbank sehr günstig ist. Der Bankensektor hat in seiner solchen Krise sehr viele notleidende Kredite in seiner Bilanz, und dies erzeugt einen »Credit Crunch«, das heißt, die niedrigen Zinsen der Zentralbank werden nicht an die Realwirtschaft weitergereicht. Andererseits verursacht auch das Verhalten des hoch verschuldeten privaten Sektors (Zusammenbruch der Hypothekenkredite und Platzen weiterer Kreditblasen) eine Verlängerung der Krise. Der Privatsektor versucht seine Schulden zu reduzieren, konsumiert weniger und spart mehr, ein Verhalten, das sich negativ auf die Entwicklung der gesamtwirtschaftlichen Nachfrage auswirkt.

Voraussetzung einer wirtschaftlichen Erholung nach einer Finanzkrise ist deshalb zum einen eine Sanierung des Bankensektors durch Kapitalvernichtung (Pleiten) und/oder die Zufuhr frischen Kapitals, also eine Verbesserung der Eigenkapitalquote, zum anderen eine deutliche Reduktion der Schulden des Privatsektors. Erst auf dieser Grundlage können staatliche Konjunkturprogramme und eine lockere Geldpolitik der Zentralbank dauerhafte wirtschaftliche Erfolge erzielen. Die im Vergleich zur Eurozone schnellere und tiefere ökonomische Erholung der USA seit 2010 ist u.a. auf diesen Faktor zurückzuführen. Während in den USA seit der Krise mehr als 500 Banken abgewickelt wurden, waren es in der Eurozone gerade einmal eine Handvoll. Die Eigenkapitalquote im Bankensektor hat sich auch deshalb in den USA erheblich stärker verbessert als in der Eurozone. Die Reingewinne des Sektors stagnieren in der Eurozone, während sie in den USA seit der Krise wieder deutlich angestiegen sind. Die Gewinnrate (in Relation zur Bilanzsumme) ist in den USA erheblich höher als in der Eurozone. Darüber hinaus ist auch die Entschuldung des Privatsektors in den USA deutlich stärker vorangekommen als in Europa (vgl. IMF 2014a; IMF 2014b; BIZ 2014).

Neben diesen finanzökonomischen Differenzen ist für die ökonomischen Divergenzen zwischen den USA und der Eurozone seit der Krise die unterschiedliche wirtschaftspolitische Philosophie, die in beiden Regionen dominiert, von entscheidender Bedeutung. Die USA leiteten sehr rasch eine expansive Geld- und Fiskalpolitik ein, um die Arbeitslosigkeit zu überwinden sowie Produktion und Einkommen zu steigern. Die Europäische Zentralbank (EZB) dagegen begann erst sehr verzögert mit einer Politik der monetären Lockerung, wobei die Fiskalpolitik unter dem Regime von Stabilitätspakt und Fiskalvertrag (Schuldenbremse) die gesamtwirtschaftliche Nachfrage erheblich dämpfte. Die unter der Führung Deutschlands intonierte Sparpolitik erzeugte in der Eurozone 2012 und 2013 in Verbindung mit den mangelhaften Umstrukturierungen im Banken- und Privatsektor erneut eine Rezession. Schlagend deutlich wird der Unterschied daran, dass die Kredite für Investitionen der Unternehmen seit 2010 in den USA kontinuierlich angestiegen, während sie in der Eurozone bis 2015 gesunken sind.

Der Vergleich zwischen der Eurozone und den USA ist insofern interessant, weil er den Erfolg zweier gegensätzlicher Strategien zur Überwindung einer Krise verdeutlicht. Die Eurozone hat den Weg der Kürzungspolitik, der Austerität, gewählt, weil sie die Staatsverschuldung irrigerweise als die Hauptverursacherin der Krise interpretierte. Austerität dämpft die Nachfrage, erhöht die Arbeitslosigkeit, schwächt die Gewerkschaften und lässt die Lohnkosten sinken. Dieser Weg dauert lange, bis sich erneut eine Erholung abzeichnet. Er ist mit sehr hohen sozialen Kosten verbunden, vor allem in Form einer hohen Arbeitslosigkeit. Die Erholung setzt ein, wenn sich die Kürzungspolitik dem Ende zuneigt, weil die Haushaltsdefizite weitgehend beseitigt sind, die Angebotsbedingungen der Produktion sich durch sinkende Löhne verbessert haben und so auch zu Erfolgen auf den Exportmärkten führen. Die Eurozone befindet sich gegenwärtig in einer solchen Phase des Umschwungs, das zeigen die Wachstumsraten für Irland, Spanien, Portugal und Griechenland (vgl. Tabelle 1). Aber immer noch liegt die

Arbeitslosenrate der Eurozone 2017 mit 9,1% über dem Niveau des Jahres 2008 mit 7,6% (vgl. Tabelle 2).

Der alternative Weg, den die USA gewählt haben, bekämpft die Krise durch eine expansive Geld- und Fiskalpolitik. Durch die Stützung der Nachfrage wird die Krise rasch überwunden. Zwar steigen zunächst noch die Staatsschulden, diese können aber in der Phase guter Wachstumsraten nach und nach reduziert werden. Die sozialen Kosten dieser Strategie sind wesentlich geringer als beim Austeritätsweg, den die Amerikaner deshalb auch als »cold turkey« bezeichnen.[2]

Die soziale Dimension

Obwohl nicht nur jenseits des Atlantiks, sondern sozusagen vor der Haustür der Eurozone, in Schweden, die Wirtschaftskrise mithilfe einer Wachstumsstrategie ohne brutale soziale Kosten überwunden werden konnte (vgl. Maass/Möllers 2016 sowie Busch 2016a), stellte Deutschland die unter seiner Führung durchgesetzte europäische Wirtschaftspolitik immer wieder als alternativlos dar. Den verschuldeten Ländern in der Eurozone wurde stets aufs Neue gepredigt, dass ohne eine harte Kürzungspolitik in den öffentlichen Haushalten und ohne »Strukturreformen« in den sozialen Sicherungssystemen und in den Tarifverhandlungssystemen, d.h. ohne Sozial- und Lohnabbau, die Krise nicht überwunden werden könne.

Als Folge dieser von der Troika und den Finanzmärkten durchgesetzten Wirtschaftsphilosophie erlebten vor allem die abhängig Beschäftigten in den südeuropäischen Ländern der EU eine massive soziale Krise, die bis heute nicht überwunden ist. Im Jahr 2013 erreichte die Arbeitslosigkeit in Griechenland (27,5%), in Spanien (26,1%), in Portugal (16,4%) und in Italien (12,1%) Negativrekordwerte (Tabelle 2). Noch im Jahr 2017 lag die Arbeitslosenrate in diesen Ländern teilweise deutlich über dem Niveau von 2008. In den sozialen Sicherungssystemen dieser Länder wurden in unterschiedlichem Ausmaß Kürzungen der Arbeitslosenunterstützung, der Altersrenten und der Gesundheitsausgaben vorgenommen (vgl. Busch/Hermann/Hinrichs/Schulten 2012).

Darüber hinaus wurde durch massive staatliche Eingriffe die Gewerkschaftsmacht in den Staaten Südeuropas stark geschwächt (Bsirske u.a.

---

[2] Bei dieser positiven Bewertung der auf »Jobs, Jobs, Jobs« orientierten Wirtschaftspolitik übersehen wir weder die wachsende Ungleichheit von Vermögen und Einkommen noch den schwach entwickelten Wohlfahrtsstaat in den USA.

2016). In Portugal, Spanien, Italien und Griechenland sind die Tarifvertragssysteme in erheblichem Maße geschleift worden. Die Aushöhlung der Flächentarifvertragsstrukturen beruht in diesen Ländern im Wesentlichen auf den folgenden Maßnahmen:

- erstens dem Vorrang von Unternehmens- vor sektoralen Vereinbarungen, zum Beispiel durch die Abschaffung bzw. Umkehrung des Günstigkeitsprinzips, was bedeutet, dass in der Praxis Unternehmensvereinbarungen sektorale Standards unterlaufen können;
- zweitens der weitgehenden Rücknahme der rechtlichen Unterstützung des Flächentarifvertragssystems, z.B. durch die Einführung restriktiverer Kriterien für die Allgemeinverbindlicherklärung von Tarifverträgen;
- drittens der Ausweitung der Möglichkeiten für gewerkschaftlich nicht organisierte Gruppen von Arbeitnehmern, Verhandlungen auf Unternehmensebene zu führen (Müller/Platzer 2016).

Im Gefolge dieser Eingriffe ist die Zahl der sektoralen Tarifabkommen von 2008 bis 2013 dramatisch gesunken: in Portugal von 172 auf 27, in Spanien von 1.448 auf 887 und in Griechenland von 202 auf 14. Mit Recht kann hier von einer De-Kollektivierung der Arbeitsbeziehungen gesprochen werden (ebd.).

Auch in anderen europäischen Ländern ist die Zahl der Tarifvereinbarungen krisenbedingt zurückgegangen, allerdings längst nicht in dem Umfang wie in den Programmländern. In Europa ist deshalb generell ein Rückgang des Tarifdeckungsgrades zu verzeichnen. Eine Ausnahme bilden hier nur Finnland, Österreich, die Niederlande und Belgien. In Deutschland nahm der Deckungsgrad von knapp 70% im Jahr 2000 auf knapp 60% im Jahr 2012 ab, in Schweden von 93% auf 88% und in Großbritannien von 36% auf 29%. Dramatischer sind die Verläufe in Portugal, Spanien und Griechenland: In Portugal gab es eine Abnahme von 93% auf 32%, in Spanien von 83% auf 67% und in Griechenland von 85% auf 50% (ebd.). In Spanien ist der Wert bis 2014 noch weiter gefallen, und zwar auf 50% (vgl. Bellera-Kirchhoff 2016).

Es ist nicht verwunderlich, dass im Gefolge dieser Schwächung der gewerkschaftlichen Verhandlungsmacht in der Zeit von 2008 bis 2014 tarifpolitische Erfolge in vielen Ländern ausblieben. In 13 der 28 EU-Staaten sind in diesem Krisenzeitraum die Reallöhne gesenkt worden (European Commission 2015: table 31). Darüber hinaus gelang es in 18 der 28 Staaten nicht, den verteilungsneutralen Spielraum auszuschöpfen, da die Reallöhne nicht im selben Maße zunahmen wie die Produktivität (ebd.: table 34). Besonders schwach waren erneut die Lohnergebnisse in den Staaten

Mittel- und Osteuropas. Für die Position der Gewerkschaften in Europa ist es besonders bedrohlich, dass aufgrund der Austeritätspolitik jetzt auch die ehedem sehr starken Gewerkschaften in Südeuropa erheblich an Tarifmacht verloren haben und deshalb in Portugal, Spanien, Italien und Griechenland die Reallöhne in der genannten Krisenperiode gesunken sind. (Telljohann 2016)

Diese sozialen Folgen der Austeritätspolitik sind ein Erklärungsfaktor für die Legitimationskrise, in der sich die Europäische Union momentan befindet. Gerade in den Staaten Südeuropas, die einst zu ihren stärksten Bastionen zählten, sind die Akzeptanzwerte der EU dramatisch eingebrochen.

2. Die Strukturprobleme der Wirtschafts- und Währungsunion

Vor 25 Jahren fiel in Maastricht der Startschuss für einen weiteren Integrationsschritt: Die Mitgliedstaaten erklärten sich bereit, ihre geldpolitische Souveränität aufzugeben und eine gemeinsame Währung einzuführen, den Euro. Die EZB wurde nach dem Vorbild der Bundesbank konzipiert und hat wie sie für stabile Preise gesorgt. Der Euro ist heute gesetzliches Zahlungsmittel in 19 EU-Staaten.

Während der seit 2010 schwelenden Eurokrise wurde offenkundig, dass die Wirtschafts- und Währungsunion (WWU), wie sie im Maastrichter Vertrag konzipiert worden ist, massive Funktionsdefizite aufweist. Eine gemeinsame Währung einzuführen, ohne gleichzeitig die Politische sowie die Soziale Union zu vollenden, und ohne parallel eine Europäische Wirtschaftsregierung zu installieren, war schon mit dem Inkrafttreten des Maastrichter Vertrages im Jahr 1993 als Fehlkonstruktion zu erkennen (Busch 1990).

Wegen der Integrationseuphorie der 1990er Jahre sind diese Fehler vom Mainstream in Politik und Wissenschaft lange übersehen worden, Bedenken wurden als »antieuropäisch« beiseite gefegt.

Im Verlauf der Eurokrise sind diese Defizite der Maastrichter WWU in Politik und Gesellschaft jedoch immer stärker in den Blickpunkt gerückt. Seit dem Jahr 2011 werden bis heute von der EU immer wieder Pläne unterbreitet, wie die Konstruktion der WWU reformiert werden kann, um ihr dauerhaft Stabilität zu verleihen. Bislang sind jedoch alle diese Vorschläge nicht umgesetzt worden.

3. Die wirtschaftspolitischen Reformvorschläge

2011/12 legten der Präsident der Europäischen Kommission, José Manuel Barroso, und der Präsident des Europäischen Rates, Herman von Rompuy, unter dem Titel »Für eine echte und vertiefte Wirtschafts- und Währungsunion« die ersten Konzepte vor, wie die Mängel von Maastricht geheilt werden könnten (Europäische Kommission 2012; Rompuy/Barroso/Juncker/Draghi 2012). Im Vorschlag Barrosos, der »Blaupause« für die Weiterentwicklung der WWU, werden zunächst die Schwächen des Maastrichter Vertrages so schonungslos offengelegt wie in keinem Dokument der Europäischen Kommission zuvor. Danach werden die Eurokrise und die zu ihrer Überwindung bis dato durchgeführten Maßnahmen analysiert. Es wird argumentiert, dass damit die Defizite der WWU nicht behoben seien, vielmehr eine weitere Vertiefung der Integration notwendig sei, um der WWU und der EU dauerhaft Stabilität zu geben. Es wird vorgeschlagen, diese Vertiefung in drei Phasen vorzunehmen: einer kurzfristigen (6-18 Monate), einer mittelfristigen (eineinhalb bis fünf Jahre) und einer längerfristigen Phase (mehr als fünf Jahre). Es werden nicht nur ökonomische Maßnahmen erörtert, sondern auch Schritte zur Vertiefung der Politischen Union diskutiert, um die notwendige Governance für eine echte WWU zu schaffen und der vertieften Union eine demokratische Legitimität zu verleihen.

In der ersten Phase gehe es vor allem darum, innerhalb des bestehenden Rechtsrahmens die notwendigen Schritte zur Realisierung der Bankenunion abzuschließen, die mittelfristige Finanzplanung für den EU-Haushalt zu vereinbaren und ein »Instrument für Konvergenz und Wettbewerbsfähigkeit« zu schaffen. Zu den mittelfristigen Maßnahmen zählt die Kommission eine verstärkte haushaltspolitische Integration (Ex-ante-Koordinierung der nationalen Haushalte), eine vertiefte Koordinierung der nationalen Steuer- und Beschäftigungspolitiken, die Schaffung einer autonomen Fiskalkapazität auf EU-Ebene sowie eine stärkere Integration des Schuldenmanagements der Mitgliedstaaten über einen Schuldentilgungsfonds und die Ausgabe gemeinsamer kurzfristiger Schuldentitel (Eurobonds bis zu zweijähriger Laufzeit). Für einen Teil dieser Maßnahmen seien Änderungen des Primärrechts erforderlich. In der längerfristigen Perspektive soll sich die EU zu einer voll integrierten Banken-, Fiskal- und Wirtschaftsunion weiterentwickeln, wozu auch eine Vertiefung der Politischen Union notwendig sei. Diese letzten Schritte seien nur durch eine größere Revision der Verträge der Union zu erreichen.

Die Diskussionen über die Vertiefung der wirtschaftspolitischen Dimension der WWU hatten jedoch nur eine kurze Halbwertzeit. Hierfür gibt es zwei Gründe: einerseits die Wiederauferstehung des Neoliberalismus, den manche nach der Großen Finanzkrise bereits als tot betrachtet hatten, andererseits die Zunahme des Rechtspopulismus und der Re-Nationalisierungstendenzen in Europa. Vor allem die spätestens mit dem Erstarken des Rechtspopulismus bei den Wahlen zum Europäischen Parlament im Mai 2014 sichtbar gewordenen Re-Nationalisierungstendenzen (vgl. Ivaldi 2017) machten jeden Versuch zunichte, die WWU durch eine europäische Fiskalkapazität größeren Volumens und eine Europäische Wirtschaftsregierung ökonomisch zu stärken. Beides würde ebenso eine Änderung der EU-Verträge erfordern wie eine Stärkung der Mitentscheidungsrechte des Europäischen Parlaments, und dafür waren keine Mehrheiten erkennbar.

Den nächsten Versuch, die WWU neu zu gestalten, machte das im Sommer 2015 veröffentlichte Papier der fünf Präsidenten unter Federführung von Kommissionspräsident Jean-Claude Juncker deutlich, das den Titel trägt: »Die Wirtschafts- und Währungsunion Europas vollenden« (Juncker u.a. 2015). Dieses Papier war nicht einmal ein schwacher Abglanz der oben erwähnten »Blaupause« von Ende 2011. Von der Forderung nach einer europäischen Fiskalkapazität und einer Europäischen Wirtschaftsregierung fanden sich vier Jahre später im Fünf-Präsidenten-Papier kaum noch Spuren.

»Ein neuer beratender Europäischer Fiskalausschuss« sollte eingerichtet werden, der die Umsetzung der europäischen Vorgaben in die nationale Haushaltspolitik zu bewerten hatte, und zwar ganz unverbindlich. Die stärkeren Mitentscheidungsrechte des Parlaments wurden darauf reduziert, dass dieses über den Jahreswirtschaftsbericht der Kommission vor und nach dessen Verabschiedung diskutieren darf. Substanz hatten in diesem Papier nur zwei Forderungen: die Komplettierung der Bankenunion, u.a. durch die Einführung eines europäischen Einlagensicherungssystems, sowie die Errichtung eines europaweiten Systems zur Stärkung der Wettbewerbsfähigkeit. Dieses System sollte aus nationalen Einrichtungen bestehen, die beurteilen sollten, ob die Nominallöhne sich entsprechend der Produktivität entwickeln. Darüber hinaus sollten diese Einrichtungen Vergleiche mit anderen Mitgliedstaaten und wichtigen Welthandelspartnern in Bezug auf die Lohnentwicklung ziehen.

Doch auch diese Pläne ereilten das Schicksal, das bereits den Vorschlägen von Barroso und van Rompuy widerfahren war. Die in einer ersten

Stufe von Juli 2015 bis Juni 2017 vorgesehenen Maßnahmen zur Komplettierung der Bankenunion sowie zur Errichtung eines euroraumweiten Systems der Stärkung der Wettbewerbsfähigkeit sind bislang allesamt nicht umgesetzt worden.

Die Europäische Kommission nahm das 60jährige Jubiläum der Europäischen Union im Frühjahr 2017 zum Anlass, ein *Weißbuch* zur Zukunft der Integration vorzulegen, in dem verschiedene Szenarien für die weitere Entwicklung der Union erörtert werden. Ergänzt wird das Weißbuch durch fünf Reflexionspapiere zu verschiedenen Aspekten der Integration, darunter je ein Papier zur Reform der WWU sowie zur sozialen Dimension der EU. Bis zur Wahl des Europäischen Parlaments im Jahr 2019 soll dieser Weißbuchprozess in einen Vorschlag zur zukünftigen Gestaltung der Union münden.

Angesichts der ernüchternden Erfahrungen mit der Realisierung von Reformvorschlägen in den letzten fünf Jahren gibt sich der dritte Anlauf zur Reform der WWU in diesem jüngsten *Reflexionspapier der Kommission* von vornherein äußerst bescheiden. In Bezug auf die Notwendigkeit eines Konsenses für den Reformprozess und die Verbindlichkeit der von ihr gemachten Reformvorschläge formuliert die Kommission: *»Wegen der divergierenden Ansichten zu einigen dieser Fragen muss der erste Schritt darin bestehen, über die einzuschlagende Richtung einen breiten politischen Konsens zu erzielen. Das betrifft nicht nur das Gesamtkonzept, sondern auch die Abfolge der diversen kurz-, mittel- und langfristig zu ergreifenden Schritte. Dabei geht es nicht um eine Alles-oder-nichts-Reform, sondern um ein Bündel von Maßnahmen, die gemeinsam erörtert und vorangebracht werden müssen. Die hier dargelegten Vorstellungen sind daher keine Blaupause für die künftige Gestalt der WWU. Dieses Reflexionspapier listet vielmehr eine Reihe von Schritten und Optionen auf, die dazu beitragen sollen, ein klares Bild von einer vertieften WWU zu entwerfen, wie sie sich bis 2025 entwickeln sollte. Damit versteht sich das Papier als Einladung* an Mitgliedstaaten und Interessenträger zur Diskussion und Einigung über die Vorhaben … Auf einigen Gebieten sind die Arbeiten bereits im Gange oder könnten rasch vorangebracht werden, sodass einschlägige Maßnahmen spätestens 2019 ergriffen werden könnten. Andere Vorhaben müssten bis 2025 angegangen werden. Sie werden nachstehend ergebnisoffener dargestellt und könnten später – d. h. nach Durchführung der Initialmaßnahmen – beschlossen werden.« (Europäische Kommission 2017b: 18)

Die von der Kommission vorgeschlagenen Reformschritte beziehen sich kurzfristig (bis 2019) auf die Banken- sowie die Kapitalmarktunion und mittelfristig (2020 bis 2025) auf die Finanzstruktur im Euroraum, die Stabilisierungsmechanismen in der WWU sowie die Architektur der WWU.

Bei den *kurzfristigen Maßnahmen* geht es zum einen um die »Left-Overs« zur Realisierung der Bankenunion, die bereits mehrere Male verschoben worden sind. Das betrifft die fiskalische Letztsicherung des Abwicklungsfonds, falls die Mittel der herangezogenen Kapitaleigner sowie des Bankensicherungsfonds nicht ausreichen, und darüber hinaus die Einrichtung eines gemeinschaftlichen Einlagensicherungssystems. Zum zweiten solle eine europäische Strategie zum Umgang mit notleidenden Krediten entwickelt werden. Schließlich müssten drittens weitere Schritte zur Verwirklichung einer europäischen Kapitalmarktunion gegangen werden.

Um *mittelfristig eine echte Finanzunion* zu erreichen, seien über diese Schritte zur Banken- und Kapitalmarktunion hinaus weitere Maßnahmen zur Risikoeindämmung und Risikoteilung erforderlich. So gebe es im Unterschied zu den USA im Euroraum keine den US-Staatsanleihen vergleichbare gemeinsame sichere Anlage. Vielmehr hätten die Staatsanleihen der Mitgliedstaaten unterschiedliche Risikoeigenschaften, was sich in Krisenzeiten auf die Bankbilanzen auswirke und zu unterschiedlichen Kredit- und Zinsstrukturen in den verschiedenen Staaten führe. Um diese Differenzen zu beseitigen, müsse über die *Einführung einer sicheren europäischen Anlage* nachgedacht werden. »Eine auf Euro lautende europäische sichere Anlage, deren Volumen so groß ist, dass sie als Benchmark der europäischen Finanzmärkte herangezogen werden kann, könnte zahlreiche Vorteile für die Finanzmärkte und die Wirtschaft in Europa mit sich bringen. Insbesondere würde eine solche Anlage zur Diversifizierung der von Banken gehaltenen Vermögenswerte beitragen, die Liquidität und die Transmission der Geldpolitik verbessern, und dabei helfen, die Verflechtungen zwischen Banken und Staaten aufzulösen.« (ebd.: 22)

Mittelfristig sei auch über die *Einführung einer europäischen makroökonomischen Stabilisierungsfunktion* zu entscheiden. Diese solle bei schweren asymmetrischen Schocks, die nur einzelne Staaten erfassten, die nationalen Haushaltsstabilisatoren ergänzen und keine dauerhaften Transfers beinhalten. Für die Ausgestaltung dieses Instruments gebe es verschiedene Optionen. Zu denken sei einmal an eine Schutzregelung für die öffentlichen Investitionen desjenigen Staates, der von einer Krise betroffen sei. Möglich sei auch die Einführung einer Europäischen Arbeitslosenversicherung, die die nationalen Instrumente ergänze, oder eines Fonds (»Rainy-Day-Fonds«), aus dem der Krisenstaat Mittel abrufen könne. Schließlich könne auch ein speziell für die Eurozone zu schaffender Eurohaushalt einen solchen makroökonomischen Mechanismus übernehmen. Die Finanzierung dieser Stabilisierungsfunktion könne unterschiedlich gestaltet werden: Neben einer Aufstockung des EU-Haushalts oder einer Ausgliederung eines Eurohaushalts kämen zusätzliche nationale Beiträge infrage, etwa für die Arbeitslosenversicherung oder den »Rainy-Day-Fonds«. Die Kommission werde die verschiedenen Optionen prüfen und in die öffentliche Diskussion einspeisen.

Was die Veränderung der *Architektur der WWU* anbelangt, skizziert das Reflexionspapier mögliche Schritte, ohne diese jedoch im Detail zu diskutieren und zu bewerten. Als eine mögliche Entwicklung wird die Einführung eines *Schatzamts für die Eurozone*, eines eigenen Haushalts für das Eurogebiet und einer parlamentarischen Kontrolle durch ein Europarlament aufgeführt. Das Euroschatzamt wäre für die makroökonomische Stabilisierungsfunktion und die Ausgabe der sicheren europäischen Anlage zuständig. Des Weiteren wird die Transformation des Europäischen Stabilisierungsmechanismus in einen Europäischen Währungsfonds angedacht.

Im Sommer und im Winter 2017 hat die Diskussion über eine Reform der Wirtschafts- und Währungsunion durch zwei weitere Interventionen zusätzliche Impulse erhalten. Zum einen hat der im Mai 2017 gewählte Präsident Frankreichs, Emmanuel Macron, in einer Grundsatzrede vor der Universität Sorbonne seine viel beachteten Vorstellungen von einer Reform der EU und der Eurozone vorgetragen. Zum anderen hat die Juncker-Kommission für den Dezember-Gipfel der EU-Staats- und Regierungskonferenz in einer Mitteilung weitere Schritte und einen Fahrplan für die Vollendung der Wirtschafts- und Währungsunion vorgeschlagen.

Macrons Skizze einer Reform von EU und Euro: Die Sorbonne-Rede

Die Grundzüge seiner Reformvorschläge für die EU und die Eurozone hat Macron in einer Ende September 2017 an der Pariser Universität Sorbonne vorgetragenen Grundsatzrede zu Europa skizziert, die eng mit Angela Merkel abgestimmt war. Darin kritisiert Macron, dass »das Europa, das wir kennen, zu langsam, zu schwach und zu ineffektiv ist« (Macron 2017: 3). Um dies zu ändern, sei die »Neugründung eines souveränen, geeinten und demokratischen Europas« (ebd.) erforderlich. Nur durch die Stärkung Europas könnten die Mitgliedstaaten ihre Souveränität in der Welt behaupten. Dabei seien sechs Schlüsselelemente der Souveränität auf der europäischen Ebene auszubauen (ebd.: 4ff.). Erstens sei in der Sicherheitspolitik die Kooperation in der Verteidigungspolitik und in der Terrorismusbekämpfung zu stärken. Zweitens sei zur Bewältigung der Migrationskrise eine gemeinsame Asylpolitik zu entwickeln, welche auch den Aufbau einer europäischen Asylbehörde erfordere. Die Flüchtlingskrise mache darüber hinaus drittens eine europäische Entwicklungspolitik und eine gemeinsame Afrikapolitik notwendig. Als europäischer Beitrag zur Bewältigung der globalen Klimaerwärmung müsse viertens die europäische Energiepolitik intensiviert werden. Damit Europa im Bereich der digitalen Revolution nicht weiterhin von den USA und China abgehängt werde, müsse es fünftens die gemeinsame Innovationspolitik forcieren, u.a. durch den Aufbau einer gemeinsamen Innovationsbehörde. Diese fünf Schlüsselelemente der europäischen Souveränität könnten jedoch nur vorangetrieben werden, wenn Europa sechstens seine »Wirtschafts-, Industrie- und Währungsmacht« stärke.

»Aber eine nachhaltige Wirtschaftsmacht kann nur mithilfe einer gemeinsamen Währung entstehen, weshalb mir soviel an dem Ziel einer Eurozone gelegen ist« (ebd.: 11). Es gehe »nicht darum, unsere Schulden aus der Vergangenheit zu vergemeinschaften, nicht darum, die Probleme der öffentlichen Finanzen des einen oder anderen Staates zu lösen; die Herausforderung besteht darin, die Arbeitslosigkeit abzubauen, die immer noch jeden fünften jungen Menschen in der Eurozone betrifft. Was wir brauchen, ist eine dauerhaft angelegte Wirtschafts- und Politikstrategie. Unsere Herausforderung inmitten der Eurozone besteht darin, herauszufinden, wie wir es schaffen, aus dieser Zone eine Wirtschaftsmacht zu machen, die mit China und den USA konkurrieren kann« (ebd.).

Aber »wir brauchen auch gemeinsame Regeln und Instrumente. Wir brauchen Konvergenz und Stabilität durch nationale Reformen, aber auch durch eine Koordinierung unserer Wirtschaftspolitiken und einen gemeinsamen Haushalt. Will man die Unterschiede abbauen und unsere gemeinsamen Güter weiterentwickeln – alles, was ich eben genannt habe: *die Sicherheit, den Schutz angesichts der Migrationen, den digitalen Wandel, den ökologischen Wandel, eine echte Entwicklungs- und Partnerschaftspolitik – diese gemeinsamen Güter, an deren Spitze die Währung steht, sind wir uns schuldig zu finanzieren* (Hervorhebung K.B.). Also brauchen wir mehr Investitionen, wir brauchen Mittel zur Stabilisierung angesichts der Wirtschaftskrisen. Ein Staat kann eine Krise nicht alleine durchstehen, wenn er nicht mehr über seine Währungspolitik entscheidet. Aus all diesen Gründen brauchen wir einen stärkeren Haushalt im Zentrum Europas, im Zentrum der Eurozone.

Die Mittel dieses Haushalts werden diese Zielsetzung widerspiegeln müssen. Die europäischen Abgaben im digitalen oder ökologischen Bereich werden so eine echte europäische Quelle zur Finanzierung gemeinsamer Ausgaben darstellen. Darüber hinaus müssen wir darüber nachdenken, in diesen Haushalt zumindest teilweise eine Steuer einfließen zu lassen, zum Beispiel die Körperschaftssteuer, sobald ihre Harmonisierung erfolgt ist.

Die Solidarität, die ein Haushalt mit sich bringt, kann nur einhergehen mit einer größeren Verantwortung, die mit der Einhaltung der Regeln beginnt, die wir uns geschaffen haben und mit der Umsetzung unerlässlicher Reformen. Ein Haushalt kann nur einhergehen mit einer starken politischen Steuerung durch einen gemeinsamen Minister und eine anspruchsvolle parlamentarische Kontrolle auf europäischer Ebene. Alleine die Eurozone mit einer starken und internationalen Währung kann Europa den Rahmen einer Weltwirtschaftsmacht bieten.« (ebd.: 12)

Macron ist bei diesen Vorschlägen zur Reform der Eurozone bewusst vage geblieben, um Deutschland und Frankreich in den Verhandlungen über die Zukunft der EU genügend Spielraum zu belassen. Um diese Flexibilität hat ihn Kanzlerin Merkel gebeten.

Die Vorschläge der EU-Kommission vom Dezember 2017

Die von der Juncker-Kommission Mitte Dezember 2017 vorgelegten Initiativen zur Reform der WWU knüpfen unmittelbar an das Reflexionspapier (siehe oben) vom Frühjahr an und unterscheiden sich von daher kaum von diesem. Im Wesentlichen handelt es sich um drei Punkte:

1. die Überführung des Europäischen Stabilitätsmechanismus (ESM) und des Vertrages über Stabilität, Koordinierung und Steuerung der WWU (Fiskalpakt), die bislang einen zwischenstaatlichen Charakter haben, in das Unionsrecht. Dabei soll der ESM in einen Europäischen Währungsfonds umbenannt werden, ohne aber dessen wesentlichen Charakter zu verändern.
2. die Schaffung neuer Instrumente im EU-Haushalt, um vor allem a) einen Stabilisierungsfonds zur Bekämpfung asymmetrischer Krisen zu gründen und b) mehr Mittel zur Unterstützung von Strukturreformen in den Mitgliedstaaten zu generieren.
3. die Kreierung eines Europäischen Ministers für Wirtschaft und Finanzen.

Den Stabilisierungsfonds zur Bekämpfung asymmetrischer Krisen will die Kommission jetzt nicht mehr in Form eines getrennten Eurozonenhaushalts einrichten, sondern im Rahmen des EU-Haushalts. Wie im Reflexionspapier bereits diskutiert, könnten die neuen Haushaltsinstrumente in dreierlei Form die Stabilisierungsaufgaben übernehmen: a) als Mittel zur Stabilisierung der öffentlichen Investitionen der betroffenen Staaten, b) als Mittel zur Ergänzung und Stabilisierung der Arbeitslosenversicherung der jeweiligen Staaten und c) als Mittel in Gestalt eines »Rainy Day Fonds«, in dem Gelder angespart werden, die dann gegebenenfalls abgerufen werden können. Als einen wichtigen Grundsatz der Stabilisierungsfunktion formuliert die Kommission: »Sie sollte mittelfristig neutral sein und nicht zu dauerhaften Transfers zwischen den Mitgliedstaaten führen. Die Stabilisierungsfunktion sollte so aufgebaut sein, dass für alle teilnehmenden Staaten die gleiche Wahrscheinlichkeit besteht, von dieser Funktion zu profitieren, und sie in kohärenter Weise zu der Funktion beitragen.« (Europäische Kommission 2017 i: 16) Weitere Details zu dieser Stabilisierungsfunktion will die Kommission im Mai 2018 vorlegen.

Das zusätzliche Haushaltsinstrument zur Unterstützung der Reformzusagen der Mitgliedstaaten, das die Kommission mit dem mehrjährigen Finanzrahmen nach 2020 schaffen möchte, soll der Kommission einen noch stärkeren Zugriff auf die von den Staaten im Rahmen des Europäischen Semesters gemachten Zusagen geben. Im Dialog mit den Staaten will die Kommission mehrjährige »Reformzusage-Pakete« erarbeiten: detaillierte Maßnahmenkataloge, Etappenziele für die Umsetzung, Zeitpläne, Fortschrittsberichte. Die EU-Haushaltsmittel sollen den Staaten einen Anreiz gewähren, sich auf derartige verbindliche Reformverfahren einzulassen.

Schließlich schlägt die Kommission vor, das Amt eines Europäischen Ministers für Wirtschaft und Finanzen zu schaffen, der einen »Doppelhut« tragen würde, indem er zugleich Mitglied der Europäischen Kommission und Vorsitzender der Eurogruppe wäre. Dieser Minister sollte nach Auffassung der Kommission die wirtschaftspolitische Koordinierung in der EU/Eurozone stärken und »könnte helfen, eine angemessene Fiskalpolitik für das Euro-Währungsgebiet als Ganzes zu formulieren« (Europäische Kommission 2017 j: 7). Mit der Einsetzung der neuen Kommission nach den Wahlen zum Europäischen Parlament im Jahr 2019 könnte die erste Amtsperiode dieses Ministers beginnen.

Zur Kritik der Vorschläge zur Reform der WWU seit dem Frühjahr 2017

Der Vergleich der Blaupause von 2011/2012 mit den Vorschlägen der Kommission im Reflexionspapier und den Initiativen vom Dezember 2017 zeigt, wie vorsichtig inzwischen die Überlegungen der Kommission zur Reform der WWU ausfallen. Von den auf der Basis einer Fundamentalkritik an der Maastrichter WWU-Konstruktion entwickelten berechtigten Forderungen nach einer Ex-ante-Steuerung der nationalen Haushalte durch die Europäische Kommission, nach einer größeren EU-Fiskalkapazität, mit deren Hilfe bei einem symmetrischen Schock in der WWU (wie in der Großen Krise 2008/2009) eine antizyklische europäische Fiskalpolitik durchgeführt werden könnte, und nach einer demokratischen Kontrolle der so entstandenen Europäischen Wirtschaftsregierung durch das Europäische Parlament findet sich in den Vorschlägen von 2017 nichts mehr. Stattdessen wird mit aller Vorsicht der Vorschlag zur Bewältigung asymmetrischer Schocks in einigen Ländern mithilfe der oben dargestellten Instrumente gemacht. Aus Sorge vor der Stimmung in den wirtschaftsstarken Mitgliedstaaten wird betont, die Stabilisierungsfunktion solle keine dauerhaften Transfers kreieren, alle Staaten sollten von dieser Funktion profitieren können.

Mit einer Europäischen Wirtschaftsregierung ist diese Stabilisierungsfunktion ebenso wenig zu vergleichen wie das neue Amt eines Europäischen Ministers für Wirtschaft und Finanzen. Dieser Minister mit Doppelhut hat weder mehr Kompetenzen als der heutige Kommissar für Wirtschaft und Finanzen noch mehr Rechte als der heutige Präsident der Eurogruppe. Auch diese beiden Ämter könnten schon heute »helfen«, eine angemessene Fiskalpolitik für das gesamte Eurowährungsgebiet zu formulieren. Durch die Verschmelzung der beiden heutigen Ämter zu einem Amt erhält dieses keine zusätzlichen Kompetenzen. Es handelt sich um eine »Als Ob«-Konstruktion, die suggerieren soll, hier entstünde etwas wirklich Neues auf dem Weg zu einer Europäischen Fiskalpolitik.

In den Kommissionspapieren des Jahres 2017 fehlen darüber hinaus im Unterschied zur Blaupause die beiden Instrumente zur gemeinschaftlichen Bewältigung der Schuldenkrise im Euroraum: der Schuldentilgungsfonds zum Abbau der über die Marke von 60% des BIP hinausgehenden Schuldenquoten einzelner Länder sowie die Einführung von Eurobonds zur Reduktion der Zinsbelastungen der höher verschuldeten Staaten. Die im Reflexionspapier zu findenden Ausführungen zu einer sicheren europäischen Anlage bleiben dagegen, angesichts der zu erwartenden Widerstände in Staaten wie Deutschland, den Niederlanden und Finnland, äußerst vage.

Zu kritisieren ist ferner, dass beim Thema der mangelnden Konvergenz in der Wirtschaftsentwicklung im Euroraum die großen Leistungsbilanzungleichgewichte zugunsten Deutschlands mit keinem Wort angesprochen werden. Ja, es wird in den Texten und deren statistischen Anhängen bei den Ausführungen zur mangelhaften Konvergenz nicht eine Tabelle und nicht ein Chart zum Außenhandel im Euro-Währungsgebiet aufgeführt. Das zeigt die Hegemonialposition Deutschlands in der EU, das auf dem internationalen Parkett (USA, OECD, Internationaler Währungsfonds), aber auch im Euroraum (Frankreich, Italien) wegen seiner attentistischen Politik gegenüber seinen außenwirtschaftlichen Überschüssen durchaus heftig kritisiert wird. Es versteht sich von selbst, dass im Hinblick auf die divergente ökonomische Entwicklung im Euroraum in den Kommissionspapieren kein Wort über die Austeritätspolitik verloren wird, die das Euroregime vor allem den Staaten in Südeuropa auferlegt hat. Diese wird als notwendig betrachtet, um im Euroraum wieder ausgeglichene Staatshaushalte herstellen zu können. Ganz zu schweigen von der Ignoranz gegenüber der Forderung nach einer größeren europäischen Investitionsoffensive, die von vielen Ökonomen als notwendig erachtet wird, um gerade den überschuldeten Staaten in der Eurozone einen größeren Wachstumsimpuls zu verleihen. (Bofinger u.a. 2017)

Der Vergleich der Reformvorschläge in der Blaupause von 2011/12 und den Reforminitiativen der Kommission im Jahr 2017 offenbart, dass die Strukturprobleme der Maastrichter WWU mit den heutigen Vorschlägen weder in Bezug auf die Notwendigkeit einer Europäisierung der Fiskalpolitik noch im Hinblick auf wichtige Ausgleichsmechanismus innerhalb der Eurozone (Schulden- und Leistungsbilanzproblematik) überwunden werden können. Umso gravierender ist es, dass die politische Umsetzung selbst dieser äußerst »reduzierten« Reformvorschläge der Kommission in der nahen Zukunft nicht gewiss ist. Bei der Realisierung der Stabilisierungsfunktion zur Bekämpfung asymmetrischer Krisen kommt es entscheidend darauf an, wie viele Finanzmittel die Mitgliedstaaten ab 2020 bereit sind, auf den EU-Haushalt zu übertragen. Über den Haushalt und über neue Steuern für die EU entscheiden die Mitgliedstaaten jeweils mit Einstimmigkeit. Es hängt also nicht allein von der Achse Frankreich-Deutschland ab, welche Höhe der EU-Haushalt ab 2020 haben wird. Zu berücksichtigen ist ferner, dass aufgrund des Austritts Großbritanniens in der neuen mittelfristigen Finanzplanung jährlich ca. 10 Mrd. Euro fehlen werden. Und schließlich dürfte die Bereitschaft in den nach den letzten Wahlen nach rechts gewanderten wichtigen Mitgliedstaaten Niederlande und Österreich sehr begrenzt sein, einem wegen des Brexits ohnehin höhere nationale Beiträge verlangenden EU-Haushalt noch zusätzliche Mittel zu gewähren. Diese Rechtsverschiebung wird durch das Wahlergebnis in Italien noch einmal erheblich verstärkt, womit die Umsetzung von Reformvorschlägen mit noch so reduzierten zusätzlichen Kompetenzen und noch so begrenzten zusätzlichen Finanzmitteln für die EU abermals erschwert werden dürfte.

Aus dem Gesagten erfolgt implizit auch eine Bewertung der Reformvorschläge von Emmanuel Macron. Auch dieser hat in der Sorbonne weder eine Europäisierung der Fiskalpolitik noch sozio-ökonomische Ausgleichsmechanismen für die Eurozone gefordert. Was die Stabilisierungsfunktion für asymmetrische Krisen anbelangt, so hat er in früheren Einlassungen allerdings davon gesprochen, den EU-Haushalt/Eurozonenhaushalt auf eine Größenordnung von mehreren Prozentpunkten des BIP zu erhöhen (wobei zu berücksichtigen ist, dass Macron die zusätzlichen Mittel auch für weitere europäische Aufgaben, wie die Asylpolitik, die Innovationspolitik, die Afrikapolitik und die Verteidigungspolitik verwenden will). Für die von ihm angedachten Steuermittel für die EU (CO_2-Steuer, Internetsteuer, Anteil an der Körperschaftssteuer) muss die EU ebenfalls mit Einstimmigkeit entscheiden.

Es sollte deutlich geworden sein, dass sich diese Vorstellungen angesichts der oben dargestellten politischen Rahmenbedingungen nicht realisieren lassen werden, denn bereits die »abgespeckten« Pläne der Juncker-Kommission werden auf erheblichen Widerstand stoßen.

4. Die sozialpolitischen Reformvorschläge

Im Kontext der seit 2011 laufenden Debatte über eine Reform der WWU flackerte nach der Wahl des Sozialisten François Hollande zum Präsidenten Frankreichs im Jahr 2012 auch für kurze Zeit die Forderung nach einer sozialen Dimension der WWU erneut auf.

Im März 2013 wurde unter dem Titel »Stärkung der sozialen Dimension der Wirtschafts- und Währungsunion« ein sehr weitgehender Vorschlag aus dem Kabinett des EU-Sozialkommissars Laszlo Andor bekannt (Non-Paper 2013). Dieses inoffizielle Dokument, ein sogenanntes *Non-Paper*, geißelte nicht nur die sozialen Folgen der Austeritätspolitik, sondern forderte neben einem europäischen Indikatorensystem zur Messung sozialer Ungleichheiten auf den Arbeitsmärkten und von Disparitäten in der Einkommensentwicklung auch ein Instrumentarium zur Bekämpfung der sozialen Missstände. Die soziale Dimension müsse aus im Wesentlichen zwei Bausteinen bestehen: erstens einer verstärkten sozialen Koordinierung und Überwachung und zweitens aus sozialen Mindeststandards auf der nationalen Ebene.

Kernstück müsse in Anlehnung an die Überwachung der makro-ökonomischen Entwicklung im Rahmen des MIP-Verfahrens (Verfahren zum Vermeiden makroökonomischer Ungleichgewichte) ein »scoreboard« mit Beschäftigungs- und Sozialindikatoren sein. Für fünf (sechs) Indikatoren müssten Schwellenwerte festgelegt werden. Eine Abweichung vom langjährigen Durchschnittswert dieser Indikatoren oder eine Abweichung vom Euro-Durchschnittswert dieses Indikators oder eine Abweichung vom Durchschnittswert mehrerer Mitgliedstaaten mit den besten Werten müsse einen »Alarm« und bestimmte präventive oder korrigierende Maßnahmen auslösen. Als Schlüsselgrößen werden vorgeschlagen:

- das Niveau und die Änderungsrate der Arbeitslosenquote;
- das Niveau und die Änderungsrate derjenigen Jugendlichen (18-25 Jahre), die sich weder in Beschäftigung noch in einer Ausbildung noch in einer Trainingsmaßnahme (NEET) befinden;
- die Änderungsrate des verfügbaren Brutto-Haushaltseinkommens;
- die Entwicklung der Armutsrate generell sowie der »working poor«;
- die Veränderung der Lohnquote.

Um soziale Ungleichgewichte zu vermeiden, sollten auch eine Reihe von Mindeststandards auf der nationalen Ebene in Betracht gezogen werden. Dabei geht es um

- eine Garantie für die Jugendlichen, denen entweder ein Arbeitsplatz oder eine Ausbildungsmaßnahme oder eine Trainingsmaßnahme angeboten werden muss;
- ein Minimum an Maßnahmen der aktiven Arbeitsmarktpolitik, der Dauer der Arbeitslosenunterstützung und der Lohnersatzrate der Arbeitslosenunterstützung;
- eine Mindestquote für die Erwerbspersonen, die sich in Weiterbildungsmaßnahmen befinden;
- ein Mindesteinkommen für den Lebensunterhalt und ein Mindestzugang zu sozialen Diensten;
- einen Mindestlohn für alle Beschäftigten;
- einen Mindeststandard für die Konsultation der Sozialpartner.

In kurzer Frist könne nur die Jugendgarantie den Status einer verbindlichen Norm erreichen. Die übrigen Standards könnten zunächst nur Empfehlungen sein. In der mittleren Frist müssten diese freiwilligen Standards jedoch in verbindliche Normen umgewandelt werden.

Dies war der bislang progressivste Vorschlag zur Vertiefung der sozialen Dimension der EU, der je in Kreisen der Europäischen Kommission formuliert worden ist (vgl. dazu die Weiterentwicklung des Andor-Vorschlages durch Bsirske/Busch 2013).

Wie die oben diskutierten Pläne von Barroso und van Rompuy zur Reform der WWU scheiterte aber auch der Andor-Vorschlag zur Stärkung der sozialen Dimension der Integration an der Wiederauferstehung des Neoliberalismus in der EU und den wachsenden Re-Nationalisierungstendenzen in den Mitgliedstaaten.

Die Sozialminister der EU-Staaten und die Europäische Kommission stutzten den progressiven Vorschlag aus dem Hause Andor in der Mitteilung der Kommission im Oktober 2013 zu einem unverbindlichen Indikatorensystem zurecht, das im Rahmen des Europäischen Semesters Berücksichtigung finden solle (European Commission 2013).

Auch im Fünf-Präsidenten-Papier des Jahres 2015 führt die soziale Dimension ein Schattendasein. In diesem Juncker-Vorschlag ist zur Sozialpolitik nur eine Rubrik übrig geblieben, die sich »Stärkere Fokussierung auf Beschäftigung und Soziales« nennt, die aber nicht einen konkreten neuen Vorschlag oder gar ein neues Instrument enthält (siehe auch Hacker 2015).

Im *Kontext der Weißbuchdebatte* über die Zukunft von EU und Euro hat die Kommission auch einen neuen Versuch zur Belebung der Diskussion über die soziale Dimension der Integration gestartet. Sie hat einerseits ein *Reflexionspapier* vorgelegt und andererseits eine Reihe von Veröffentlichungen herausgegeben, die sich mit der *Europäischen Säule der Sozialen Rechte (ESSR)* beschäftigen.

Im Reflexionspapier (Europäische Kommission 2017c) erörtert die Kommission vor allem drei Optionen für die Zukunft der sozialen Dimension: a) Begrenzung der »sozialen Dimension« auf den freien Personenverkehr, b) intensivere Zusammenarbeit der »Willigen« im sozialen Bereich, und c) gemeinsame Vertiefung der sozialen Dimension mit allen 27 Mitgliedstaaten. Dieses kurze Papier ist nicht sehr ergiebig und verleiht der Debatte keine neuen Impulse.

Dagegen hat die Kommission zur »Europäischen Säule sozialer Rechte« (ESSR), die sie ganz offensichtlich als ihr *Flaggschiff* betrachtet, eine Reihe von Texten vorgelegt, die das Konzept begründen und näher erläutern. In einer Mitteilung zur Einführung der sozialen Säule erklärt die Kommission: »*Die Schaffung einer integrativeren und faireren Union ist eine zentrale Priorität dieser Europäischen Kommission.* Seit Präsident Juncker die Einrichtung einer europäischen Säule sozialer Rechte angekündigt hat, hat die Kommission aktiv mit allen relevanten Interessenträgern auf sämtlichen Ebenen zusammengearbeitet. Im März 2016 stellte sie einen vorläufigen Entwurf der europäischen Säule sozialer Rechte vor und eröffnete eine *breit angelegte öffentliche Konsultation*, um Rückmeldungen zu sammeln. Im Januar 2017 wurde, aufbauend auf Veranstaltungen mit Interessenträgern und Beiträgen aus ganz Europa, eine hochrangige Konferenz abgehalten, um die Konsultation abzuschließen.« (Europäische Kommission 2017d: 2) An den 60 Veranstaltungen, die im Rahmen des Konsultationsprozesses in den Mitgliedstaaten durchgeführt wurden, hätten ca. 2.500 Personen teilgenommen. Insgesamt seien 16.500 Antworten auf einen Online-Fragebogen eingegangen.

Im Rahmen der rechtlichen Erwägungen über die *Zuständigkeiten* innerhalb der Europäischen Union macht die Kommission sehr deutlich, dass die *wesentlichen Kompetenzen für die Anwendung und Umsetzung der sozialen Säule bei den Mitgliedstaaten* liegen: »In der Endfassung des Textes werden auch politische Erwägungen allgemeinerer Art und rechtliche Beschränkungen voll berücksichtigt. *Für Gebiete wie das Arbeitsrecht, Mindestlöhne, Bildung und Erziehung, Gesundheitsfürsorge sowie die Organisation der Sozialschutzsysteme sind in erster Linie oder sogar ausschließlich die Mitgliedstaaten und, in vielen Bereichen, die Sozialpartner zuständig.* Sie tragen auf den Gebieten, die zur europäischen Säule sozialer Rechte gehören, auch die finanzielle Hauptlast.« (Europäische Kommission 2017d: 7)

Die *Säule s*chaffe insofern einen *Orientierungsrahmen* für die künftigen Maßnahmen der teilnehmenden Staaten. Sie habe einen Empfehlungscharakter, wobei die Kommission gleichzeitig den übrigen Organen der EU (Europäisches Parlament, Rat) den Vorschlag gemacht habe, die Säule in einer *interinstitutionellen Proklamation* gemeinsam zu proklamieren.

Auf dem Sozialgipfel der EU im November 2017 sollten die weiteren Arbeiten an der Säule erörtert und verabschiedet werden.

Schaut man sich nach dieser aufwendigen Begründung und angeischts der während des Konsultationsprozesses aufgrund der sozial-ökonomischen Krise der EU vorgetragenen Probleme (Arbeitslosigkeit, Wachstumsschwäche, Armut, wachsende Ungleichheit) die Säule der sozialen Rechte an, die proklamiert werden soll, ist man – vorsichtig formuliert – sehr überrascht. Die Säule enthält zwanzig soziale Rechte, die in drei Hauptkapitel gegliedert sind: *»Chancenzugang und Arbeitsmarktzugang«, »Faire Arbeitsbedingungen« sowie »Sozialschutz und soziale Inklusion«* (Europäische Kommission 2017e).

Die in den sozialen Rechten angesprochenen Leistungen sind sehr allgemein und vage formuliert. Ständig ist die Rede von »angemessenen« Löhnen, Mindestlöhnen, Leistungen, Unterstützungen und einem »angemessenen« Lebensstandard. Was das sein soll, wird auch in den Begleitpapieren und den weiteren veröffentlichten Arbeitsunterlagen der Kommission nicht erläutert (Europäische Kommission 2017f). Damit setzt die Kommission den Weg fort, den sie bereits in der mit dem Lissabon-Vertrag 2007 rechtsverbindlich verabschiedeten Charta der Grundrechte gewählt hat.

Die Schwäche dieses Weges »rein deklaratorischer Rechte« zur Vertiefung der sozialen Dimension der Integration ist in den letzten Jahren im Zuge der Eurokrise und der Austeritätspolitik schlagend deutlich geworden. Die im Abschnitt »Solidarität« enthaltenen zahlreichen sozialen Grundrechte der Charta haben nicht verhindern können, dass vor allem in Südeuropa im Rahmen der Sparpolitiken die Tarifvertragssysteme unterhöhlt, die Reallöhne abgesenkt und die sozialen Schutzrechte – teilweise massiv – abgebaut wurden. Dies liegt einerseits daran, dass die Grundrechte der Charta viel zu allgemein und damit unverbindlich formuliert worden sind, andererseits an der juristisch nicht anfechtbaren Argumentation der makroökonomischen Angebotspolitik, dass auf genau diesem Weg der Krisenbekämpfung letztlich ein Anstieg der Beschäftigung, der Lohneinkommen und der sozialen Sicherheit erreicht werden soll.

Die Kommission setzt damit *nicht* die Debatte über die Vorschläge zur sozialen Vertiefung der WWU fort, die 2013 mit dem weiter oben dargestellten Konzept des damaligen Sozialkommissars Lazlo Andor einen grundlegend neuen, progressiven Weg eröffnet hat. Andor wählte in seinem Konzept bewusst nicht eine Fortführung des »Ansatzes rein deklaratorischer Rechte« zur Vertiefung der sozialen Dimension der WWU, sondern schlug ein »sozio-ökonomisches« System von Indikatoren zur Ermittlung von sozialen Disparitäten in der EU vor, die mithilfe konkreter Instrumente von den Mitgliedstaaten und der Union bekämpft werden sollten.

Zwar hat die Kommission als Ergänzung zur ESSR jetzt auch eine Reihe von sozioökonomischen Indikatoren veröffentlicht, welche dazu dienen sollen, die Fortschritte bei der Realisierung der sozialen Rechte zu überprüfen (Europäische Kommission 2017 g), sie hat es aber – im Unterschied zu Andor – versäumt, für diese Indikatoren nationale und europäische Schwellenwerte festzulegen, auf deren Einhaltung die Kommission sanktionsbewehrt zu achten hätte. Sie hat es darüber hinaus vermieden, sozio-ökonomische Instrumente bereitzustellen, deren Einsatz die Einhaltung der Schwellenwerte hätte sicherstellen können.

Wie die Charta der Grundrechte im Lissabon-Vertrag nicht in der Lage war, die Durchführung einer neoliberalen Wirtschafts- und Sozialpolitik im Euroraum, vor allem in Südeuropa, zu verhindern, wird die ESSR eine Fortführung dieser Politik im Euroraum nicht aufhalten können. Hier ist zum Beispiel an die in Frankreich unter Macron geplanten Reformen des Arbeits- und Sozialrechts zu denken.

Zusammenfassung der Kritik an den Kommissionsvorschlägen zur sozialen Dimension der Integration

Die Europäische Kommission hat den Anspruch, mit der ESSR der Sozialpolitik der EU ein »AAA-Rating« (Juncker) zu verleihen, um dadurch ihre Legitimationskrise zu überwinden. Tatsächlich hat sie zwanzig sehr allgemein formulierte soziale Rechte vorgelegt, in denen stets unbestimmt von »angemessen« gesprochen wird, wenn es um das Niveau der jeweiligen sozialen Leistungen geht.

Die Kommission benennt an keiner Stelle, bei keinem sozialen Recht, welcher Mitgliedstaat, in welcher Weise dieses Recht verletzt. Sie definiert für die sozialen Rechte keine nationalen und/oder europäischen Schwellenwerte, und sie benennt auch keine Instrumente, weder nationale noch europäische, deren Einsatz ein Überschreiten dieser Schwellenwerte verhindern könnte.

Die Kommission weckt mit ihrem Vorgehen (umfangreicher Konsultationsprozess, feierliche Proklamation der sozialen Säule) sehr hohe Erwartungen. Diese können nur enttäuscht werden, weil sie weder die Kompetenz hat, ein bestimmtes Niveau an sozialen Rechten durchzusetzen, noch die Mitgliedstaaten auffordert, ein bestimmtes Niveau zu erreichen, noch von den Mitgliedstaaten die Übertragung von Kompetenzen auf die europäische Ebene verlangt, um mithilfe europäischer Instrumente in den Mitgliedstaaten ein bestimmtes Niveau von Leistungen zu erzwingen.

Angesichts dieser Voraussetzungen kann die Europäische Kommission mit ihrem Konzept der ESSR nur scheitern. Die Legitimationskrise von EU und Euro wird damit nicht überwunden. Im Gegenteil: Durch die Enttäuschung der geweckten hohen Erwartungen und durch die Fortsetzung der neoliberalen Arbeits- und Sozialpolitik werden die EU- und Euroskepsis nur neue Nahrung erhalten.

Als vorläufiges Fazit der Analyse der Strukturprobleme der Wirtschafts- und Währungsunion lässt sich formulieren: Der Versuch, die WWU durch Reformen zu vertiefen und damit die Defizite der Maastrichter Konstruktion zu überwinden, ist in allen Dimensionen gescheitert – der politischen, der ökonomischen und der sozialen.

Damit befindet sich die EU integrationspolitisch in einer äußerst misslichen Lage. Der Weg nach vorne, der eine Vertiefung der Integration in den genannten Bereichen bedeuten würde, ist versperrt. Der Weg zurück, der die Auflösung der Eurozone und die Wiedereinführung nationaler Währungen beinhaltete, würde in Südeuropa, aber auch in Deutschland, wegen der ökonomischen Anpassungsprozesse eine weitere große Wachstums- und Beschäftigungskrise mit sich bringen und am Ende nicht nur die Eurozone, sondern auch den Binnenmarkt zu Fall bringen (vgl. dazu Teil 4, Abschnitt 1). Die EU ist in einem Dilemma: Sie kann nicht nach vorne, sie kann nicht nach hinten und erleidet somit eine tiefe integrationspolitische Stagnationskrise.[3]

---

[3] Durch die Entscheidung Großbritanniens, im Jahr 2019 aus der EU auszutreten, werden die ökonomischen Probleme nicht geringer. Die gesamtwirtschaftlichen Schäden sowohl für Großbritannien als auch für die EU würden kaum ins Gewicht fallen, wenn sich die Briten für einen Beitritt zum Abkommen über den Europäischen Wirtschaftsraum entscheiden würden, das die EU und die Europäische Freihandelsassoziation (EFTA) 1992 abgeschlossen haben. Durch dieses Abkommen sind vor allem die vier Grundfreiheiten des einheitlichen Binnenmarkts – die Freiheiten des Waren-, Personen-, Dienstleistungs- und Kapitalverkehrs – auf Island, Liechtenstein und Norwegen ausgedehnt worden. Momentan dominieren jedoch in Großbritannien, vor allem bei den Tories, diejenigen politischen Kräfte, die einen harten Brexit anstreben. Dieser würde Großbritannien auf den Status eines »WTO«-Staates zurückwerfen, der im Vergleich zum Status quo auf erhebliche Einschränkungen in allen vier Grundfreiheiten hinauslaufen würde. Dies hätte vor allem für die britischen Wirtschaftssektoren Finanzen, Automobil und Chemie beachtliche negative Wachstums- und Beschäftigungseffekte. Auch für die Wirtschaft der EU hätte dies unter allen Szenarien die größten negativen Folgen, die allerdings wesentlich geringer ausfallen würden als diejenigen für das Vereinte Königreich (vgl. »Achtung, Brexit-Loch«, in: Süddeutsche Zeitung, Nr. 30, 6. Februar 2018).

Teil 2:
Das Versagen der EU in der Flüchtlingskrise – von der »Willkommenskultur« bis zur rechtsnationalistischen »Festungspolitik«

Laut Angaben des Hochkommissars der Vereinten Nationen für Flüchtlinge (UNHCR) vom Juni 2017 waren Ende des Jahres 2016 65,6 Mio. Menschen weltweit auf der Flucht. Rund 22,5 Mio. sind Flüchtlinge, die vor Konflikten, Verfolgung oder schweren Menschenrechtsverletzungen aus ihrer Heimat flohen. Die Hälfte der Flüchtlinge weltweit sind Kinder unter 18 Jahren. 40,3 Mio. Menschen sind Binnenvertriebene, Menschen, die innerhalb ihres Landes auf der Flucht sind. 2,8 Mio. Menschen unter den 65,6 Mio. sind Asylsuchende.[4] Mehr als die Hälfte der Flüchtlinge kommen aus Afrika (30%) sowie dem Nahen Osten und Nordafrika (26%). 55% entfallen auf nur drei Länder: 5,5 Mio. auf Syrien, 2,5 Mio. auf Afghanistan und 1,4 Mio. auf den Südsudan.[5]

Laut Eurostat stellten im Jahr 2016 1,20 Mio. Menschen in der EU einen Asylantrag. Im Jahr 2015 waren es 1,25 Mio. Personen. Gegenüber der Summe der Asylanträge in den beiden Jahren zuvor bedeutete dies einen Anstieg um 260% (Eurostat 2017). Von den 1,20 Mio. Asylanträgen im Jahre 2016 entfielen 722.000 auf Deutschland, 121.000 auf Italien, 76.000 auf Frankreich, 49.000 auf Griechenland, 39.000 auf Österreich, 38.000 auf Großbritannien und 15.000 auf Spanien (ebd.).

Obwohl Asyl- und Flüchtlingsfragen seit dem Vertrag von Amsterdam in der Kompetenz der EU liegen, und obwohl die mehr als 500 Mio. Einwohner*innen zählende Union bei einer solidarischen Verteilung ökonomisch ohne Weiteres ein bis zwei Mio. Flüchtlinge jährlich aufnehmen könnte, war sie nicht in der Lage, auf den Zustrom an Flüchtlingen gemeinschaftlich zu antworten. Im Gegenteil: Während sich viele mittel- und osteuropäische Staaten sehr rasch für eine Abschottungspolitik gegenüber den Migrantinnen und Migranten aussprachen, reagierten Staaten wie Deutschland, Schweden und Österreich anfangs mit einer Willkommenskultur. Andere,

---

4 www.unhcr.org/dach/de/services/statistiken.

5 Ebd.

wie Frankreich, Großbritannien, Spanien und Italien, nahmen zunächst eine zögerliche Position ein und unterstützten weder die Abschottungs- noch die Öffnungspolitik. Aus dieser inneren Zerrissenheit der EU und der damit einhergehenden ungleichen Belastung der Staaten resultieren seit dem Sommer 2015 erhebliche politische Konflikte, die bis heute anhalten. Als zur Jahreswende 2015/16 auch Schweden und Österreich mit einer Politik der Begrenzung des Flüchtlingszuzugs begannen und in Deutschland nach der Kölner Silvesternacht die Auffassung »Wir schaffen das« immer weniger Zustimmung fand, gewann die Abschottungspolitik in der gesamten EU nach und nach die Oberhand.

Bundeskanzlerin Merkel hatte im August/September 2015 mit ihrer Öffnungspolitik die Haltung der Mehrheit der EU-Mitgliedstaaten falsch eingeschätzt. Zugleich schlug ihr innerhalb der CDU/CSU eine immer größere Opposition entgegen. In der Folge intensivierte sie die Verhandlungen mit der Türkei über ein Abkommen, das Europa in der Flüchtlingsfrage zu einer Festung umwandelt, in die nur sehr wenige Migrant*innen »eindringen« können. Sie vollzog schließlich mit dem im März 2016 abgeschlossenen Übereinkommen mit der Türkei in einem atemberaubenden Tempo einen radikalen Bruch mit der Willkommenskultur und damit einen klaren Wechsel zu einer scharfen Abschottungspolitik. Sie hoffte so, durch eine Art Befreiungsschlag die politische Spaltung in der EU zu überwinden, das Schengen-System zu retten und ihre Machtposition in Deutschland wieder zu festigen.

Durch das Abkommen mit der Türkei sowie die von Österreich politisch durchgesetzte Schließung der Balkanroute kommen seit dem Frühjahr 2016 immer weniger Flüchtlinge auf diesem Wege in die EU. Seit dem Sommer 2016 versucht der größte Teil der Flüchtlinge mithilfe von Schlepperorganisationen über Libyen in die EU zu gelangen. Nach Italien sind so in der ersten Hälfte des Jahres 2017 ca. 100.000 Flüchtlinge gekommen. Das Lind wird dabei von den anderen EU-Mitgliedstaaten im zunehmenden Maße im Stich gelassen, denn weder sind die anderen Mittelmeeranrainer, wie Frankreich und Spanien, bereit, ihre Häfen für die Flüchtlingsschiffe zu öffnen, noch kann die EU ein funktionierendes Verteilungssystem für die in Italien ankommenden Menschen durchsetzen. Einig sind sich die EU-Staaten nur darin, ihre Festungspolitik gegenüber den Hilfe suchenden Menschen durch eine doppelte Mauer immer hermetischer zu gestalten, und zwar durch einen militärischen Riegel auf dem Mittelmeer und immer mehr Gefangenenlager für Flüchtlinge in mehreren Staaten Afrikas.

1. Die Ursachen der Flucht

Die Ursachen der wachsenden Flüchtlingsströme sind einerseits in den veränderten Rahmenbedingungen der Weltpolitik und andererseits – damit zusammenhängend – in der steigendenden Anzahl scheinbar unkontrollierbarer Konfliktherde vor allem im Nahen und Mittleren Osten sowie in Afrika zu suchen.

Seit dem Zusammenbruch der Bipolarität in den 1990er Jahren, der mit einer gleichzeitigen Schwächung der Großmächte USA und Russland verbunden war, haben regionale Konflikte, Kriege im Nahen und Mittleren Osten sowie Bürgerkriege in Afrika kaum noch zu kontrollierende Dimensionen angenommen. Insbesondere in Afrika und im Nahen und Mittleren Osten gewinnt das Phänomen der »failed states« eine wachsende Bedeutung. Dies sind Staaten wie Syrien, Irak, Afghanistan, Libanon, Libyen, Jemen, Südsudan, Somalia, Zentralafrikanische Republik, Demokratische Republik Kongo und Sudan (Fund for Peace 2015), in denen das staatliche Gewaltmonopol faktisch zusammengebrochen ist. Nicht zuletzt durch völkerrechtswidrige Kriege, wie durch die USA im Fall des Irak, eine Kette weiterer unbedachter Interventionen, wie in Libyen, eine versagende Diplomatie, wie in Syrien, und fehlendem Einfluss der Vereinten Nationen, um eine völkermordähnliche Eskalation, wie im Jemen, einzudämmen. Eine unmittelbare Folge der unerträglichen Zustände für die in diesen Staaten lebenden Menschen sind Flucht und Vertreibung.

Neben den Fluchtursachen, die aus den veränderten weltpolitischen Rahmenbedingungen und der starken Zunahme der »failed states« entstanden sind, ist das ökonomische Entwicklungsgefälle zwischen reichen und armen Ländern als gewissermaßen »konstanter« Faktor für die Migrationsbewegung zu betrachten. Robert Barro hat auf der Grundlage vieler empirischer Studien eine Formel für das Migrationspotenzial entwickelt, das aus diesem Reichtumsgefälle resultiert. Danach erzeugt ein Einkommensunterschied von 10% eine Migrationsbewegung von den ärmeren in die reicheren Staaten in Höhe von 0,05% bis 0,15% der Bevölkerung der Ursprungsländer. (Barro/Sala-I-Martin 1995)

Schließlich wird in Zukunft zunehmend ein ökologischer Faktor Migrationsbewegungen erzeugen. Der Klimawandel und die damit einhergehenden Veränderungen sowohl der Produktionsbedingungen in der Landwirtschaft (Bodenerosion und Dürre) als auch der Siedlungsbedingungen in den von Überschwemmungen bedrohten Regionen wird im erheblichen

Maße zu Fluchtbewegungen, möglicherweise Kriegen und Vertreibungen führen. Schon in der Gegenwart sind solche Phänomene zu beobachten, etwa 2016 infolge der vom El-Niño-Phänomen erzeugten Dürrekatastrophen im südlichen Afrika.

2. Die Zuspitzung der Flüchtlingskrise 2015/2016 und das EU-Türkei-Abkommen

Wie einleitend erwähnt, hat die starke Zunahme der Fluchtbewegung nach Europa im Jahr 2015 politische Reaktionen ausgelöst, die ihren Grundton in einem raschen Tempo änderten und in der Tendenz in nur einem Dreivierteljahr einen Richtungswechsel von einer Willkommenskultur zu einer harten Abschottungspolitik brachten.

Dieser Umbruch hat sich in drei Phasen vollzogen, die im Folgenden näher dargestellt werden.

Das Scheitern einer gemeinsamen europäischen Flüchtlingspolitik (Juli bis September 2015)

Im Sommer 2015 verstärkte sich der Zustrom von Flüchtlingen nach Europa in einem bis dahin unbekannten Ausmaß. Angesichts dieser Flüchtlingsbewegung erklärten die »Visegrád-Staaten« (Polen, Tschechien, Slowakei und Ungarn) schon im Juli 2015, sie seien zu keiner weiteren Aufnahme von Migrant*innen bereit. Ungarn, das gegenüber 2014 eine Vervierfachung der Flüchtlingszahlen registrierte, kündigte an, zum Schutz der EU-Außengrenze (gegenüber Serbien) einen Grenzzaun zu bauen. Ende August/Anfang September spitzte sich die Lage in Ungarn zu, weil sich viele Flüchtlinge weigerten, in Ungarn registriert zu werden. Es kam zu Ausbrüchen aus den Flüchtlingslagern und spontanen Fußmärschen Richtung Österreich und Deutschland. Daraufhin erklärte Bundeskanzlerin Merkel am 5. September, Deutschland sei bereit, die Flüchtlinge aus Ungarn aufzunehmen. Dies geschah ohne Registrierung der betroffenen Personen und ohne Überprüfung ihres Asylanspruchs. Über die Motivation dieses humanitären Schritts der Bundeskanzlerin, über den sie sich weder auf europäischer noch auf nationaler Ebene mit vielen Entscheidungsträgern abgestimmt haben soll, gibt es unterschiedliche Vermutungen. Ganz sicher darf man annehmen, dass Merkel darauf vertraute, ihre Macht und ihr Einfluss in Europa seien groß genug, gemeinsam mit der Europäischen Kommission ein angemessenes innereuropäisches Verteilungssystem für die Flüchtlinge durchsetzen zu können.

Da das Dublin-System für kleine Flüchtlingszahlen gedacht war und Staaten wie Griechenland, Ungarn und Italien angesichts des wachsenden Zustroms 2014 und vor allem 2015 bei Anwendung von Dublin hoffnungslos überfordert waren, gab es schon seit längerem die Intention, das System zu reformieren. Am 9. September machte die Kommission den Vorschlag, 120.000 Flüchtlinge aus Griechenland, Ungarn und Italien nach einem Quotenschlüssel, der auf der Bevölkerungszahl, der Wirtschaftsleistung und der Arbeitslosenquote basierte, innerhalb der EU umzuverteilen. Eine solche Quotenregelung hatten die Visegrad-Staaten bereits Mitte August für rechtswidrig erklärt und abgelehnt. Am 22. September beschlossen die EU-Innenminister erstmals mit qualifizierter Mehrheit (gegen die Stimmen Ungarns, Tschechiens, der Slowakei und Rumäniens), als Notfallmaßnahme insgesamt 120.000 Flüchtlinge aus Griechenland und Italien auf freiwilliger Basis innerhalb der EU zu verteilen. Für die Umsetzung der Maßnahme wurden zwei Jahre eingeplant. Es zeigte sich bald, dass diese Umverteilungsvereinbarungen auf Sand gebaut waren und der Löwenanteil der EU-Staaten keineswegs gewillt war, sich daran zu beteiligen. Das Versagen der EU in der Frage der gemeinsamen Flüchtlingspolitik wird schlagend daran deutlich, dass bis zum Sommer 2017 von dem geplanten Umverteilungskontingent gerade einmal knapp 25.000 Personen umgesiedelt worden sind. Gegen den Umverteilungsbeschluss der EU haben Ungarn und die Slowakei vor dem Europäischen Gerichtshof Klage eingereicht, die jedoch im September 2017 abgewiesen wurde. Die EU-Kommission hat inzwischen gegen Polen, Ungarn und die Slowakei wegen der Missachtung der EU-Beschlüsse ein Vertragsverletzungsverfahren eingeleitet.[6]

Die Willkommenskultur bröckelt (Oktober bis Dezember 2015)

Nach dem Scheitern der EU, sich auf ein gemeinsames Quotensystem zu verständigen, spitzte sich die Lage in den drei wichtigsten Ländern der Willkommenskultur – Schweden, Österreich und Deutschland – im letzten Quartal 2015 zu. In der Bevölkerung aller drei Länder nahm die Unterstützung für eine unbegrenzte Aufnahme von Flüchtlingen stark ab, und rechtspopulistische Parteien gewannen an Zuspruch. Alle drei Staaten be-

---

6 www.nzz.ch/international/verteilung-von-fluechtlingen-fuenf-antworten-zum-streit-ueber-die-eu-fluechtlingspolitik-ld.1307872.

gannen in dieser Phase, ihre Asylgesetze zu verschärfen und ihre Grenzkontrollen zu intensivieren.

Ausbau der »Festung Europa« (Januar bis Sommer 2016)
Anfang 2016 verhärtete sich die Position vieler Mitgliedstaaten gegenüber den Flüchtlingen immer mehr. Österreich führte Obergrenzen ein, auf der Balkanroute wurden neue Zäune gebaut und die Route schließlich gesperrt. In Deutschland wurde der Ruf nach einer deutlichen Reduzierung der Zuwanderung nach den Silvesterereignissen in Köln noch lauter. Die bevorstehenden Landtagswahlen in drei Bundesländern und die steigenden Umfragewerte der rechtspopulistischen AfD führten zu wachsender Nervosität in den Reihen von CDU/CSU und SPD.

Bundeskanzlerin Merkel wurde in dieser Phase immer deutlicher, dass ihr Konzept zur Überwindung der Flüchtlingskrise, das aus drei Komponenten bestand – Überwindung der Ursachen der Flucht, Einigung in der EU auf einen Verteilungsschlüssel, Reduzierung der Zahl der Asylsuchenden –, weitgehend gescheitert war. Die Bekämpfung der Fluchtursachen erwies sich als eine permanente Aufgabe und die Quotenvorschläge der Europäischen Kommission waren am Widerstand der überwiegenden Mehrheit der Mitgliedstaaten gescheitert. Es kam hinzu, dass zwischen den EU-Staaten zahlreiche Konflikte entstanden, das Schengen-System zunehmend eingeschränkt wurde und innerhalb der Koalition sowie zwischen CDU und CSU massive Streitigkeiten ausbrachen. Die Kanzlerin setzte jetzt nur noch auf die dritte Komponente ihres Konzepts, die deutliche Reduzierung der Zahl der Flüchtlinge, weil sie sich davon die Überwindung aller oben genannten Probleme erhoffte. Zu diesem Zweck griff sie einen Plan der Brüsseler Denkfabrik »Europäische Stabilisierungsinitiative« (ESI) aus dem Sommer 2015 auf, der ein Tauschgeschäft zwischen der EU und der Türkei vorsieht, das auf eine drastische Reduktion der Flüchtlingszahlen in Europa hinausläuft. Ein Abkommen mit der Türkei konnte in dieser Lage wie die Zerschlagung des berühmten »Gordischen Knotens« wirken. Mit der Abschottung gegenüber den Flüchtlingen müssten die EU-Staaten sich nicht mehr über einen Verteilungsmodus streiten. Das Schengen-System könnte wieder vollumfänglich in Kraft gesetzt werden. Im Inneren hoffte Merkel schließlich, ihre Macht zu konsolidieren, denn mit der Eindämmung des Zustroms an Flüchtlingen durch das Abkommen mit der Türkei würde sie ihre Kritiker*innen in der CSU und der CDU besänftigen und dem Wunsch der Mehrheit der deutschen Bevölkerung entsprechen.

Am 7./8. März 2016 verhandelten die EU und die Türkei ein Abkommen, das auf dem Europäischen Rat vom 18. März einstimmig angenommen wurde. Es besteht aus folgenden wesentlichen Elementen:

1. Die Türkei verpflichtet sich, ihre Sicherheitsmaßnahmen zur Reduktion der nicht-regulären Migration von der Türkei in die EU zu verstärken. Sie ist darüber hinaus bereit, Flüchtlinge, denen es dennoch gelingt, Griechenland zu erreichen, in die Türkei zurückzunehmen.
2. Die EU stellt der Türkei für die Ansiedlung von Flüchtlingen bis Ende 2018 insgesamt sechs Mrd. Euro zur Verfügung.
3. Bis Ende Juni 2016 wird eine Aufhebung der Visumspflicht für türkische Bürger*innen angestrebt, die in die EU reisen möchten.
4. Die Beitrittsverhandlungen zwischen der EU und der Türkei sollen neu belebt und beschleunigt werden.

Das EU-Türkei-Abkommen wird vom UNHCR, Amnesty International, Pro-Asyl und der Organisation »Ärzte ohne Grenzen« als Verstoß gegen die internationalen Asyl- und Flüchtlingsrechte kritisiert und abgelehnt. Der UN-Hochkommissar für Menschenrechte hält Massenverhaftungen und Massenabschiebungen für illegal und forderte die EU auf, das Abkommen zu überdenken.

Dass das Erdoğan-Regime Menschenrechte mit Füßen tritt, war vor den Verhandlungen des Abkommens hinlänglich bekannt. So versucht das Regime, missliebige Journalist*innen durch Verhaftungen und Gerichtsverfahren einzuschüchtern. Gegen 200 türkische Journalist*innen waren im April 2016 Verfahren anhängig. Twitter und andere soziale Netzwerke werden abgeschaltet, wenn sie regierungskritische Beiträge veröffentlichen. In der Türkei war es schon zur Zeit der Verhandlungen über das Abkommen Praxis, oppositionelle Kräfte aus der Zivilgesellschaft, der Presse und der Politik mittels bewusst weitgefasster Terrorismusgesetze einzuschüchtern und zu Gefängnisstrafen zu verurteilen.

Noch brutalere Menschenrechtsverletzungen werden über den Kampf der türkischen Armee gegen die kurdische Minderheit in der Türkei berichtet. Dabei ist nicht nur die PKK Ziel der türkischen Armee, auch die kurdische Zivilbevölkerung ist Opfer der Angriffe der Armee. Hunderte von zivilen Opfern werden gemeldet. Angesichts des EU-Interesses an einer gemeinsamen Flüchtlingspolitik lassen die europäischen Staaten die Regierung der Türkei mehr oder weniger gewähren. Diese nutzt die Gunst der Stunde und bekämpft selbst den gemäßigten parlamentarischen Arm der Kurd*innen – die HDP – unter massiver Verletzung von Bürgerrechten.

Die Türkei unter solchen Verhältnissen als sicheren Drittstaat einzuordnen, dem die nach Griechenland Geflüchteten aus Syrien, Afghanistan, dem Irak und Pakistan übergeben werden können, muss als eklatanter Bruch des internationalen Asyl- und Flüchtlingsrechts eingeordnet werden. Dass viele syrische, aber auch die afghanischen, irakischen und pakistanischen Flüchtlinge ohne ausreichende Prüfung ihrer Asylansprüche bzw. ihres Flüchtlingsstatus von der Türkei in ihre Herkunftsländer zurückgeschickt werden, gilt als gesichert. In der EU entwickelt sich gegen diese völkerrechtswidrige Praxis kaum Widerstand. Im Gegenteil: Die Europäische Kommission und die Regierungen der Mitgliedstaaten preisen das Abkommen mit der Türkei als effektiven Beitrag zur Reduzierung der Flüchtlingsströme nach Europa.

Am 16. Juli 2016 scheiterte der Versuch eines Teiles der türkischen Armee, das Regime Erdoğan durch einen Putsch zu stürzen. Die Regierung verhängte daraufhin den Ausnahmezustand und ging mit drakonischen Maßnahmen gegen jegliche Kritiker, Gegner und vermeintliche Gegner Erdoğans vor. Es kam bis zum Sommer 2017 nicht nur zur Entlassung von ca. 100 000 Angehörigen des öffentlichen Diensts, sondern auch zur Verhaftung von ca. 50.000 türkischen Bürger*innen. Immer wieder sind auch Journalist*innen oppositioneller Zeitungen Opfer von Verhaftungen geworden.

Es ist offensichtlich, dass Erdoğan den gescheiterten Putsch nutzt, sein Herrschaftssystem lückenlos auszubauen und jegliche Form von Opposition mit allen Mitteln zu unterdrücken. Gleichzeitig ist der Krieg gegen die Kurd*innen im Inneren des Landes intensiviert worden.

3. Umbau der Türkei in eine Autokratie und Implementierung des EU-Türkei-Abkommens

Trotz des Abschluss des Flüchtlingsabkommens und der Wiederaufnahme der Beitrittsverhandlungen sind die politischen Spannungen zwischen der Türkei und der EU, vor allem zwischen der Türkei und Deutschland, vom Sommer 2016 bis zum Sommer 2017 nicht geringer geworden. Sie haben sich im Gegenteil deutlich erhöht, wie die folgende kurze Chronologie zeigt.

- Aufgrund der »Schmähkritik« Erdoğans durch den Satiriker Jan Böhmermann leitete die Türkei im Frühsommer 2016 gegen Deutschland juristische Schritte ein.

- Nach der Verabschiedung einer Resolution des Deutschen Bundestages im Juni 2016, in der die Gräueltaten der Türkei gegenüber den Armeniern vor 100 Jahren als »Völkermord« bewertet wurden, zog die Türkei für vier Monate ihren Botschafter aus Deutschland ab.
- Nachdem die Türkei vom Sommer 2016 bis zum Frühjahr 2017 deutschen Parlamentariern zweimal einen Besuch des türkischen Luftwaffenstützpunkts Incirlik verweigerte, auf dem deutsche Tornados stationiert sind, beschloss die Bundesregierung im Juli 2017, die Tornados von Incirlik nach Jordanien zu verlagern.
- Zu weiteren Verstimmungen kam es, als Anfang 2017 bekannt wurde, dass 40 türkische NATO-Soldaten in Deutschland Asyl beantragt haben und Deutschland nach Durchsuchungen von Räumen der Türkisch-Islamischen Gesellschaft für Religion (Ditib) mehrere Imame wegen des Vorwurfs der Bespitzelung von Anhänger*innen der Gülen-Bewegung in die Türkei ausgewiesen hat.
- Mitte Februar 2017 wurde der Korrespondent der deutschen Tageszeitung »Die Welt«, Deniz Yücel, in Istanbul verhaftet. Ihm wird vorgeworfen, Mitglied einer Terrororganisation zu sein und terroristische Propaganda verbreitet zu haben.
- Einen weiteren Höhepunkt erreichten die Konflikte zwischen der Türkei und Deutschland im Zusammenhang mit dem am 16. April durchgeführten türkischen Verfassungsreferendum. Die Verfassungsänderungen sollen voraussichtlich im November 2019 mit der Neuwahl des Präsidenten der Türkei in Kraft treten. Mit den Änderungen werden wichtige Exekutivbefugnisse in den Händen des Präsidenten gebündelt (z.B. werden ihm die Befugnisse des Ministerrats übertragen) und seine Einflussmöglichkeiten auf die Besetzung von Ämtern in der Justiz gestärkt. Viele Beobachter*innen bewerten diese Änderungen als Verletzung der demokratischen Gewaltenteilung und betrachten sie als Schritt der Türkei auf dem Weg in eine autokratische Herrschaft unter Präsident Erdoğan.[7] Der Wahlkampf um das Referendum wurde wegen der großen Zahl in Deutschland lebender Türk*innen auch auf deutschem Boden ausgetragen. Als in verschiedenen Städten in Deutschland der Auftritt türkischer Minister für die Ja-Kampagne verboten wurde, bezichtigte Präsident Erdoğan die deutschen Behörden mehrfach der Anwendung

---

[7] Siehe: Verfassungsreform in der Türkei/Auf dem Weg in die Autokratie? faktenfinder.tagesschau.de.

nationalsozialistischer Terrorpraktiken und bezeichnete sie als »Faschisten«.[8]

- Am 18. Juli 2017 hat die Türkei mehrere Menschenrechtsaktivisten wegen angeblich terroristischer Aktivitäten verhaftet, darunter den Deutschen Peter Steudtner. Das deutsche Außenministerium hat daraufhin den türkischen Botschafter einbestellt und von ihm die sofortige Freilassung Steudtners verlangt. Die türkische Regierung lehnte es (bis Oktober 2017) ab, der Forderung der Bundesregierung nachzukommen.

Trotz dieser wachsenden Konflikte mit der Türkei lehnt es die Bundesregierung – anders als das Europäische Parlament – ab, die Aussetzung der Beitrittsverhandlungen der EU zu fordern. Ihr Hauptanliegen scheint es dabei zu sein, das Flüchtlingsabkommen nicht zu gefährden. Die in der Türkei lebenden Flüchtlinge müssten davor bewahrt werden, in die Hände von Schleppern zu gelangen, und ihre Lage habe sich inzwischen durch die mithilfe der EU-Gelder (inzwischen wurden ca. drei Mrd. Euro überwiesen) finanzierten Projekte in den Flüchtlingslagern deutlich verbessert.

Es ist zwar richtig, dass diese Mittel die Lebensmittel-, Gesundheits- und Bildungsversorgung der dort lebenden Menschen verbessert haben, dies gilt aber nicht für die außerhalb der Lager lebenden Flüchtlinge. Die Schätzungen über die in der Türkei lebenden Flüchtlinge schwanken zwischen 2,9 bis 3,5 Mio., von denen nur circa ein Drittel in den gut versorgten Lagern leben sollen. Die Lage des Löwenanteils der Flüchtlinge, die überwiegend in der Illegalität leben und für Löhne unterhalb des Mindestlohns sowie unter menschenunwürdigen Bedingungen arbeiten, hat sich durch das Abkommen nicht geändert (vgl. Frehse 2017).

Es kommt hinzu, dass die Türkei nach dem Abkommen die Grenze zu Syrien abgeriegelt hat, sodass Flüchtlinge auf diesem Wege nicht mehr in die Türkei gelangen können. Es wird berichtet, dass die Türkei ca. 900.000 Menschen in Lagern auf syrischem Boden festhält, so die Online-Ausgabe der österreichischen Tageszeitung »Die Presse« am 10. März 2017.[9] Diese Praxis ist ebenfalls als massiver Verstoß gegen das internationale Asyl- und Flüchtlingsrecht zu bewerten.

---

[8] www.spiegel.de/politik/ausland/recep-tayyip-erdogan-neue-nazi-vorwuerfe-gegen-deutschland-a-1140511.html.

[9] diepresse.com/.../900000-syrische-Fluechtlinge-an-Grenze-zur-Tuerkei-gestrandet.

Wie Deutschland hat auch die Türkei wenig Interesse an einem Scheitern des Abkommens sowie der Beitrittsverhandlungen. Neben den sechs Mrd. Euro im Rahmen des Flüchtlingsabkommens sind ihr für »Vorbeitrittshilfen« von der EU von 2014 bis 2020 weitere 4,45 Mrd. Euro zugesagt worden. Darüber hinaus liegt der Türkei – wie der EU – an einer Liberalisierung der Wirtschaftsbeziehungen mit Europa, um so ihre momentanen, aus der Niederschlagung des Putsches entstandenen ökonomischen Probleme bald überwinden zu können.[10]

Aufgrund dieses wechselseitigen Interesses Deutschlands und der Türkei sind seit dem Herbst 2017 vorsichtige Entspannungsversuche zu beobachten. Der Menschenrechtsaktivist Steudtner und die Übersetzerin Meşale Tolu Çorlu wurden aus der türkischen Haft entlassen, ebenso der deutsche Journalist Yüzel. Zwischen dem deutschen und dem türkischen Außenminister finden vermehrt Kontakte mit dem Ziel statt, eine »Normalisierung« der Beziehungen zwischen beiden Staaten zu erreichen.

4. Der nächste Bauabschnitt der Festung Europa: Libyen und Nordafrika

Das Abschottungsabkommen zwischen der EU und der Türkei zeigte bereits im April 2016 in rückläufigen Flüchtlingszahlen auf den griechischen Inseln seine Wirkung. Da jedoch die Ursachen der Flucht nicht abgeschoben werden können, ist es seit dem Abkommen zu einer Verlagerung der Fluchtrouten gekommen. Im Fokus befindet sich seitdem insbesondere Libyen, von wo aus inzwischen Tausende von Flüchtlingen durch Schlepperdienste ihren Weg nach Italien gefunden haben.

Die Reaktion der EU auf diese Veränderungen besteht seit dem Frühjahr 2016 darin, intensiv an einem weiteren Bauabschnitt der »Festung Europa« zu arbeiten. Schwerpunktmäßig versuchte sie durch verschiedene Maßnahmen, in dem von verfeindeten Stämmen und Milizen beherrschten Libyen eine Regierung zu installieren. Mit dieser hoffte sie, ein ähnliches Abkommen wie mit der Türkei schließen zu können. Auch die Rhetorik war die gleiche: Man müsse die Flüchtlinge vor dem Unwesen der internationalen Schleppermafia schützen und die europäischen Werte vertei-

---

[10] www.businessinsider.de/tuerkei-konkrete-druckmittel-sind-begrenzt-5589846.

digen. Im Einzelnen hat die EU seit April 2016 in Libyen folgende Maßnahmen in Angriff genommen (Spiegel online, 18.4.2016):

- Stabilisierung und Stärkung der »Regierung der nationalen Einheit« unter Premier Fayez Sarraj, die längst nicht von allen Konfliktparteien anerkannt ist und deren Hauptgegner General Chalifa Haftar ist, der den Osten Libyens mit einer Streitkraft kontrolliert, die sich »Libysche Nationale Armee« nennt. Zum persönlichen Schutz von Sarraj hat Italien eine Präsidentengarde gestellt und Deutschland geschützte Fahrzeuge geliefert.
- Die EU hat der »Übergangsregierung« Sarraj 220 Mio. Euro zum Ausbau der Küstenwache und für Hilfsprojekte zugesagt, um mithilfe dieser »humanitären« Maßnahmen die Unterstützung der neuen Regierung durch die Bevölkerung zu fördern (»Friedensdividende«).

Bis zum Sommer 2017 waren diese Schritte im Sinne der EU nur von einem geringen Erfolg gekrönt. Nach Italien sind in der ersten Hälfte 2017 fast 100.000 Flüchtlinge gelangt, und die Konflikte innerhalb der EU um die Verteilung dieser Menschen haben stark zugenommen, wie eingangs dieses Kapitels geschildert. Darüber hinaus ist der Einfluss der »Einheitsregierung« Sarraj kaum gewachsen. Haftar soll die Ölfelder des Landes kontrollieren und genießt internationale Unterstützung durch Russland und Ägypten. Neben Sarraj und Haftar sollen hunderte von Milizen verschiedene Teile des Landes kontrollieren, darunter auch ein Sohn des früheren Diktators Gaddafi, Saif al-Islam, dessen Zuspruch in der Bevölkerung wachsen soll.[11]

Da der Flüchtlingsstrom anhält und Italien von den anderen EU-Staaten keine ausreichende Unterstützung erfährt, hat die italienische Regierung inzwischen mit militärischen Maßnahmen reagiert. Sie hat mit der »Regierung« Sarraj vereinbart, dass italienische Kriegsschiffe auch in den Hoheitsgewässern Libyens gegen die Schlepperboote operieren dürfen. Darüber hinaus versucht sie, durch einen von ihr verordneten Verhaltenskodex die Operationen der Schiffe verschiedener auf dem Mittelmeer aktiver NGOs, wie »Ärzte ohne Grenzen« und »Jugend rettet«, einzugrenzen, um so die Flüchtlingszahlen in Italien zu reduzieren. Diese von der EU unterstützten Maßnahmen, die darauf hinauslaufen, die Flucht aus Libyen zu verhindern und die Flüchtlinge in Massengefängnissen auf libyschem Boden zu internieren, hat zu internationalen Protesten der Flüchtlingshilfsorganisationen geführt. So hat vor allem die Hilfsorganisation Oxfam auf die grausamen

---

[11] Siehe: »Warum der Libyen-Deal unmöglich ist«, n-tv.de, 4.8.2017.

Umstände hingewiesen, die in den Lagern in Libyen herrschen.[12] »Menschenhändler, Schmuggler, Milizen und kriminelle Banden sehen in den Migranten ›bares Geld‹, und Folter, Gewalt und sexueller Missbrauch stehen in den Lagern auf der Tagesordnung«, heißt es in dem Oxfam-Bericht.[13] Oxfam fordert von der EU, den Flüchtlingen sichere Korridore nach Europa zu ermöglichen und ein faires Asyl- und Flüchtlingsverfahren zu schaffen.[14]

Auf diese zunehmenden Berichte über menschenverachtende Zustände in den Flüchtlingslagern in Libyen haben die EU-Staaten zunächst nicht reagiert. Erst als parallel zum EU-Afrika-Gipfel Ende November 2017 Bilder von Sklavenmärkten mit Flüchtlingen auf libyschem Boden um die Welt gingen, konnten die EU-Staaten die schockierende Realität öffentlich nicht länger ignorieren. Die Teilnehmer*innen des Gipfels einigten sich auf einen Evakuierungsplan, der vorsieht, dass die Regierung Sarraj in ihrem Machtbereich dem UNHCR und der Internationalen Organisation für Migration (IOM) Zugang zu den Flüchtlingslagern gewährt, um rückkehrwilligen Flüchtlingen die Möglichkeit zu bieten, Libyen zu verlassen. Die EU unterstützt diesen Plan mit so genannten Rückkehr- und Starthilfen.[15]

Menschenrechtsorganisationen werfen den EU-Politikern »Heuchelei« vor, wenn sie sich jetzt überrascht gäben. Der Afrika-Direktor von AI, Alouine Tine, berichtet, dass die IOM schon seit April auf die Existenz von »Sklavenmärkten« in Libyen hingewiesen habe. Und der Regionaldirektor Europa von AI, John Dalhuisen, ergänzt: »Seit Jahren dokumentieren wir, wie Flüchtlinge und Migranten in Libyen willkürlicher Verhaftung, Folterung, Mord, Vergewaltigung, Erpressung und Ausbeutung ausgesetzt sind.«[16]

Ende 2017 lagen nur spärliche Informationen über die Umsetzung des Evakuierungsplans vor. In Libyen befinden sich mehrere Hunderttausend Flüchtlinge. Dem IOM ist es bislang nur gelungen, rund 15.000 in ihre Heimatländer zurückzubringen. Das UNHCR bat um die dringende Aufnahme von 1.300 besonders gefährdeten Menschen, konnte aber bislang nur 25 aus Libyen herausholen (vgl. Ehrich 2017).

---

12 Siehe: »EU darf Libyen-Flucht nicht verhindern«, n-tv.de, 9.8.2017.

13 Ebd.

14 www.zeit.de/politik/ausland/2017-08/fluechtlinge-libyen-oxfam-bericht-vergewaltigung-zwangsarbeit.

15 www.n-tv.de/20159398.

16 www.n-tv.de/20158457.

5. Wachsende Stimmung gegen Flüchtlinge in den EU-Staaten – die rechtsnationalistische Abschirmungspolitik wird hoffähig

Die Darstellung in diesem Kapitel hat gezeigt, dass sich die Flüchtlingspolitik der EU vom Sommer 2015 bis zum Winter 2017 in einem atemberaubenden Tempo von einer Willkommenskultur zu einer harten Abschottungspolitik gewandelt hat. Das Abkommen mit der Türkei und der Versuch, in Libyen die Flüchtlinge durch einen doppelten Riegel – Militäreinsatz in libyschen Gewässern, Flüchtlingsgefängnisse im Inneren des Landes – den Weg über das Mittelmeer zu versperren, sind Ausdruck dieser völkerrechtswidrigen und menschenverachtenden Politik. Dieser Wandel lässt sich auch an der Entwicklung in den von uns im Teil 3 näher untersuchten fünf EU-Staaten aufzeigen.

In *Österreich* überboten sich im Wahlkampf 2017 FPÖ, ÖVP und SPÖ in Vorschlägen, mit denen verhindert werden soll, dass die Migrantenströme aus Afrika über Italien auch Österreich erreichen. Der damalige Außenminister Sebastian Kurz, der Spitzenkandidat der ÖVP war und bereits beim Schließen der Balkanroute im Jahr 2016 eine führende Rolle gespielt hat, schlug vor, jene Flüchtlinge, die keinen Schutzstatus erhalten und nicht abgeschoben werden können, gefangen zu nehmen und in Lagern außerhalb der EU in Nordafrika und im Nahen Osten zu kasernieren. »Deshalb wollen wir nach dem Vorbild Australiens sogenannte Asylzentren außerhalb der EU einrichten, in die wir jene Menschen bringen, die wir nicht abschieben können«, sagte Kurz der »Bild«-Zeitung.[17]

Diese Pläne wurden zwischenzeitlich auch vom sozialdemokratischen Verteidigungsminister Hans Peter Doskozil und dem konservativen Innenminister Wolfgang Sobotka unterstützt. Doskozil hat auch das österreichische Militär am Brenner verstärkt, um gegebenenfalls einen Flüchtlingsstrom aus Italien stoppen zu können: »Angesichts der Migrationsentwicklung in Italien müssen wir uns vorbereiten«, so der Sozialdemokrat.[18]

Nach der Wahl bildeten ÖVP und FPÖ eine neue Regierung. Im Teil 3, Abschnitt 4, kann nachgelesen werden, dass diese Regierung –trotz eines deutlichen Rückgangs der Flüchtlingszahlen – eine Politik der Abschot-

---

[17] Siehe: www.handelsblatt.com/politik/international/fluechtlingskrise-oesterreich-will-europa-den-weg-weisen-/19219606.html.

[18] www.huffingtonpost.de/2017/07/04/osterreich-brenner-italien-fluchtlinge-kontrolle_n_17382380.html.

tung, der Kasernierung und Abschiebung von Flüchtlingen in den Mittelpunkt ihrer Arbeit gerückt hat und auch die Unterstützungsleistungen für Migrant*innen deutlich reduzieren will.

In *Frankreich* müssen die Migrant*innen inzwischen verstärkt im Freien übernachten, weil in den Unterkünften nicht genügend Raum zur Verfügung steht. Flüchtlinge berichten auch, dass sie von Sicherheitskräften daran gehindert würden, sich in den Essensausgaben mit Nahrungsmitteln zu versorgen. Diese Praxis, die EU-Richtlinien über Asylverfahren verletzt, soll das Land zurzeit bewusst ausüben, um Flüchtlinge von einem Weg nach Frankreich abzuhalten. Das berüchtigte Lager in Calais ist inzwischen vom Innenminister Gérard Collomb mit harten Methoden geräumt worden.

Collomb soll in diesem Zusammenhang die Flüchtlinge als »Zysten« bezeichnet haben.[19] Präsident Macron verhält sich in dieser Situation zwiespältig. Einerseits duldet er stillschweigend das Vorgehen seines Innenministers, andererseits lässt er verlauten, Frankreich müsse seine Asylpraxis verbessern.

Bei einem Treffen mit der britischen Premierministerin Theresa May im Januar 2018 in Calais, bei dem es um eine Intensivierung der französischen Maßnahmen ging, Flüchtlingen den Weg über den Ärmelkanal nach Großbritannien zu versperren, verteidigte Macron die von Flüchtlingshilfsorganisationen kritisierte »Law and Order«-Praxis der französischen Sicherheitskräfte gegenüber Migrant*innen.

In den *Niederlanden* hat sich Ministerpräsident Mark Rutte im Januar 2017 in einem Brief »An alle Niederländer« zur Flüchtlingspolitik geäußert: »Wir empfinden wachsendes Unbehagen, wenn Menschen unsere Freiheit missbrauchen, um den Laden durcheinanderzubringen, obwohl sie doch gerade wegen dieser Freiheit hierhergekommen sind.« Ihnen ruft er zu: »Verhaltet euch normal oder geht.«[20] Dieser Brief wurde als Versuch interpretiert, der ausländerfeindlichen PVV von Geert Wilders bei den kurze Zeit später stattfindenden Parlamentswahlen Stimmen abzujagen. An der harten Haltung der Rechtsliberalen unter Rutte in der Flüchtlingsfrage, die die Partei Groenlinks nicht mittragen wollte, scheiterte auch der

---

[19] Siehe: www.handelsblatt.com/politik/international/fluechtlinge-in-calais-frankreich-setzt-auf-abschreckung-und-riskiert-verfassungskrise/20130756.html.

[20] Siehe: www.sueddeutsche.de/politik/niederlande-verhaltet-euch-normal-1.3347607.

erste Versuch einer Regierungsbildung in den Niederlanden (siehe dazu Abschnitt 3 in Teil 3).

Der Wandel der Einstellung Deutschlands gegenüber den Flüchtlingen lässt sich sehr gut aus der Abbildung 1 ablesen, die die Veränderungen des Schutzes zeigt, der den Flüchtlingen aus Syrien, Afghanistan und dem Irak 2015 und 2016 gewährt worden ist. Während 2015 die Flüchtlinge aus Syrien noch zu fast 100% einen umfassenden Flüchtlingsschutz erhielten, waren es 2016 nur noch 58%. 42% wurde nur der subsidiäre Schutzstatus gegeben. Da parallel im Asylgesetzpaket II das Recht auf Familiennachzug für die Flüchtlinge mit subsidiären Schutz bis 2018 ausgesetzt wurde, ist dies eine erhebliche Einschränkung der Schutzrechte. Die besondere Härte dieser Veränderung wird dann deutlich, wenn man weiß, dass zwischen 30 und 40% der Flüchtlinge als Minderjährige nach Deutschland kommen.

Noch markanter sind die Veränderungen im Flüchtlingsstatus bei den Menschen aus Afghanistan. Hier hat sich von 2015 auf 2016 der Anteil derjenigen mit vollem Schutz von 46,7% auf 22% mehr als halbiert. Subsidiärer Schutz wurde 2016 29% der Flüchtlinge gewährt, gegenüber 22% im Jahr 2015. Der Anteil der Abschiebungen ist von 22% auf 39% gestiegen. In der Öffentlichkeit wird diese Praxis zunehmend kritisiert. Die Sicherheitslage in Afghanistan sei nach wie vor sehr prekär, wie aus der gestiegenen Zahl an Todesfällen aufgrund von Anschlägen und an Binnenflüchtlingen im Land erkennbar ist.[21] Bei den Flüchtlingen aus dem Irak ist der volle Schutz von 96% auf 59% gesunken und gleichzeitig der Anteil des subsidiären Schutzes und der Abschiebungen erheblich angestiegen.

Wie sehr die Abschottungspolitik in Deutschland mittlerweile in der Mitte der Gesellschaft angekommen ist, lässt sich an der veränderten Haltung von Kanzlerin Merkel erkennen. Sie war im Jahre 2015 die Repräsentantin einer humanen Willkommenskultur (»Wir schaffen das!«), trat dann aber Mitte August 2017 nach dem fragwürdigen Flüchtlingsabkommen mit der Türkei auch für ein entsprechendes Abkommen mit Libyen ein, obwohl in den dortigen Flüchtlingslagern, besser Flüchtlingsgefängnissen, die menschenunwürdigsten Umstände herrschen, die den Außenminister Luxemburgs, Jean Asselborn, von KZ-ähnlichen Lagern sprechen lassen.[22]

---

21 Siehe: »Berlin ist lebensgefährlich pragmatisch«, n-tv.de, 9.8.2017, www.n-tv.de/19976096.

22 Siehe: www.noz.de/deutschland-welt/politik/artikel/924492/asselborn-eu-muss-fuer-libyen-mehr-geld-in-hand-nehmen.

Abbildung 1: Sinkende Schutzqualität, mehr Ablehnungen – inhaltliche Entscheidungen im Jahresvergleich 2015/2016

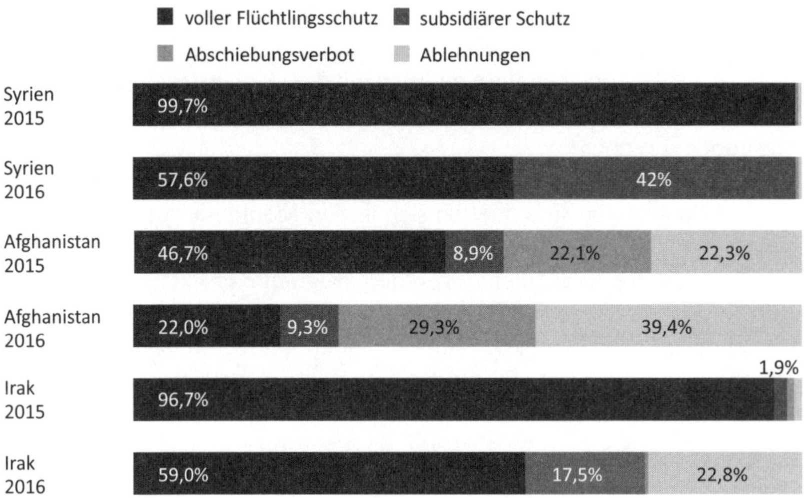

Quelle: BAMF, Pro Asyl 2017; www.proasyl.de/thema/fakten-zahlen-argumente/

Im Koalitionsvertrag zwischen der CDU/CSU und der SPD hat die Union ihre restriktive Flüchtlingspolitik durchsetzen können: Trotz rückläufiger Flüchtlingszahlen gibt es darin im Sinne der CSU eine de facto Obergrenze, und der Familiennachzug für Flüchtlinge wird nur sehr begrenzt ermöglicht (1.000 pro Monat). Die drei Maghrebstaaten sollen zu sicheren Drittstaaten erklärt werden. Der Vertrag enthält weder eine kritische Reflexion der völkerrechtswidrigen Flüchtlingspraxis in der Türkei noch eine Stellungnahme zur Lage der Flüchtlinge in Libyen.

In *Italien* traten bereits 2016 Parteien wie die rechtspopulistische Lega (Nord) und die Fratelli d'Italia ebenso für eine Abschottungspolitik ein wie Beppe Grillo von der Bewegung Cinque Stelle. Die offizielle Politik der von der Partito Democratico (PD) geführten Regierung verfolgte damals noch eine gemäßigtere Linie in der Flüchtlingspolitik. Nach den Erfahrungen des Jahres 2017, in dem in Italien bis zum Sommer fast 100.000 Flüchtlinge über das Mittelmeer angekommen sind, ohne dass seitens der übrigen EU-Mitgliedstaaten, insbesondere auch der anderen Mittelmeeranrainer Frankreich und Spanien, eine Entlastung Italiens angeboten worden wäre, hat sich auch die Linie der PD-Regierung verhärtet. Dazu hat ebenfalls beigetragen, dass Österreich eine Schließung der Brennerroute angekündigt hat. Wie oben bereits erwähnt, versucht Italien die Flüchtlingszahlen dadurch zu senken, dass es einerseits die Schiffe der Flüchtlingshilfsorganisationen auf dem Mittelmeer einer stärkeren Kontrolle unterwirft und andererseits aufgrund einer Vereinbarung mit der »Einheitsregierung« Sarraj mit Marineschiffen in den Hoheitsgewässern Libyens gegen die Flüchtlingsboote vorgeht.

Nachdem im Spätsommer 2017 die Flüchtlingszahlen in Italien deutlich zurückgegangen sind, hielten sich in den Medien hartnäckig die Gerüchte, dass die Schlepperbanden in Libyen mit Bestechungsgeldern dazu motiviert werden, den Flüchtlingen den Weg auf das Mittelmeer zu versperren und sie direkt in die oben beschriebenen Flüchtlingsgefängnisse des Landes zu verbringen. Dass Italiens Innenminister Marco Minniti, der sich häufig in Libyen zu Verhandlungen über die Flüchtlingspolitik aufhält, oder die EU direkt mit den Schlepperbanden kooperieren, ist kaum anzunehmen. Wohl aber die Möglichkeit, dass ein Teil der Finanzspritzen, die Italien, Deutschland und die EU dem Regime Sarraj zum Ausbau seiner Sicherheitskräfte zukommen lassen, auf indirektem Wege in die Hände der Schlepperbanden gelangen. Sarraj kann damit den EU-Staaten einen erfolgreichen Vollzug bei der Politik des Eindämmens der Flüchtlingsströme nach Europa vermelden und somit auf weitere Unterstützung durch die EU in den innenpolitischen Kämpfen um die Macht in Libyen hoffen.

Seit Januar 2018 sind die Flüchtlingszahlen aus Libyen nach Italien wieder gestiegen. Einige Beobachter werteten dies als Versuch der Schlepperbanden, die Parlamentswahlen in Italien (am 4. März 2018) auszunutzen, um aus den oben erwähnten Quellen noch höhere Finanzmittel erpressen zu können. Andere sehen dies als Ausdruck der instabilen politischen Lage in Libyen, in der sich die Machtverhältnisse sehr rasch ändern könnten und neue Milizenführer sich nicht an alte Absprachen mit der italienischen Regierung halten würden (Affaticati 2018).

6. Die Flüchtlingskrise als Schwungrad des Rechtspopulismus

Wie die Länderanalysen in Teil 3 zeigen werden, erweist sich neben der Eurokrise die Flüchtlingskrise als wesentlicher »Treiber« für den Aufstieg der rechtspopulistischen Parteien in der EU. In allen fünf untersuchten Staaten ist es den rechtspopulistischen Parteien gelungen, aus dem Anstieg der

Flüchtlingszahlen seit 2015 politisches Kapital zu schlagen. Nach einer anfänglich teilweise starken Willkommenskultur haben sich Schritt für Schritt die Abschottungsargumente immer stärker ausgebreitet: Die Zuwanderungszahlen seien entschieden zu hoch, sie überforderten das Land ökonomisch und sozial, Einheimische würden sich immer mehr als Fremde im eigenen Land empfinden, der Islam würde das Christentum bedrohen, die vermeintlichen hohen Kriminalitätsraten der Migrant*innen würden die Sicherheit und Ordnung im Land gefährden und die Flüchtlinge würden die Terrorismusgefahr in Europa verstärken.

Die rechtspopulistischen Parteien haben diese Argumente befeuert und damit einen Teil der sich sozial bedroht sehenden Unter- und Mittelschichten erreicht. Aus Befürchtungen und Ängsten wurden nach und nach Vorurteile und Ressentiments, die sich in entsprechendem Wählerverhalten und Wahlergebnissen niederschlugen.

Um den Aufstieg des Rechtspopulismus einzudämmen, haben die Parteien der Mitte (Konservative, Christdemokraten, Sozialdemokraten) sehr rasch reagiert und sind in der Flüchtlingspolitik von einer Willkommens- auf eine Abschirmungskultur umgeschwenkt. Verschärfungen des Asylrechts, vermehrte Abschiebungen, Kürzungen von Leistungen für Migrant*innen, das Schließen der Balkanroute, das Abschottungsabkommen mit der Türkei und der oben beschriebene doppelte Riegel gegen die Flüchtlingsbewegung von Libyen in die EU sind die wichtigsten Elemente dieser Festungspolitik.

Das Verhängnisvolle dieser Flüchtlingspolitik der regierenden politischen Mitte besteht nicht nur darin, dass sie gegen das Völkerrecht und das Genfer Flüchtlingsabkommen verstößt, sondern darüber hinaus zu einer Verfestigung des Rechtspopulismus in Europa beiträgt. Indem sie den Forderungen der Rechtspopulisten nach Abschottung nachgekommen sind, haben die Parteien der Mitte deren Argumenten letztlich Recht gegeben. Nur so ist es zu erklären, dass sich die Wahlerfolge der Rechtspopulisten auch nach diesem Schwenk der Parteien der Mitte stabilisieren.

Wenn sich die Ressentiments gegenüber Ausländer*innen durch diese Politik ausgebreitet haben, die Migrant*innen bei einem Teil der Bevölkerung zu Sündenböcken für ihren ökonomischen Abstieg und ihre sozialen Abstiegsängste gemacht werden, dann haben sich die Ablehnung, ja teilweise die Wut und der Hass gegen die »Fremden« so verfestigt, dass auch die wachsende Zahl von ertrunkenen Flüchtlingen im Mittelmeer und die KZ-ähnlichen Zustände in den Flüchtlingsgefängnissen in Libyen keinen Bewusstseinswandel, kein Mitgefühl, keine »Reversio« mehr auslösen. Unter dem Druck der rechtspopulistischen Stimmung sind dann die Parteien der Mitte auch bei rückläufigen Zuwanderungszahlen, wie im Jahre 2017, nicht mehr bereit, ihre Politik der Abschottung zu mäßigen, sondern entschlossen, sie in unverminderter Härte fortzusetzen. Vielfach sind es dann unter den gesellschaftlichen Institutionen nur noch die Kirchen und Papst Franziskus, die diese inhumane und unchristliche Politik scharf geißeln.

Teil 3: Die Entwicklung des Rechtspopulismus in fünf EU-Staaten: Italien, Frankreich, den Niederlanden, Österreich und Deutschland

Für die folgende Analyse haben wir diejenigen Staaten ausgesucht, in denen vom Frühjahr 2017 bis zum Frühjahr 2018 Parlamentswahlen stattgefunden haben. Bei der jeweiligen Untersuchung des Rechtspopulismus wurden insbesondere fünf Faktoren berücksichtigt, die für dessen Erklärung als besonders relevant erscheinen. Dies sind die sozio-ökonomische Entwicklung im Zuge der Eurokrise, die soziale Ungleichheit und deren Wahrnehmung, die Veränderung der politischen Stabilität des Landes, die Betroffenheit von der Flüchtlingskrise und deren Verarbeitung sowie schließlich eine historisch-kulturelle Einflussgröße, die von Land zu Land unterschiedlich ausfällt. Am Ende dieses Teils wird in komparativer Perspektive untersucht, welche Bedeutung diese fünf Faktoren in den betrachteten fünf Ländern haben, wobei sich jeweils eine unterschiedliche Kombination dieser Einflussgrößen feststellen lässt (vgl. Abschnitt 6). Im anschließenden Teil 4 wird gefragt, welche Auswirkungen die Rechtsverschiebung in den EU-Staaten, der Bedeutungszuwachs des Rechtspopulismus und die Zunahme der politischen Instabilität in den einzelnen Staaten für die zukünftige Entwicklung der EU haben kann. Wird sich die Krise des Integrationsprozesses weiter verschärfen, und was sind die Voraussetzungen für eine Stabilisierung der EU?

1. Italien – Variantenreichtum des Populismus

In Italien haben im März 2018 Parlamentswahlen stattgefunden, die mit einem dramatischen Sieg der populistischen Parteien des Landes endeten. Dieses Kapitel soll helfen, die Entwicklung des Populismus in Italien und das Wahlergebnis vom März zu verstehen. Es beginnt mit einer Analyse der sozioökonomischen Entwicklung Italiens, die neben der Krise des politischen Systems, die im Anschluss untersucht wird, als wesentlicher Faktor für den rasanten Vormarsch populistischer Parteien im Land zu interpretieren ist. Im Anschluss daran werden die verschiedenen Formen des

Populismus Italiens untersucht, der in keinem anderen EU-Staat so variantenreich ist wie hier. Das Kapitel endet mit einer Analyse der Märzwahlen 2018 und der sich daraus ergebenden politischen Konstellationen für eine Regierungsbildung.

1.1 Die sozioökonomischen Probleme Italiens

Wirtschaftliche Entwicklung seit der Großen Krise 2008/2009
Italien nimmt beim Vergleich der sozio-ökonomischen Daten der hier betrachteten fünf Länder in vieler Hinsicht den letzten Platz ein (s.a. Tabelle 3, S. 66f.). Sein Wirtschaftswachstum ist äußerst schwach, wenngleich sich am aktuellen Rand eine Verbesserung abzeichnet. Auch bei der Arbeitslosenquote trägt Italien die rote Laterne. 2014 erreichte dieser Wert 12,7%, um danach bis 2016 auf 11,7% leicht zu sinken. Die Gesamtverschuldung des Staates ist weiter angestiegen: sie erreichte mit 132% im Jahr 2016 nach Griechenland den höchsten Wert unter den Eurostaaten.

Die ökonomische Schwäche Italiens beruht vor allem auf einer äußerst geringen Investitionstätigkeit der Privatwirtschaft. Die Bruttoinvestitionen sind von 2011 bis 2014 in jedem Jahr – teilweise sehr stark – gesunken und verzeichnen seit der Großen Krise in der Vergleichsgruppe die negativste Entwicklung.

Der Außenbeitrag erklärt nicht die schlechte ökonomische Performanz Italiens. Die Leistungsbilanz weist – relativ zum BIP – zunehmende Überschüsse auf, was nicht nur auf einen Rückgang der Importe aufgrund der Wachstumsschwäche zurückzuführen ist. Auch die staatliche Haushaltspolitik bremst das BIP-Wachstum nicht: Das laufende Defizit liegt in der untersuchten Periode zwischen 2% und 3% des BIP, und – viel entscheidender – der strukturelle Haushaltssaldo, der die konjunkturpolitische Ausrichtung der Fiskalpolitik indiziert, ist negativ, am aktuellen Rand sogar ansteigend negativ. Diese Daten zeigen an, dass die Fiskalpolitik Italiens die Konjunktur stimuliert und nicht gebremst hat.

Wie vor dem Hintergrund der Wachstumsschwäche und der hohen Arbeitslosenquote zu erwarten, haben sich die Reallöhne des Landes seit 2010 negativ entwickelt (vgl. European Commission 2017: 68). Auch der Verteilungsindikator – reale Lohnstückkosten – verweist auf eine Umverteilung zugunsten der Kapitaleigentümer. Der Gini-Koeffizient erreicht in der Vergleichsgruppe den höchsten Wert, was die komparativ höchste Einkommensungleichheit anzeigt.

Damit setzt sich der Trend der strukturellen Schwäche der italienischen Wirtschaft fort, der bereits vor dem Kriseneinbruch 2008/2009 zu beobachten war (vgl. Telljohann 2016). Seit Mitte der 1990er Jahre verzeichnet Italien im EU-Kontext das schwächste Wachstum des Pro-Kopf-Einkommens. Das Forschungsinstitut des Arbeitgeberverbandes Italiens, Confindustria, beklagt ein seit den 1990er Jahren schwaches Wachstum des Kapitalstocks und im europäischen Vergleich weit unterdurchschnittliche Ausgaben für Forschung und Entwicklung (Centro Studi Confindustria 2014).

Die Austeritätspolitik der Kabinette Berlusconi und Renzi

Die Regierungen Berlusconi, Monti, Letta und Renzi haben seit der Finanzkrise daran gearbeitet, die Empfehlungen der europäischen Institutionen Rat, Kommission und EZB für eine Reform der Arbeitsmarkt- und Tarifpolitik Italiens umzusetzen (Telljohann 2016). Diese zielten vor allem darauf ab, das Tarifvertragssystem zu dezentralisieren und die Kündigungsschutzvorschriften aufzulockern. Das Tarifvertragssystem Italiens wurde durch verschiedene Schritte radikal verändert. Eine tripartistische Vereinbarung zwischen den Gewerkschaftsbünden, dem Arbeitsgeberverband und der Regierung Berlusconi von Januar 2009 sieht u.a. vor, dass von Branchentarifverträgen durch betriebliche Regelungen abgewichen werden kann (generelle Öffnungsklausel). Der Gewerkschaftsverband CGIL hat dieses Abkommen wegen vielfältiger Verschlechterungen für die Beschäftigten nicht unterzeichnet. Diese Vereinbarung von 2009 wurde durch ein weiteres Abkommen vom Juni 2011 ergänzt, dem auch die CGIL zustimmte, wonach unter bestimmten Bedingungen (z.B. wirtschaftliche Schwierigkeiten des Unternehmens) Abweichungen vom Tarifvertrag möglich sind, wenn eine Mehrheit der betrieblichen Gewerkschaftsvertreter und der Belegschaft dies bestätigen.

Den radikalsten, ohne Vereinbarung mit den Gewerkschaften getroffenen Eingriff vollzog die Regierung Berlusconi mit dem Gesetz Nr. 148 vom September 2011. Danach können betriebliche Tarifverträge von Branchentarifverträgen und auch bestimmten gesetzlichen Arbeitsbestimmungen nach unten abweichen, und zwar bei Löhnen, Lohnstrukturen, Arbeitszeiten, atypischen Beschäftigungsformen und Kündigungsschutzbestimmungen. Der betriebliche Vertrag muss von der Mehrheit der repräsentativen Gewerkschaften im Unternehmen unterzeichnet werden.

Was den Kündigungsschutz anbelangt, so galt bis zum Inkrafttreten eines von der Regierung Renzi verabschiedeten Gesetzesdekrets im März

Tabelle 3: Wirtschaftliche Kennziffern für Italien

		2016	
		lauf. Preise (Mrd. EUR)	% BIP
Bruttoinlandsprodukt (BIP)		1.680,5	100,0
Privater Konsum		1.022,5	60,8
Öffentlicher Konsum		315,2	18,8
Bruttoanlageinvestitionen		287,1	17,1
davon: Ausrüstungsinvestitionen		103,8	6,2
Exporte (Güter und Dienstleistungen)		501,1	29,8
Importe (Güter und Dienstleistungen)		444,2	26,4
Bruttovolkseinkommen (BIP -Deflator)		1.684,3	100,2
Beiträge zum BIP-Wachstum	Inlandsnachfrage		
	Vorratsveränderungen		
	Außenhandelsbeitrag		
Beschäftigung			
Arbeitslosenrate (a)			
Arbeitnehmerentgelte			
Lohnstückkosten Gesamtwirtschaft			
Reale Lohnstückkosten			
Sparquote der Haushalte (b)			
BIP-Deflator			
Harmonisierter Verbraucherpreisindex			
Terms of trade (Güter)			
Handelsbilanz (Güter) (c.)			
Leistungsbilanz (c.)			
Nettokreditvergabe/-aufnahme ggb. dem Rest der Welt (c.)			
Gesamtstaatlicher Haushaltssaldo (c.)			
konjunkturbereinigter Haushaltssaldo (c.)			
Struktureller Haushaltssaldo (d)			
Gesamtstaatlicher Bruttoschuldenstand (c.)			

a) % aller Arbeitskräfte b) Bruttosparen dividiert durch verfügbares Bruttoeinkommen der Haushalte c) als % des BIP d) als % des potenziellen BIPs
Quelle: European Commission: Autum 2017 Economic Forecast, Brussels 2017: 97

Jährliche Veränderung in %						
1998-2013	**2014**	**2015**	**2016**	**2017**	**2018**	**2019**
0,4	0,1	1,0	0,9	1,5	1,3	1,0
0,4	0,3	2,0	1,5	1,4	1,1	0,9
0,8	-0,7	-0,6	0,5	0,7	0,3	0,3
-0,2	-2,3	1,9	2,8	2,5	3,8	2,7
-0,1	1,9	3,8	7,1	4,5	5,3	2,8
1,9	2,7	4,4	2,4	4,8	3,8	3,3
2,0	3,2	6,7	3,1	5,9	4,7	3,8
0,4	0,3	0,4	1,7	1,7	1,3	1,0
0,4	-0,4	1,4	1,5	1,4	1,4	1,0
0,0	0,6	0,0	-0,4	0,1	0,1	0,0
0,1	-0,1	-0,5	-0,1	-0,1	-0,2	0,0
0,1	0,2	0,7	1,4	1,0	0,9	0,6
8,8	12,7	11,9	11,7	11,3	10,9	10,5
2,3	0,0	1,0	0,5	0,5	1,5	1,3
2,1	0,1	0,7	0,9	0,1	1,1	0,9
0,0	-0,9	-0,2	0,1	-0,5	-0,1	-0,5
13,4	11,2	10,5	10,5	10,1	9,8	9,8
2,1	1,0	0,9	0,8	0,6	1,3	1,4
2,3	0,2	0,1	-0,1	1,4	1,2	1,5
-0,6	3,5	4,1	3,3	-1,5	0,8	0,1
0,5	2,9	3,1	3,6	3,1	3,1	3,1
-0,9	1,9	1,5	2,6	2,5	2,5	2,3
-0,8	2,0	1,7	2,5	2,3	2,4	2,2
-3,2	-3,0	-2,6	-2,5	-2,1	-1,8	-2,0
-3,1	-0,8	-0,9	-1,5	-1,8	-2,0	-2,4
-3,7	-1,0	-0,8	-1,7	-2,1	-2,0	-2,4
108,5	131,8	131,5	132,0	132,1	130,8	130,0

2015 der Artikel 18 des Arbeitnehmerstatuts, wonach Mitarbeiter*innen in Betrieben mit mehr als 15 Beschäftigten bei einer ungerechtfertigten Entlassung auf Gerichtsbeschluss wieder eingestellt werden mussten. Seit Renzis Reform wird den Arbeitnehmer*innen bei einer unrechtmäßigen Kündigung nur noch eine finanzielle Entschädigung gewährt. Das Gesetz hat damit die Kapitalseite einseitig zulasten der abhängig Beschäftigten gestärkt. Trotz des massiven Widerstandes der Gewerkschaften ist die Regierung Renzi damit der neoliberalen Deregulierungsstrategie des Arbeitgeberverbandes Confindustria gefolgt.

Die Banken- und Finanzkrise

Das wirtschaftlich schwer angeschlagene Land kämpft zudem mit einer größeren Bankenkrise. Die europäische Bankenaufsicht hat eine Verlängerung der Fristenvorgabe für eine Sanierung der Geldinstitute abgelehnt. Die Ratingagentur Moody's hat ihre Einstufung für Italien wegen der hohen Schuldenlast von »stabil« auf »negativ« zurückgenommen. Damit droht Italien eine Herabstufung der Kreditwürdigkeit. Das könnte teuer werden: Verkaufen besorgte Anleger*innen ihre italienischen Staatsanleihen, steigen die Renditen.

Für neue Kredite müsste Italien mehr bezahlen, was langfristig eine gefährliche Schuldenspirale in Gang setzen könnte. Italiens Staatsverschuldung ist mit 135,5% der Wirtschaftskraft die zweithöchste im Euroraum und nach Japan und Griechenland die dritthöchste weltweit. Tendenz steigend. Beunruhigend ist dabei: Die Renditen auf zehnjährige italienische Staatsanleihen sind von 0,9% auf jetzt 1,9% gestiegen. Italiens drückende Schuldenlast wird teurer – im Jahr 2017 musste Rom 350 Mrd. Euro an fälligen Anleihen refinanzieren.

Die Risikoaufschläge von italienischen Staatsanleihen gegenüber den als sicher geltenden deutschen Bundesanleihen haben bereits wieder das höchste Niveau seit rund zweieinhalb Jahren erreicht. Verglichen mit den Spitzenwerten der Finanzkrise sind sie noch relativ niedrig, dies jedoch nicht zuletzt dank der Interventionen der EZB auf dem Kapitalmarkt. Zum Problem für Italien könnte eine sinkende Bonität werden. Die kanadische Rating-Agentur DBRS ist die einzige, die Italien noch ein A-Rating gibt. Sollte dieses auch noch fallen, würden die Abschläge, die die EZB für Sicherheiten für Kredite verlangt, steigen. Die Attraktivität italienischer Bonds würde dann sinken. Aufgrund der gestiegenen Unsicherheit nach dem Scheitern der Verfassungsreform besteht die Gefahr, dass sich die Kreditkonditionen Italiens verschlechtern, was letztlich auch den Bankensektor träfe, der große Bestände an italienischen Staatsanleihen in den Büchern hat.

Die Finanzmärkte sind durch diese Entwicklung seit längerem verunsichert. Das Nein zum Verfassungsreferendum war von den italienischen Aktien- und Anleihemärkten bereits vor dem Urnengang antizipiert worden. Den verbreiteten Sorgen um die Zukunft der Gemeinschaftswährung steht das implizite Versprechen des EZB-Präsidenten, Mario Draghi, entgegen, durch die Geldpolitik jedweden Neuausbruch einer Euro-Krise verhindern zu wollen.

Trotzdem steht Italien vor einer Zerreißprobe. Schafft Rom nicht bald die Wende, wird ausgerechnet eines der Gründungsmitglieder der EU zu einem ihrer größten Risiken. Der jahrelange wirtschaftliche Niedergang hat vor allem im Finanzbereich deutliche Spuren hinterlassen. Die entschiedene Sanierung der Bankbilanzen in Italien und eine Redimensionierung des Finanzsektors sind überfällig. Italien verfügt über keine Polster, um externe ökonomische Schocks verarbeiten zu können. Dies wird deutlich, wenn wir den Anteil fauler Kredite in den Bankbilanzen in den Blick nehmen. Die italienischen Banken sitzen auf faulen Krediten von rund 360 Mrd. Euro, das sind knapp 20% aller Kredite. Davon sind 210 Mrd. Euro laut dem Bundesverband deutscher Banken Kredite an Firmen, die bereits Insolvenz angemeldet haben. Über 123 Mrd. Euro haben die italienischen Banken bereits Wertberichtigungen vorgenommen, und für 50 Mrd. Euro bestehen Sicherheiten. Effektiv im Feuer sind noch Kredite über 37 Mrd. Euro. Das ist wenig im Vergleich mit den oft genannten 360 Mrd. Euro, aber immer noch eine stolze Summe, wenn die Banken in dieser Höhe neues Kapital beschaffen müssten. Experten schätzen den aktuellen Kapitalbedarf italienischer Banken auf 30 bis 100 Mrd. Euro.

Was Italiens Bankenkrise so gefährlich macht: Die gigantische Summe notleidender Kredite ist nicht etwa die Folge von geplatzten Preis- und Kreditblasen an den Immobilienmärkten und Fehlspekulationen von Kreditnehmern und Banken. Ursache ist die Dauerkrise und langwierige Wachstumsschwäche der italienischen Wirtschaft seit 2008. Drei Viertel der säumigen italienischen Schuldner sind kleine und mittlere Unternehmen. Solange Italiens Wirtschaft schwächelt, können die Unternehmen ihre Schuldentilgung nicht einhalten, und solange bauen sich die notleidenden Kredite bei den Banken auf. Eine Besserung der wirtschaftlichen Lage ist nicht in Sicht. Die Industrieleistung liegt heute auf etwa 75% des Standes von 2008, seit Beginn der Krise ist die Industrieproduktion um 25% gesunken. Für die Italiener*innen bedeutet das alles einen deutlichen Wohlstandsverlust. Italiens Wirtschaftsleistung pro Kopf ist seit Beginn der Finanz- und Wirtschaftskrise auf den Stand von 1996 zurückgefallen. Das Pro-Kopf-Einkommen liegt heute um 10% niedriger als 2007.

Die politische Klasse ist mit der Bewältigung der Bankenkrise überbeschäftigt. Übersehen wird aber, dass sich mittlerweile eine beunruhigende Kapitalflucht aufgebaut hat. Acht Monate in Folge musste Italien Nettogeldabflüsse verzeichnen: Im Oktober 2017 waren es 1,5 Mrd. Euro, womit die Verbindlichkeiten des Landes innerhalb der sogenannten Target2-Salden laut der EZB auf das Rekordniveau von 355,5 Mrd. Euro gestiegen sind, was über 20% des BIP entspricht – und somit höher liegen als auf dem Höhepunkt der Finanzkrise.

Die Target2-Salden zeigen vereinfacht gesagt die grenzüberschreitenden Geldströme zwischen den Zentralbanken des Euro-Systems. Sie gelten als Krisenbarometer und sind ein Indikator für die Kapitalflucht aus Italien. Die EZB spielt ihre Bedeutung herunter. Die deutsche Bundesbank ist in diesem System derzeit mit über 700 Mrd. Euro der größte Gläubiger, das ist dicht am Rekordwert von gut 750 Mrd. Euro. Für ein Land mit Kapitalflucht ist also eine zunehmend negative Target2-Bilanz ein Warnzeichen.

Um die Kapitalflucht während einer Zahlungsbilanzkrise zu verlangsamen oder gar aufzuhalten, haben die Politiker manchmal auch Kapitalkontrollen eingeführt. Innerhalb der Eurozone griffen Griechenland und Zypern während großer Not zu diesem Mittel, ebenso wie Island außerhalb der Eurozone. Aber der freie Fluss von Finanzkapital innerhalb der Eurozone ist ein grundlegendes Konstruktionsprinzip der gemeinsamen Währung, und Italien ist, zumindest bis jetzt, nicht an dem Punkt, dies außer Kraft zu setzen.

Die schwelende Bankenkrise und die nicht zu ignorierende Kapitalflucht fordern eine Intervention der neuen Regierung heraus. Und die EZB hat offenbar nichts dagegen, dass die Banken mit Steuermitteln gerettet werden – obwohl neue EU-Regeln genau das verbieten.

Peter Praet, der Chefvolkswirt der EZB, erklärte im Dezember 2016: »Die europäischen Regeln lassen das zu.« Auch Deutschland habe auf dem Höhepunkt der Krise Staatsgeld in die Banken gesteckt. Italien habe das damals nicht getan. »Viel wichtiger als die Frage, woher das Geld kommt, ist aus meiner Sicht, dass im Bankensektor aufgeräumt wird. Es gibt in Italien zu viele Banken und sie sind nicht profitabel genug.« (Zit. n. Zeit Online, 14.12.2016)

Dies ist eine weite Interpretation der Gesetze der europäischen Bankenunion. Laut der Verordnung über die Sanierung und Abwicklung von Banken (BRRD) kann ein Staat in besonderen Fällen einer Bank mit Kapital unter die Arme greifen, ohne dass das sonst zwingende volle »Bail-in« ausgelöst würde, bei dem vor den Steuerzahler*innen die Aktionäre und Gläubiger der Bank bluten müssen.

Der Spezialfall gilt für Banken, die solvent sind, aber auf Basis des negativen Szenarios eines Stresstests eine vorsorgliche Kapitalerhöhung benötigen. Bestehen sie auch das Basisszenario des Tests nicht, kann die Ausnahmeklausel nicht angerufen werden. Es geht also darum, bei der Lastenteilung einen Weg zu finden, der bei den Sanierungskosten eine Beteiligung der Aktionäre und der nachrangigen Gläubiger abschwächt. Die Ergebnisse des aktuellen Stresstestes der europäischen Banken (bis November 2018) stehen ins Haus. Eine Lösung für eine verträgliche Sanierung ist nicht abzusehen.

1.2 Die Entwicklung der populistischen Bewegungen seit der Krise des alten Parteiensystems (»Pentapartito«)

Die Lega (Nord)

Im Jahr 1991 haben sich die verschiedenen Autonomiebewegungen der Regionen Norditaliens (Lombardei, Venetien, Ligurien, Piemont, Emilia Romagna) zur Partei Lega Nord zusammengeschlossen. Ihr erster Vorsitzender wurde Umberto Bossi. In dieser Gründerzeit vertrat die Partei vor allem die sezessionistischen Interessen der norditalienischen Regionen, die auf eine Abspaltung Norditaliens von Mittel- und Süditalien gerichtet waren. In historischer Reminiszenz an den Lombardenbund im 12. Jahrhundert verfolgte sie das Ziel, den Staat Padanien (abgeleitet vom Fluss Po) zu gründen. Im Laufe der Jahre hat die Lega Nord diese Forderungen – auch mangels Verbündeter – abgeschwächt und sie in ein Konzept der Föderalisierung Italiens, der devolutionären Übertragung von Kompetenzen der Zentralregierung an die Regionen transformiert. (Kitzler 2017)

Da sich Anfang der 1990er Jahre das traditionelle Parteiensystem Italiens, das stark von korrupten Strukturen geprägt war (siehe den Schmiergeldskandal um Mailand Anfang der 1990er Jahre, »Tangentopoli«), aufgrund der Ermittlungssbewegung der »Mani pulite« zunehmend auflöste und ehedem starke Parteien, wie die Christdemokraten (DC), die Sozialisten (SP) und die Kommunisten (PC) von der politischen Bühne verschwanden oder sich in neue Parteien umwandelten, konnte die Lega in dieser Umbruchphase sehr schnell Fuß fassen und einen nicht unbeträchtlichen Teil der Wählerschaft in Norditalien für sich gewinnen. So errang die Lega bei den Parlamentswahlen 1992 landesweit 8,7% der Stimmen. In den norditalienischen Provinzen war ihr Stimmenanteil zweistellig, in der Lombardei erreichte sie einen Anteil von 23%, in Venetien ca. 18% und in Piemont 16%.

Bei den Parlamentswahlen 1994 errang die Lega Nord gemeinsam mit Berlusconis Forza Italia und Finis Alleanza Nazionale – ebenfalls zwei rechte Parteien, die aus der Auflösung des alten Systems hervorgingen – in einem Dreierbündnis unter dem Namen Polo della Libertà die Parlamentsmehrheit. Seit dieser Wahl hat sich die Lega Nord im neuen politischen System Italiens etabliert. Sie war unter der Führung von Berlusconi an drei (vier) Mitte-Rechts-Regierungen beteiligt: 1994, 2001 bis (2005) 2006 sowie von 2008 bis 2011. Bei den Parlamentswahlen 1996 und 2008, in denen sie wieder als eigenständige Partei antrat, erreichte sie landesweit 10% und 8% und in mehreren norditalienischen Provinzen erneut über 20% der Stimmen.

Programmatisch blieb der Fokus der Partei auch nach der Abkehr von den sezessionistischen Zielen auf die Föderalisierung Italiens gerichtet. In den Bereichen der Gesundheitsfürsorge, der Schulorganisation und des Polizeiwesens sollten exklusive Kompetenzen von der Zentralregierung auf die Regionen verlagert werden. Darüber hinaus entwickelte die Lega aber nach und nach auch Zielsetzungen für andere Politikfelder. In der Finanzpolitik setzt sie auf Steuersenkungen, vor allem auf die Abschaffung der Unternehmenssteuern, und fordert eine Beendigung der starken inneritalienischen Umverteilungspraxis, die zu Finanztransfers vom ökonomisch starken Norditalien nach Mittel- und Süditalien führt.

In der Wirtschaftspolitik setzt sie sich für die Förderung von Familienunternehmen und die Stärkung der regionalen Strukturpolitik ein. Gleichzeitig soll die staatliche Subventionspolitik zugunsten angeschlagener Großunternehmen (Fiat, Alitalia) eingestellt werden. In der Einwanderungs- und Flüchtlingspolitik fordert die Lega eine sofortige Beendigung der Aufnahme von Zuwanderern aus Nordafrika und den arabischen Staaten. Im Mittelmeer soll Italien durch den erhöhten Einsatz von Polizei- und Militärkräften die Bootsflüchtlinge davon abhalten, italienisches Hoheitsgebiet zu erreichen. Einzelne Politiker der Lega forderten sogar den Einsatz militärischer Gewalt gegen die Flüchtlinge. In Italien sollen keine muslimischen

Schulen entstehen und keine Moscheen gebaut werden. In der Innenpolitik setzt die Partei auf eine verstärkte Bekämpfung der Kriminalität. Sie forderte den Aufbau von Bürgerwehren, die – ohne Waffengewalt – die Polizei beim Kampf gegen illegale Einwanderer und illegale Straßenhändler unterstützen sollen.

In der Europapolitik war die Lega anfangs durchaus integrationsfreundlich. Im Wahlprogramm für 1994 unterstützte sie den Vertrag von Maastricht, der die Bildung der EU und die Einführung des Euro beinhaltete. Doch schon zehn Jahre später lehnte sie die weitere Vertiefung des Integrationsprozesses ab und stimmte als einzige der drei Mitte-Rechts-Regierungsparteien 2004 im italienischen Parlament gegen den Verfassungsvertrag der Europäischen Union. Inzwischen ist die Lega eine offen europafeindliche Partei, die gegen die EU und den Euro kämpft.

In der zweiten (und dritten) Regierung Berlusconi (2001-2006) konzentrierte sich die Lega auf ihr Hauptanliegen, die Devolution des italienischen Verfassungssystems. Die Regierung brachte 2005 eine Verfassungsreform ins Parlament ein, die die Übertragung wichtiger Kompetenzen in der Bildungs- und Gesundheitspolitik sowie im Polizeiwesen vom Zentralstaat auf die Regionen vorsah. Dieser Reformversuch traf auf den heftigen Widerstand der Mitte-Links-Kräfte, denen es schließlich im Juni 2006 in einem Verfassungsreferendum gelang, das Gesetzesvorhaben mit großer Mehrheit zu Fall zu bringen. War dies bereits ein großer Rückschlag für die Lega Nord, geriet sie 2012 aufgrund eines Finanzskandals um ihren Vorsitzenden Umberto Bossi in ihre bislang größte Krise. Bossi hatte seinen beiden Söhnen und einer Vertrauten jeweils mehrere Hunderttausend Euro aus Parteimitteln zugeschanzt und wurde darüber hinaus illegaler Praktiken bei der Finanzierung seiner Partei überführt. Nach Bossis Rücktritt übernahm Roberto Maroni und kurze Zeit später Matteo Salvini die Parteiführung.

Da jedoch 2011 auch Silvio Berlusconis Popolo della Libertà (PdL) aufgrund von Rivalitäten zwischen Gianfranco Fini (ehemals Alleanza Nazionale) und Berlusconi (ehemals Forza Italia) in eine schwere Krise geraten und Berlusconi als Ministerpräsident zurückgetreten war, bot der Rücktritt Bossis seinen Nachfolgern Maroni und Salvini die Chance, die Lega Nord neu aufzustellen. Sie lösten die Partei aus ihrer Fixierung auf die Frage der Gründung einer Republik Padanien und gaben ihr eine gesamtitalienische Ausrichtung, um in die Lücke vorstoßen zu können, die im rechten Parteienspektrum durch die Schwächung des Popolo della Libertà (Forza Italia und Alleanza Nazionale) entstanden war. Programmatisch konzentriert sich Salvinis Lega seitdem auf den Kampf gegen Einwanderung (vor allem gegen die Bootsflüchtlinge), gegen die angebliche Islamisierung Italiens und gegen die Austeritätspolitik der EU sowie gegen den Euro. Salvini hat zu diesem Zweck die Kooperation mit anderen rechtspopulistischen Parteien in Europa intensiviert, u.a. mit dem französischen Front National (FN), der niederländischen Partei für die Freiheit (PVV), der FPÖ und den Schwedendemokraten.

Bei den Europawahlen 2009 errang die Lega einen Stimmenanteil von 10%. Zusammen mit der europafeindlichen britischen UKIP bildete sie im Europaparlament die Fraktion »Europa der Nationen und der Demokratie« (EFD). Bei den Europawahlen 2014 erreichte die Lega gut 6% der Stimmen. Seit 2015 ist sie gemeinsam mit den Vertretern des FN und der PVV von Wilders in der Fraktion »Europa der Nationen und der Freiheit« (ENF).

Berlusconi und »Forza Italia«

Sozusagen als »Ausgründung« seines Wirtschaftsimperiums »Fininvest« gründete Silvio Berlusconi im Januar 1994, zwei Monate vor wichtigen Parlamentswahlen, seine Partei Forza Italia. Fininvest stellte die Finanzen und das Personal für die Parteigründung und den Wahlkampf. Mediaset, das Film-, Fernseh- und Kinounternehmen von Fininvest, betrieb die Wahlwerbung. Mit 21% wurde Forza Italia auf Anhieb die stärkste Partei und bildete zusammen mit der Lega Nord und der Alleanza Nazionale eine Mitte-Rechts-Koalitionsregierung. Alle drei Parteien profitierten von den Mani-Pulite-Prozessen und dem Zusammenbruch des alten Fünf-Parteien-Systems, vor allem der DC.

Diese erste Regierung Berlusconi hielt nicht sehr lange, sie zerbrach an internen Querelen. Bei den Wahlen von 1996 gewann das Mitte-Links-Bündnis »Ulivo« die Mehrheit und stellte bis zu den Wahlen 2001 mehrere Regierungen. Bei diesen Wahlen erhielt Berlusconis Partei 29% und bildete zusammen mit der Lega, der Alleanza und weiteren kleineren Parteien eine neue Mitte-Rechts-Koalition, die bis 2006 regieren sollte. Wahlentscheidend war wiederum eine gigantische Werbekampagne für ein modernes und wettbewerbsfähiges Italien unter Einschaltung von Mediaset. Darüber hinaus gab es einen »Contratto con gli Italiani«, den Berlusconi während des Wahlkampfes im Fernsehen publikumswirksam unterzeichnete. Er versprach darin eine Ankurbelung der Wirtschaft (staatliche Infrastrukturprojekte, Senkung der Einkommensteuern und Abschaffung der Erbschaftssteuern), ferner eine Halbierung der Arbeitslosenzahlen, eine Erhöhung der Mindestrente und eine stärkere Bekämpfung der Kriminalität. Zudem erhielt jeder italienische Haushalt eine 128 Seiten umfassende Berlusconi-Biografie.

Nach den großen Enttäuschungen über den Pentapartito (das Fünfparteiensystem), der Italien von 1981 bis 1992 beherrscht hatte, aber nicht nur nicht in der Lage war, die ökonomischen und sozialen Probleme des Landes zu lösen, sondern sich darüber hinaus tief in Gier, Bestechungsskandale und Beziehungen zur Mafia verstrickte, erschien Berlusconi mit seinen Koalitionspartnern des Casa delle Libertà wie eine Erlösung. Er repräsentierte den modernen erfolgreichen Unternehmer, der es, von unten kommend, bis zum milliardenschweren Konzernchef gebracht hatte und Italien wie ein Unternehmen führen, modernisieren und wettbewerbsfähig machen würde. Viele Angehörige der unteren und mittleren Schichten vertrauten diesem »charismatischen« Führer Berlusconi.

Obwohl Berlusconi von 2001 bis 2006 in zwei Kabinetten mit nur einer sehr kurzen Unterbrechung an der Macht war, hat er in dieser für Italien außerordentlich langen Regierungsperiode nicht eines seiner im »Contratto con gli Italiani« gemachten Versprechen eingehalten. Im Wahlkampf 2006 wurde er wegen seiner erfolglosen Wirtschaftspolitik von den italienischen Unternehmerverbänden scharf kritisiert, die befürchteten, dass Italien in eine Phase der Stagnation mit Nullwachstum abgleiten könnte.

Nach den Wahlen kam erneut ein Bündnis des »Ulivo« an die Macht, das aber aufgrund interner Differenzen nur bis 2008 regieren konnte. Die auch vom Mitte-Links-Bündnis enttäuschten Italiener*innen brachten 2008 erneut Berlusconis Mitte-Rechts-Koalition ins Amt. Dieses von 2008 bis 2011 regierende, vierte und bislang letzte Kabinett Berlusconi leitete das Ende seines Herrschaftssystems ein. An politischen Themen standen in dieser Periode die Flüchtlingskrise und die Eurokrise im Vordergrund. Nach der Aufnahme von Rumänien und Bulgarien in die EU kam es zu einem erhöhten Zuzug von EU-Migrant*innen nach Italien. Darüber hinaus stieg die Zahl der »Bootsflüchtlinge« deutlich an, die über das Mittelmeer in Italien Zuflucht suchten. Die Regierung rief daraufhin den »Notstand« aus, verschärfte das Zuwanderungsrecht, wies verstärkt durch militärischen Einsatz Flüchtlingsboote auf dem Mittelmeer zurück und begrenzte auch durch eine Kooperation mit Libyen die Flüchtlingszahlen. Die katholische Kirche kritisierte diese inhumane Praxis auf das Schärfste.

Nach dem Schuldenschnitt für Griechenland hatte sich seit dem Sommer 2010 die Eurokrise deutlich zugespitzt. Die Zinsen für Staatsanleihen stie-

Berlusconi und der Euro

Berlusconi hat sich in den letzten fünfzehn Jahren mehrfach widersprüchlich zum Euro geäußert. Als sein Koalitionspartner Lega Nord 2005 eine Abkehr vom Euro forderte, machte er als Ministerpräsident deutlich, dass dies nicht die Haltung seiner Regierung sei.

In der Zeit danach spielte er selber immer wieder mit Aussagen, dass der Euro für Italien nicht gut sei. Er wollte dann einerseits die EZB unter Druck setzen, in noch stärkerem Maße Staatsanleihen zu kaufen, um die Zinsen für Italien zu reduzieren, andererseits die Kommission und die übrigen Eurostaaten davon überzeugen, Italien im Hinblick auf die Haushaltsdefizite mehr Spielraum zu gewähren.

Im Zusammenhang mit den Forderungen der Lega Nord und des M5S nach einem italienischen Referendum über den Euro sprach sich Berlusconi für die Einführung eines doppelten italienischen Währungsstandards aus. Im Außenhandelsverkehr solle der Euro erhalten bleiben, im Inneren aber eine eigene italienische Währung eingeführt werden. Möglicherweise handelt es sich bei diesem nicht sehr ausgegorenen Plan um Berlusconis spezifische politische Form, letztlich den Euro als gemeinsame Währung zu verteidigen. (Vgl. »Berlusconi fordert zweite Währung für Italien«, in: Welt N24, 1.12.2016)

gen 2011 auch in Italien sehr stark an. Im August 2011 forderte EZB-Chef Draghi in einem Brief die italienische Regierung ultimativ auf, ihre Wirtschafts- und Finanzpolitik zu korrigieren. Dieses ursprünglich nicht für die Öffentlichkeit bestimmte Schreiben machte den Italienern deutlich, dass die Staatsschuldenquote des Landes nicht nachhaltige Dimensionen und nach Griechenland den höchsten Wert in der Eurozone erreicht hatte.

Innerparteilich hatte Berlusconi in der Zeit seines vierten Kabinetts mit einer wachsenden Opposition gegen seinen selbstherrlichen Führungsstil zu kämpfen. Der ehemalige Vorsitzende der Alleanza Nazionale, Gianfranco Fini, der auch Präsident des Abgeordnetenhauses war, kritisierte Berlusconi mehrfach öffentlich und verließ Ende 2010 mit einer eigenen Parlamentsfraktion »Futuro e Libertà per Italia« die Fraktion des Popolo della Libertà, die damit ihre Mehrheit im Parlament verlor. Auch mit Angelino Alfano, den Berlusconi 2011 zu seinem Nachfolger als Kandidat für das Amt des Ministerpräsidenten gekürt hatte, kam es immer häufiger zu Konflikten, die schließlich 2013 zur Abspaltung des Nuovo Centrodestra (NCD) unter Alfanos Vorsitz führten. In den Kommunalwahlen im Mai 2011 erlitt der PdL eine deutliche Niederlage. Berlusconi kündigte daraufhin seinen Rücktritt an, den er im November 2011 vollzog.

Skandale und Gerichtsverfahren ziehen sich wie ein roter Faden durch Berlusconis Leben. Er wurde bislang mehr als dreißigmal vor Gericht angeklagt. Die Verfahren bezogen sich auf Steuerhinterziehung, Beihilfebetrug, unlauteren Wettbewerb, Zeugenbestechung, Sex mit minderjährigen Prostituierten (»Ruby-Prozess«) und vieles mehr. In etlichen Fällen wurde Berlusconi wegen Verjährung freigesprochen, in einigen Fällen wurde er verurteilt, fiel aber anschließend unter einen Amnestieerlass. Rechtskräftig verurteilt wurde er in letzter Instanz im August 2013 wegen Steuerbetrugs, und zwar zu einer vierjährigen Haftstrafe. Nach italienischem Recht musste diese Strafe wegen seines Alters in einen Hausarrest und eine Verurteilung zu Sozialarbeit umgewandelt werden. Nach diesem Urteil entzog ihm im Herbst 2013 der Senat sein Mandat.

Im Ruby-Prozess wurde Berlusconi im Sommer 2014 zunächst zu sieben Jahren Haft und einem lebenslangen Ämterverbot verurteilt. Im Frühjahr darauf wurde er vom höchsten Berufungsgericht jedoch freigesprochen, weil er nicht habe wissen können, dass die Prostituierte Ruby minderjährig gewesen sei. Anfang 2018 hatte sich Berlusconi aber erneut vor Gericht gegen die Anklage der Zeugenbestechung zu verantworten. Gleichzeitig standen Ruby und weitere zwanzig Zeugen wegen der eidlichen Falschaussage vor Gericht. Berlusconi soll der Anklage zufolge bei Sexpartys in seiner Villa in Arcore bei Mailand von 2011 bis 2015 den Teilnehmerinnen Werte in Höhe von zehn Mio. Euro übermittelt haben, davon allein Ruby sieben Mio. Euro.

Nach alledem waren das Ansehen und die Macht Berlusconis auf einem Tiefpunkt angelangt. Erstaunlicherweise ist er damit immer noch nicht politisch tot. Nach dem Scheitern des Popolo delle Libertà rief er seine Partei Forza Italia wieder ins Leben, die in der März-Wahl 2018 14% der Stimmen erzielte.

Der Movimento Cinque Stelle

Der Movimento Cinque Stelle (M5S) wurde 2009 vom Kabarettisten Beppe Grillo gegründet. Die fünf Sterne im Namen der Bewegung/Partei stehen für Ambiente (Umwelt), Acqua (Wasser), Sviluppo (Entwicklung), Connettività (Konnektivität) und Trasporti (Verkehr).

Hervorgegangen ist die Bewegung seit 2007 aus Protestaktionen, die Grillo gegen das politische Establishment organisiert hat. An sogenannten V-Tagen, »V« steht für »Vaffanculo« (Abkürzung von »Vai a fare in culo« [»Leck mich am Arsch«]), wurden Unterschriften gegen das politische System und für mehr direkte Demokratie gesammelt. Bei der ersten Aktion handelte es sich um die Forderung, dass Politiker*innen nicht über Parteilisten, sondern direkt als Personen gewählt werden sollten und maximal nur einmal wiedergewählt werden können. Vorbestraften Personen sollte das passive Wahlrecht entzogen werden.

Innerhalb der M5S ist das Internet die privilegierte Kommunikationsform. In Blogs werden politische Fragen diskutiert – insbesondere im Blog Beppe Grillos – und über Abstimmungen im Internet schließlich auch politische Entscheidungen für die Bewegung getroffen.

Bei Kommunal- und Regionalwahlen zwischen 2010 und 2012 erzielte der M5S erste Erfolge, der Durchbruch gelang ihm allerdings bei den Parlamentswahlen im Februar 2013 (Brandau 2013). Der M5S wurde auf Anhieb hinter der Partito Democratico (PD) zweitstärkste Kraft und erzielte in den Wahlen für das Abgeordnetenhaus 25% und für den Senat 23% der Stimmen. Der Vorsitzende der PD, Pier Luigi Bersani, versuchte daraufhin über Wochen, den M5S für eine Koalitionsregierung zu gewinnen, indem er ein Programm entwarf, das sehr viele Forderungen des M5S aufnahm. Dieser lehnte aber wegen der Grundsatzposition, sich an keiner Koalitionsregierung zu beteiligen, alle Avancen der PD ab. Daraufhin kam es unter Ministerpräsident Enrico Letta zu einer Großen Koalition aus Berlusconis Polo della Libertà und PD.

Weitere Wahlerfolge errang der M5S bei den Europawahlen im Mai 2014 mit einem Stimmenanteil von ca. 21% sowie bei den Kommunalwahlen im Jahre 2016, wo es ihm gelang, in Turin mit Chiara Appendino und in Rom mit Virginia Raggi zwei Bürgermeisterinnen in italienischen Metropolen zu stellen.

Die Programmatik der M5S ist bislang nicht sehr elaboriert (Movimento Cinque Stelle o.J.). Für die Parlamentswahlen 2013 wurden für verschiedene Politikfelder einige Spiegelstrichforderungen aufgestellt (vgl. die Internetseite: Programma-Movimento-5-Stelle). Für den Staat, dessen Organe nach Ansicht des M5S nicht mehr den Willen des Volkes, sondern denjenigen der Parteien repräsentieren, sollen folgende Forderungen zur Stärkung der direkten Demokratie beitragen:

- Abschaffung der Wahlkampferstattungen;
- obligatorischer Unterricht und Prüfung in Verfassungsrecht für alle Staatsvertreter;
- Reduzierung auf zwei Amtszeiten für Abgeordnete und zeitliche Begrenzung für alle anderen öffentlichen Ämter;

- Beseitigung aller Privilegien für Abgeordnete, darunter das Recht auf Pensionsbezüge nach zweieinhalb Jahren;
- Verbot für Parlamentarier, sich während ihrer Amtszeit beruflich zu betätigen;
- Durchschnittslohn für alle Abgeordneten;
- Trennung von Staats- und Parteiämtern;
- Vorbestrafte können nicht für Staatsämter kandidieren;
- Direktübertragung aller parlamentarischen Sitzungen im Internet;
- Volkentscheide ohne Quorum;
- über Volksempfehlungen muss in den Parlamenten namentlich abgestimmt werden.
- verabschiedete Gesetze müssen im Internet erst drei Monate veröffentlicht werden und von den Bürgern kommentiert werden, bevor sie in Kraft treten.

Für die Wirtschaft hat der M5S u.a. folgende Forderungen aufgestellt:

- Verbot der Kumulation von Aufsichtsratsposten in börsennotierten Unternehmen;
- stärkere Repräsentation von Kleinaktionären in börsennotierten Gesellschaften;
- Finanzinstitute haften für Folgeschäden ihrer verkauften Produkte;
- Obergrenze für die Management-Gehälter von Börsenunternehmen und von Unternehmen mit Staatsbeteiligung;
- Abschaffung von Aktienoptionen;
- Abschaffung von Monopolen, insbesondere Telecom Italien, Highways, ENI, ENEL, Mediaset, Staatsbahnen;
- Reduzierung der öffentlichen Schulden durch starke Sparmaßnahmen des Staates;
- Förderung der lokalen Produktion;
- Unterstützung von Non-Profit-Unternehmen;
- Arbeitslosengeld für alle, die keinen Arbeitsplatz haben;
- Einführung eines bedingungslosen Grundeinkommens.

Die Maßnahmen zielen damit einerseits auf die Einschränkung marktwirtschaftlicher Elemente, vor allem im Bereich der Finanzwirtschaft, andererseits auf die Stärkung der Marktkräfte, etwa durch die Abschaffung von Staatsunternehmen. Die Arbeitsmarktforderungen sollen die Rechte der Arbeitslosen stärken und richten sich gegen die zunehmende Prekarisierung der Arbeit (Abschaffung der Biagi-Gesetze). Wie der Abbau der Staatsschulden vollzogen werden soll, wird nicht ausgeführt.

In weiteren Politikfeldern geht es um die Stärkung der erneuerbaren Energieträger, die Förderung des öffentlichen Nahverkehrs, den Ausbau des Internets, die Stärkung der Rechte der Patient*innen im Gesundheitssektor sowie die Stärkung des öffentlichen Bildungssektors.

Der M5S hat für die Einwanderungspolitik und die Europapolitik explizit keine programmatischen Forderungen formuliert. Jedoch haben sich die Partei und vor allem die Parteiführung unter Grillo häufig zu diesen beiden Politikfeldern geäußert.

In der Einwanderungspolitik steht Grillo mit seinen inhumanen und rassistischen Äußerungen dem Parteiführer der Lega, Matteo Salvini, in nichts nach. Schon im Oktober 2013, nach der Katastrophe von Lampedusa, schloss sich Grillo in seinem Blog der These an, dass Italien »voll« sei und keine Flüchtlinge mehr aufnehmen könne: »Lampedusa steht vor dem Kollaps, und Italien geht's auch nicht besonders gut. Wie viele Klandestine können wir aufnehmen, während jeder achte Italiener nicht genug zu essen hat?« (Braun 2013). Grillo ließ sich auch dazu hinreißen, die Flüchtlinge in einem Atemzug mit Abfall und Ratten zu nennen, eine Äußerung, die er erst nach einem heftigen Proteststurm aus den Reihen der M5S zurücknahm (Meiler 2015).

In der Europapolitik kritisiert der M5S, dass sich die EU von ihren früheren Idealen entfernt habe. Sie entwickle sich zum Superstaat und entfremde sich von den Bürger*innen der Mitgliedstaaten. Italien zahle zu viel Geld in die Europäischen Strukturfonds ein und erhalte umgekehrt zu wenig Mittel aus den europäischen Töpfen. Den Euro bezeichnet Grillo »als Strick um den Hals« und propagiert ein Referendum für den Austritt Italiens aus der gemeinsamen Währung. Allerdings hat der Spitzenkandidat für die März-Wahlen 2018, di Maio, diese Forderung ohne Diskussion aus dem Wahlprogramm des M5S gestrichen. Da der Exponent des linken Flügels, Alessandro di Battista, die Forderung nach einem Referendum unterstützt, bleibt abzuwarten, welche Position der M5S nach den Wahlen einnehmen wird. Di Maio hat sich nach der Einführung des neuen Wahlrechts (Rosatellum) im Oktober 2017, das nur Parteien, die Koalitionen eingehen, eine Machtperspektive bietet, auch von der Haltung verabschiedet, wonach der M5S nur eine Alleinregierung anstrebt und die Beteiligung an jeglicher Koalition ablehnt.

Bei den Europawahlen 2014 erhielt der M5S aus dem Stand 21% der Stimmen und wurde nach der PD zweitstärkste politische Kraft. Die Abgeordneten der M5S schlossen sich im Europäischen Parlament der Fraktion

»Europa der Freiheit und der Demokratie« an, die sich bald den Namen »Europa der Freiheit und der direkten Demokratie« gab. Hier kooperiert der M5S mit der britischen UKIP und Abgeordneten der AfD. Ein Versuch Grillos, Anfang 2017 von der EFDD in die Fraktion der Liberalen (ALDE) zu wechseln, scheiterte schließlich trotz der Unterstützung durch deren Vorsitzenden Guy Verhofstadt.

Programmatisch ist der M5S folglich ein Januskopf. Er sagt von sich selbst, er sei nicht links und nicht rechts. Tatsächlich vertritt er teils linke Positionen, z.B. zu Fragen der direkten Demokratie und der Kontrolle von Banken und Finanzmärkten, teils liberale Forderungen, wie die Abschaffung der großen Staatsunternehmen. In der Einwanderungspolitik ist die Parteiführung der M5S unter Grillo wie die Lega Nord als rechtspopulistisch einzustufen. In der Europapolitik ist seine Position eher rechts als links zu verorten, wie die Mitgliedschaft in der EFDD dokumentiert.

1.3 Varianten des Populismus

In keinem anderen hier untersuchten EU-Staat ist der Populismus so variantenreich wie in Italien. Aus den Trümmern des Pentapartito gingen in den 1990er Jahren zunächst mit der Lega Nord, der Forza Italia und der Alleanza Nazionale (AN) drei rechtsnationale Parteien hervor, die verschiedene Aspekte des »popolo« repräsentierten (vgl. Ruzza 2013; Caccia 2017).

Die Lega Nord sprach zunächst als Volk die norditalienische Bevölkerung »Padaniens« an, deren Unabhängigkeit sie forderte. Ihr Anführer war Umberto Bossi, eine äußerst schillernde politische Persönlichkeit. Nach dessen Rücktritt und in Verbindung mit dem Niedergang von Berlusconis »Popolo della Libertà« überwand die Lega ihre ausschließlich regionalistische Perspektive und repräsentiert heute ein Italien, das sich scharf gegen Einwanderer und Flüchtlinge positioniert und sich von der EU, vor allem vom Euro, lösen will.

In der Dreierkoalition des Casa delle Libertà stand die Lega anfangs im deutlichen Gegensatz zur Alleanza Nazionale, die Gianfranco Fini 1995 in kritischer Aufarbeitung der Judenpolitik im Faschismus als Nachfolgepartei des neofaschistischen Movimento Sociale Italiano (MSI) gegründet hatte. Der »popolo« der AN war trotz seiner besonderen Verankerung im Süden Italiens das gesamte italienische Volk, dessen Identität basierend auf der stolzen gemeinsamen Geschichte des Landes beschworen wurde. In der Zuwanderungs- und Europapolitik unterschied sich die AN nicht von der Lega. 2009 fusionierte sie mit Berlusconis Forza Italia zum »Popolo della Libertà«.

Nach dessen Auflösung wurde die AN unter dem Namen »Fratelli d'Italia – Alleanza Nazionale« unter Führung von Georgia Meloni neu gegründet.

In der Forza Italia wurde ein »popolo« angesprochen, der endlich die wirtschaftlichen Probleme Italiens überwinden und das Land ökonomisch und sozial zu neuer Stärke führen sollte. Mit dem erfolgreichen Unternehmer Silvio Berlusconi als charismatischem Führer sollte dies gelingen. Dieses ökonomische Modernisierungsprogramm war zugleich das Bindeglied der drei Parteien des Casa delle Libertà, die zudem in der Einwanderungspolitik, dem Kampf gegen die Kriminalität und der Europapolitik im hohen Maße übereinstimmten.

Es ist als Tragik der jüngeren italienischen Geschichte zu betrachten, dass die Rechtsparteien nicht nur mit ihrem ökonomischen Modernisierungsprogramm komplett gescheitert sind (von Berlusconis im »Contratto con gli Italiani« gegebenen Versprechen wurde nicht eines eingelöst), sondern nach vier Kabinetten mit insgesamt zehn Regierungsjahren im selben Korruptionssumpf endeten wie das Pentapartito mit seinen Tangentopolis-kandalen. Die beiden charismatischen Führer des Casa delle Libertà, Bossi und Berlusconi, wurden der Korruption und des mehrfachen Steuerbetrugs überführt. Aus diesem Zusammenbruch des Berlusconismus ist erneut eine populistische Bewegung und Partei entstanden, der Movimento Cinque Stelle mit Beppe Grillo als »charismatischem« Führer.

1.4 Die Parlamentswahlen im März 2018

Nach dem Scheitern des Verfassungsreferendums von Matteo Renzi Anfang 2017, der daraufhin zurücktrat und seinen Außenminister Paolo Gentiloni zum Premier machte, kam es im März 2018 zu Neuwahlen. Bei diesen Wahlen haben die populistischen Parteien, das rechte Dreier-Bündnis aus Lega, Forza Italia und Fratelli d'Italia sowie der Movimento Cinque Stelle (M5S), zusammen einen Stimmenanteil von fast 70% erreicht. Das Besondere ist dabei das nach den Umfragen nicht erwartete starke Abschneiden der Lega mit Salvini, die ihren Stimmenanteil mit fast 18% gegenüber 2013 mehr als vervierfacht hat, und im Dreierbündnis Berlusconis Forza als führende Kraft abgelöst hat. Der Anteil der Forza ist gegenüber 2013 von 21 % auf 15% gesunken. Die Lega ist eine europa- und ausländerfeindliche Partei, mit deren Erfolg die Grundausrichtung des Dreier-Bündnisses noch einmal deutlich ins Rechtsextreme verschoben wurde. Die Lega ist beinahe so stark geworden wie der sozialdemokratische Partito Democratico (PD) von Matteo Renzi, der von 25% auf 19% abgeruscht ist.

Als Einzelpartei ist der M5S mit 32% der eindeutige Wahlsieger, der seinen Stimmenanteil gegenüber 2013 um sieben Prozentpunkte steigern konnte und auch erheblich besser abschnitt, als in den Umfragen bis kurz vor den Wahlen erwartet wurde. Die Anti-Systempartei M5S, die von sich behauptet, weder links noch rechts zu sein, aber wie die Lega einen sehr europaskeptischen und ausländerfeindlichen Kurs verfolgt und im Europaparlament in der Fraktion »Europa der Freiheit und der direkten Demokratie« mit europafeindlichen Parteien wie UKIP und AfD verbündet ist, reüssierte vor allem im Süden Italiens, während die Lega den Norden eroberte. Nur noch im Alto Adige und der Toskana konnte der PD siegen.

Die Wähler*innen des sozial und ökonomisch abgehängten Mezzogiorno konnten mit der Stimme für den M5S ihre Wut und Enttäuschung über die »Systemparteien« zum Ausdruck bringen, liegt doch im Süden die Arbeitslosenrate, vor allem der Jugendlichen (mit 46%), weit über dem Landesdurchschnitt und die Armutsrate erheblich höher als im Norden des Landes. Mit seinen Forderungen nach einem bedingungslosen Grundeinkommen und einer Erhöhung der Arbeitslosenunterstützung punktete der M5S bei vielen sozial depravierten Wähler*innen des Südens. Der Rechtsblock unter der Führung der Lega siegte im ökonomisch bessergestellten Norden bei den Mittelschichten vor allem mit der Forderung nach radikalen Steuersenkungen. Den Enttäuschten der unteren Schichten wurden die Flüchtlinge als Sündenböcke angeboten. Die Lega hetzt in kaum zu überbietender Weise gegen die 600.000 Flüchtlinge, die sich in Italien mittlerweile aufhalten, und will diese in kürzester Frist aus dem Land hinauswerfen.

Die im Vergleich zu den letzten Umfragen überdurchschnittlichen Erfolge von Lega und M5S sind sicherlich auch auf die Diskussionen nach der Ermordung einer jungen Italienerin und dem rechtsradikalen Anschlag auf Flüchtlinge in der Stadt Macerata Anfang Februar 2018 zurückzuführen. Die Parteien des Rechtsbündnisses und der M5S nutzten diesen Anschlag, um ihre ausländerfeindliche Propaganda noch einmal deutlich zu verstärken.

Italien steuert nach den Wahlen Anfang März 2018 auf eine komplizierte Situation zu. Da weder der M5S noch der rechte Dreier-Block noch das Mitte-Links-Bündnis eine Mehrheit der Mandate erringen konnte, dürfte die Regierungsbildung in Italien schwierig werden. Aufgrund der großen Verluste des PD und der Forza ist eine Koalition dieser beiden Parteien ausgeschlossen, auf die – als einzige »europafreundliche« Alternative – vor allem die Regierungen in Brüssel, Berlin und Paris gehofft hatten. Der zurückgetretene Parteichef des PD, Matteo Renzi, hat bereits den Gang in die Opposition verkündet, eine Position, die der Vorstand der PD auf einer Sitzung am 12. März bestätigt hat. Dort wurde auch eine Koalition unter Führung des M5S abgelehnt.

Das Rechtsbündnis müsste noch etliche Abgeordnete aus anderen Fraktionen abwerben, um eine Mehrheit der Mandate zu erreichen und um Salvini zum Premier wählen zu können. Nach der Niederlage Berlusconis dürfte das fragile Bündnis zwischen ihm und Salvini ohnehin sehr gefährdet sein. Der M5S ist im Hinblick auf die Regierungsbildung gespalten. Beppe Grillo fordert an der Position festzuhalten, keinerlei Koalition einzugehen, während der Spitzenmann der Partei, Luigi di Maio, an die Macht möchte und auch zu einer Koalition bereit zu sein scheint. Eine solche Koalition mit der bei den Anhängern des M5S verhassten Partei Renzis einzugehen, dürfte schwierig werden. Größere Übereinstimmungen bestehen dagegen mit der Lega, mit der man sich auf der Basis der Europaskepsis und der Ausländerfeindlichkeit verständigen könnte. Salvini hat bislang eine solche Konstellation nicht ausgeschlossen, aber dem linken Flügel des M5S dürfte eine solche Koalition schwer zu vermitteln sein. Die geschäftsführende Regierung unter Gentiloni dürfte deshalb noch einige Zeit im Amt bleiben.

Im Ergebnis der Wahlen ist somit eine europa- und ausländerfeindliche Regierungskoalition möglich, die Italien und die EU in eine Phase großer politischer und ökonomischer Instabilität stürzen kann.

2. Frankreich – Auflösung des bipolaren Parteiensystems

2.1 Die sozioökonomische Entwicklung

Die Wachstumsraten des BIP waren in Frankreich seit der Großen Krise sehr gering. Am aktuellen Rand zeichnet sich – wie bei allen Eurostaaten – eine Verbesserung ab. Bei sehr schwachen Zuwachsraten der Beschäftigung verharrte die Arbeitslosenrate bis 2016 bei gut 10%. Im Jahre 2017 sank sie erstmals wieder unter diese Marke.

Von 2010 bis 2014 wuchsen die privaten Bruttoinvestitionen kaum, in den Jahren 2013 und 2014 sanken sie sogar. Seit 2015 ist eine Erholung der Investitionen zu verzeichnen. Ein negativer Beitrag zum Wachstum ging vom Außenhandel aus. Das Leistungsbilanzdefizit lag bei 2-3% des BIP. Der Staat versuchte über die Fiskalpolitik die Konjunktur zu stimulieren, wurde dabei aber von den europäischen Vorgaben im Rahmen des Stabilitätspakts gebremst. Das Haushaltsdefizit lag zwischen 3 und 4%. Der strukturelle Saldo lag bei minus 2-3%, was auf eine expansive Ausrichtung der Fiskalpolitik verweist. Die Schuldenquote des Staates stieg bis 2016 auf 96% an.

Trotz des schwachen makroökonomischen Umfeldes (siehe auch Tabelle 4 auf der folgenden Doppelseite) – vor allem der hohen Arbeitslosenquote – konnten die Gewerkschaften ein bescheidenes Wachstum der Reallöhne durchsetzen (vgl. European Commission 2017: 68). Die Verteilungsrelationen blieben – gemessen an den realen Lohnstückkosten – wie in Deutschland konstant und entwickelten sich damit besser als in Italien und Österreich. Der Gini-Koeffizient schwankte von 2008 bis 2015 zwischen 29 und 30%, sodass auch dieser Maßstab keine Veränderungen in der Einkommensverteilung indizierte.

Die Reformpolitik unter Staatspräsident Hollande (2012-2017)

Das wichtigste Wahlversprechen von François Hollande war die Bekämpfung der Arbeitslosigkeit, die »Umkehrung der Arbeitslosenkurve«. Er beauftragte den von ihm ernannten »Generalkommissar für Investitionen«, Louis Gallois, einen Bericht über die Verbesserung der Wettbewerbsfähigkeit der französischen Industrie zu verfassen. Dieser empfahl, die preisliche Wettbewerbsfähigkeit der französischen Unternehmen in erster Linie durch eine Senkung der Lohnnebenkosten und durch Steuererleichterungen zu steigern. Dieser Empfehlung folgend, beschloss die Regierung Ende 2012, einen »Steuerkredit für Wettbewerbsfähigkeit und Beschäftigung« einzuführen, und zwar in Höhe von 4% der Lohnsumme der Beschäftigten,

Tabelle 4: Wirtschaftliche Kennziffern für Frankreich

		2016	
		lauf. Preise (in Mrd. Euro)	**% des BIP**
Bruttoinlandsprodukt (BIP)		2.228,9	100,0
Privater Konsum		1.232,9	55,3
Öffentlicher Konsum		526,7	23,6
Bruttoanlageinvestitionen		489,4	22,0
davon: Ausrüstungsinvestitionen		111,9	5,0
Exporte (Güter und Dienstleistungen)		652,2	29,3
Importe (Güter und Dienstleistungen)		695,6	31,2
Bruttovolkseinkommen (BIP -Deflator)		2.264,3	101,6
Beiträge zum BIP-Wachstum	Inlandsnachfrage		
	Vorratsveränderungen		
	Außenhandelsbeitrag		
Beschäftigung			
Arbeitslosenrate (a)			
Arbeitnehmerentgelte			
Lohnstückkosten Gesamtwirtschaft			
Reale Lohnstückkosten			
Sparquote der Haushalte (b)			
BIP-Deflator			
Harmonisierter Verbraucherpreisindex			
Terms of trade (Güter)			
Handelsbilanz (Güter) (c.)			
Leistungsbilanz (c.)			
Nettokreditvergabe/-aufnahme ggb. dem Rest der Welt (c.)			
Gesamtstaatlicher Haushaltssaldo (c.)			
konjunkturbereinigter Haushaltssaldo (c.)			
Struktureller Haushaltssaldo (d)			
Gesamtstaatlicher Bruttoschuldenstand (c.)			

a) % aller Arbeitskräfte b) Bruttosparen dividiert durch verfügbares Bruttoeinkommen der Haushalte c) als % des BIP d) als % des potentiellen BIPs
Quelle: European Commission: Autum 2017 Economic Forecast, Brussels 2017: 93

Jährliche Veränderung in %						
1998-2013	**2014**	**2015**	**2016**	**2017**	**2018**	**2019**
1,6	0,9	1,1	1,2	1,6	1,7	1,6
1,9	0,8	1,4	2,2	1,1	1,4	1,4
1,4	1,3	1,1	1,3	1,2	1,7	1,3
2,1	0,0	1,0	2,8	3,2	3,6	2,9
2,1	2,1	4,2	6,2	1,1	3,3	2,6
3,4	3,3	4,3	1,3	3,1	4,0	4,2
4,4	4,8	5,7	4,2	3,9	4,0	4,2
1,6	1,0	1,1	1,3	1,6	1,7	1,6
1,8	0,8	1,3	2,1	1,6	2,0	1,7
0,0	0,7	0,3	-0,2	0,3	-0,1	0,0
-0,2	-0,5	-0,5	-0,8	-0,3	-0,1	-0,1
0,7	0,3	0,1	0,5	1,1	0,9	0,9
8,9	10,3	10,4	10,1	9,5	9,3	8,9
2,5	1,5	0,9	1,0	1,7	2,0	2,0
1,7	0,9	0,0	0,3	1,1	1,1	1,3
0,2	0,3	-1,1	-0,1	0,2	-0,2	-0,2
15,0	14,4	13,9	13,5	13,7	13,8	13,8
1,5	0,6	1,1	0,4	0,9	1,4	1,5
1,7	0,6	0,1	0,3	1,1	1,2	1,5
-0,2	1,7	4,3	1,2	-0,7	0,9	0,6
-0,8	-1,8	-1,2	-1,3	-1,8	-1,6	-1,4
-0,3	-3,0	-2,2	-2,6	-3,0	-2,8	-2,6
-0,3	-3,1	-2,3	-2,5	-3,1	-2,8	-2,7
-3,5	-3,9	-3,6	-3,4	-2,9	-2,9	-3,0
-3,9	-3,0	-2,7	-2,7	-2,4	-2,8	-3,0
-	-3,0	-2,7	-2,5	-2,4	-2,7	-3,0
70,0	95,0	95,8	96,5	96,9	96,9	96,9

die das Zweieinhalbfache des Mindestlohns erhalten. 2014 wurde dieser »Steuerkredit« auf 6% erhöht (vgl. Rehfeldt 2016).

Des Weiteren versuchte Hollande, die Sozialpartner in seine Bemühungen um die Senkung der Arbeitslosenquote einzubinden. Er verhandelte mit den Arbeitgeberverbänden und den Gewerkschaften ein nationales »Abkommen zu Wettbewerbsfähigkeit und Beschäftigungssicherung«, das im Januar 2013 allerdings nur von drei Gewerkschaften (CFDT, CFTC und CGE-CGC) unterzeichnet wurde. Die Gewerkschaftsbünde CGT und FO lehnten das Abkommen ab, weil es ihres Erachtens zu viele Zugeständnisse an die Arbeitgeberseite enthielt. So können Entlassungen nach der Vereinbarung leichter durchgesetzt werden. Darüber hinaus können die Arbeitgeber von den tarifvertraglichen Bestimmungen über Löhne und Arbeitszeit für zwei Jahre nach unten abweichen, wenn sie in Betriebsvereinbarungen mit den Gewerkschaften für diesen Zeitraum eine Beschäftigungsgarantie zusichern. Da die drei zustimmenden Gewerkschaftsbünde bei Wahlen für die gewerkschaftliche Repräsentativität auf Betriebs- und Branchenebene zusammen 50,4% erreichten und die beiden anderen Bünde nur 49,6%, wandelte Hollande das Abkommen der Sozialpartner in einen Gesetzentwurf um, der im Juli 2013 vom Parlament verabschiedet wurde. (Zu Details der Gewerkschaftsstrukturen in Frankreich vgl. Rehfeldt 2016)

In einem weiteren tripartistischen Abkommen wurde Anfang 2014 die oben erwähnte Erhöhung des »Steuerkredits« auf 6% der Lohnsumme vereinbart. Dieses Mal unterzeichneten letztlich nur zwei der fünf Gewerkschaftsbünde, nämlich CFDT und CFTC, den Pakt, womit der Repräsentativitätsgrad unterhalb von 50% lag. Die Mehrheit der Gewerkschaften verweigerte die Zustimmung, weil die Arbeitgeber als Gegenleistung für die Steuererleichterungen keine quantitativen Garantien für die Neueinstellung von Beschäftigten geben mussten. Trotz dieser Mängel wurde dieses Abkommen von der Regierung in Gesetzesform gegossen.

Trotz all dieser Schritte waren die Bemühungen der sozialistischen Regierung nicht sehr erfolgreich, das Versprechen Hollandes auf eine »Umkehrung der Arbeitslosenkurve« zu realisieren. Von 2011 bis 2015 stieg die Arbeitslosenquote von 9,2 auf 10,4% an, um dann 2016 auf 10,0% und 2017 auf 9,5% zu sinken.

2.2 Das politische System

Der Übergang von der IV. zur V. Republik

Seit der Französischen Revolution im Jahr 1789 beherrschten bis zur Einführung der V. Republik im Oktober 1958 die unterschiedlichsten politischen Systeme die Verfassungsgeschichte Frankreichs. Dabei handelte es sich um vier Republiken, drei Königreiche und zwei Kaiserreiche (mit zusammen zwölf Verfassungstexten) sowie zusätzlich die »Hundert-Tage-Herrschaft« Napoleons I. im Jahr 1815 und die Diktatur des Vichy-Regimes unter Marschall Pétain 1940-1944. Die von General de Gaulle durchgesetzte V. Republik erwies sich daran gemessen bis heute als stabiles Verfassungssystem.

Das Ende der IV. Republik wurde im Mai 1958 durch einen Aufstand der französischen Siedler im Departement Algerien ausgelöst, in dessen Folge die französischen Truppen in Algerien gegen die Regierung in Paris zu meutern begannen. In dieser Situation trat die Regierung Pflimlin zurück, und Staatspräsident René Coty nahm das Angebot von General de Gaulle an, letzteren dem Parlament als Ministerpräsidenten vorzuschlagen, um »die Einheit und die Unabhängigkeit« Frankreichs sicherzustellen und »die öffentliche Ordnung« wieder herzustellen.

Die IV. Republik befand sich Ende der 1950er Jahre ökonomisch, innenpolitisch und außenpolitisch in einer scheinbar ausweglosen Krise. Die Kolonialkriege in Indochina (1946 bis 1954) sowie in Algerien (seit 1956) hatten die Staatsverschuldung in die Höhe getrieben. Die teilweise Geldfinanzierung dieser Schulden durch die Zentralbank führte zu hohen Inflationsraten, die die internationale Wettbewerbsfähigkeit des Landes unterhöhlten (Leistungsbilanzdefizite). Im parlamentarischen Streit über die Lösung dieser ökonomischen Probleme und die militärischen Niederlagen der französischen Armee in Indochina und in Algerien kam es zu häufig wechselnden Regierungen. Von 1946 bis 1958 waren es 26 unterschiedliche Regierungen, die teilweise nur wenige Monate im Amt blieben. Der Verlust der Kolonien in Indochina 1954 und die zunehmenden Erfolge der algerischen Befreiungsarmee FLN seit 1956 zermürbten das Selbstbewusstsein der französischen Nation und untergruben ihr Ansehen in der internationalen Staatengemeinschaft.

Nachdem Charles de Gaulle die Verantwortlichkeit der von ihm zu bildenden Regierung gegenüber dem Parlament anerkannt hatte, wählte ihn dieses am 1. Juni 1958 zum Ministerpräsidenten. Zwei Tage später billigte eine Mehrheit des Parlaments darüber hinaus drei Gesetzesvorschläge de

Gaulles, die seiner Regierung Sondervollmachten in Algerien gewährten, ihr ferner für sechs Monate das Recht gaben, mithilfe von Dekreten das Land zu regieren, und sie rmächtigten, eine neue Verfassung auszuarbeiten, über die in einem Referendum das französische Volk entscheiden sollte.

Die unter der Leitung von Michel Debré, eines der seit der Zeit der Résistance engsten Vertrauten de Gaulles, erarbeitete Verfassung schwächte die Kompetenzen des Parlaments, stärkte die Exekutive und verlieh insbesondere dem Präsidenten eine besondere Stellung im politischen System Frankreichs. Das französische Volk stimmte am 28. September 1958 bei einer Wahlbeteiligung von circa 85% mit 79,25% für die neue Verfassung.

Die Machtposition des Präsidenten

Der Präsident der V. Republik verfügt über eine außerordentliche Machtfülle. Er ernennt den Premierminister, kann die Nationalversammlung auflösen, Referenden ausschreiben, den nationalen Notstand ausrufen, Verfassungsänderungen beantragen und ernennt drei der neun Mitglieder des Verfassungsrats sowie dessen Präsidenten. Darüber hinaus wird dem Präsidenten im Bereich der Außen- und Verteidigung, in der so genannten Domaine réservé, eine Vorrangstellung zugesprochen. Laut Verfassung ist der Präsident »Garant der nationalen Unabhängigkeit« und »der Integrität des Staatsgebiets«. Er verhandelt die internationalen Verträge, ratifiziert sie und wacht über ihre Einhaltung. Zwar ist auch die Regierung für die Außen- und Verteidigungspolitik zuständig, aber es ist parteiübergreifendes Verfassungsverständnis in Frankreich, dass der Präsident als oberster Repräsentant der Nation auf diesem Feld eine hervorgehobene Stellung hat (Kempf 2017: 58ff.).

Abgesehen von diesen Verfassungsbestimmungen und dieser Verfassungspraxis im Bereich der »Domaine réservé« leitet sich die Macht des Präsidenten auch aus seiner Direktwahl durch das Volk ab, die 1962 eingeführt wurde. Das Programm, mit dem der Präsident zur Wahl antritt, ist zugleich das vom Volk legitimierte Regierungsprogramm, das er aufgrund seiner Richtlinienkompetenz in Regierungspolitik umsetzen kann.

Auch in schwierigen politischen Situationen hat sich die Verfassung der V. Republik bislang im Verhältnis von Präsident, Regierung und Parlament durch eine große Flexibilität bewährt. So gab es von 1986 bis 1988 sowie von 1993 bis 1995 zweimal eine bürgerliche Regierung unter einem linken Präsidenten (François Mitterrand) und von 1997 bis 2001 eine Linksregierung unter dem konservativen Präsidenten Jacques Chirac (»Cohabitation«). Unter Mitterrand konnten von 1988 bis 1993 sogar linke Minderheitenkabinette regieren. Stimmen die politische Herkunft der Präsidenten und der Mehrheit im Parlament überein, ist nach der Verfassung der V. Republik der Präsident der eigentliche Regierungschef. Verfügt dagegen die Opposition im Parlament (Palais Bourbon) über eine Mehrheit, dann ist der von ihr gewählte Premierminister der wahre Regierungschef.

Der »rationalisierte« Parlamentarismus

Da die Regierungen dem Parlament verantwortlich sind, handelt es sich auch bei der V. Republik um ein parlamentarisches System. Aufgrund der starken Stellung des Präsidenten bei Regierungsbildung, Gesetzgebung und in der Außenpolitik spricht jedoch Winfried Steffani (1992: 288ff.) von einem »parlamentarischen System mit Präsidialdominanz, kurz: Präsidial-Parlamentarismus«. Im Unterschied zur III. und IV. Republik, als das Parlament gegenüber der Regierung die Oberhand hatte, machte es de Gaulle bei der Ausarbeitung der Verfassung der V. Republik zur Bedingung, dass die Nationalversammlung nach Präsident und Regierung nur eine subalterne Bedeutung erhält.

Aufgrund der negativen historischen Erfahrungen mit der Vorherrschaft des Parlaments in der III. Republik (1870-1940) und der IV. Republik (1946-1958), in denen es in 70 Jahren 87 bzw. in 14 Jahren 26 unterschiedliche Kabinette gegeben hatte, schränkte die Verfassung der V. Republik die Rechte des Parlaments bis zur Verfassungsreform von 2008 äußerst stark ein. In der Literatur wird dieser Funktionsverlust des Parlaments als »rationalisierter« Parlamentarismus bezeichnet (Kempf 2017: 105ff.). Die Vorherrschaft der Regierung im Gesetzgebungsprozess wurde bis 2008 und teilweise bis heute vor allem über folgende Bestimmungen erreicht:

- *Festlegung der Tagesordnung des Parlaments*
  Im Gesetzgebungsverfahren hatte das Parlament nach Artikel 48 der Verfassung an erster Stelle die von der Regierung eingebrachten Gesetzentwürfe sowie die von ihr akzeptierten Entwürfe des Parlaments zu behandeln. Die Regierung konnte also alle Alternativvorschläge des Parlaments, insbesondere Vorschläge der Opposition, auf dem Verfahrenswege durch ein Veto abwehren, eine Regelung, von der die Regierungen reichlich Gebrauch machten. Seit der Reform von 2008 legt das Parlament selbst die Tagesordnung fest. Allerdings müssen zwei von vier Sitzungswochen für die Behandlung von Regierungsvorlagen reserviert werden.

- *Einschränkung der Gesetzgebungskompetenz des Parlaments auf bestimmte, in der Verfassung festgelegte Sachgebiete*
  Bei diesen Sachgebieten werden zwei Kategorien unterschieden: In Gebieten der ersten Kategorie kann das Parlament die Materie umfassend kodifizieren, in Gebieten der zweiten Kategorie jedoch nur die »Grundsätze« des Gesetzes bestimmen, während der Regierung die Regelung der Details des Sachgebiets überlassen bleibt. Alle weiteren Sachgebiete, die in diesen beiden Katalogen nicht aufgeführt sind, kann die Regierung per Verordnungsrecht regeln. Sie bedarf dazu nicht einmal der Ermächtigung durch ein Gesetz. Bei der Reform von 2008 sind diese Bestimmungen beibehalten worden.
- *Beschleunigung und die Abkürzung des Gesetzgebungsverfahrens durch Eingriffe der Regierung*
  Die Regierung kann im Verfahren die Beschleunigung des Gesetzgebungsverfahrens durch die Reduktion von drei auf eine parlamentarische Lesung verlangen. Sie kann darüber hinaus die »Guillotine« zur Anwendung bringen, indem sie zu jedem Zeitpunkt des Verfahrens die Abstimmung über den Gesamttext oder Teile des Textes verlangen kann. Bei diesem »Vote bloqué« kann die Regierung alle parlamentarischen Ergänzungsanträge abschmettern oder nur die von ihr akzeptierten Ergänzungsanträge berücksichtigen. Durch die Reform von 2008 sind diese Regelungen nicht verändert worden.
- *Verknüpfung des Gesetzgebungsverfahrens mit der Vertrauensfrage des Premierministers*
  Artikel 49 Absatz 3 der Verfassung lautet: »Der Premierminister kann nach Beratung des Ministerrates vor der Nationalversammlung die politische Verantwortung der Regierung für die Abstimmung über eine Textvorlage übernehmen. In diesem Falle gilt die Textvorlage als angenommen, wenn nicht innerhalb der darauffolgenden vierundzwanzig Stunden ein Misstrauensantrag eingebracht und unter den im vorangegangenen Absatz genannten Bedingungen angenommen wird.« Von dieser Bestimmung ist bis 2008 sehr häufig Gebrauch gemacht worden. Aufgrund der Reform ist diese Verknüpfung auf die Gesetzesvorlagen zum Haushalt und zur Finanzierung der Sozialversicherung reduziert worden. Allerdings darf der Premierminister weiterhin einmal pro Sitzungsperiode auch eine Gesetzesvorlage über eine andere Materie mit der Vertrauensfrage verbinden.

Die politischen Parteien

Die Zersplitterung und Instabilität der Parteienlandschaft in Frankreich war eine der entscheidenden Ursachen der politischen Dauerkrisen in der III. und IV. Republik. Bis heute ist das französische Parteiensystem von vielen Neugründungen und Abspaltungen geprägt, die häufig nicht lange Zeit überleben. Im Vergleich zu Deutschland sind die Parteien in Frankreich darüber hinaus mitgliederschwach und verfügen nur über geringe Finanzmittel.

Aufgrund des absoluten Mehrheitswahlsystems bei der Direktwahl des Präsidenten und den Wahlen zur Nationalversammlung hat sich jedoch seit den 1970er Jahren eine gewisse Stabilisierung des Parteiensystems ergeben. Da im zweiten Wahlgang nur die Kandidat*innen und Parteien eine Chance haben, die zu Listen- und Koalitionsbildungen bereit sind, ist es zu einer bipolaren Lagerbildung zwischen den Parteien der Linken und der Rechten gekommen. Nach der Neugründung der Sozialistischen Partei (PS) 1971 und der Wahl Valéry Giscard d'Estaings zum Präsidenten 1974 bildete sich die »Quadrille bipolaire« heraus, bei der sich im linken Lager neben der PS die kommunistische Partei (PCF) befand und im rechten Lager neben den Gaullisten die UDF (Union pour la Démocratie française), eine 1978 zur Unterstützung Giscard d'Estaings gegründete bürgerliche Parteienföderation. Koalitionsbildungen fanden nur innerhalb der jeweiligen Lager statt, und die Parteien der Mitte mussten sich diesem Trend anschließen oder wurden zerrieben.

Aus der »Quadrille bipolaire« wurde seit Ende der 1980er Jahre nach und nach eine rein bipolare Konstellation, weil einerseits die PCF mit dem Niedergang des realen Sozialismus an Bedeutung verlor und die PS zur dominanten Kraft der Linken wurde, andererseits rechts die UDF zugunsten der neogaullistischen RPR (Rassemblement pour la République) an Boden einbüßte, bis der überwiegende Teil dieser Parteien 2002 in der UMP (»Union pour un mouvement populaire«), der Nachfolgepartei der RPR, verschmolz.

Diese bipolare Stabilisierung des politischen Systems war auch noch bei den Parlamentswahlen von 2008 und 2012 sichtbar, als PS und UMP zusammen 86% bzw. 82% der Parlamentssitze auf sich vereinigen konnten (Kempf 2017: 165ff.). Zwischenzeitlich gab es seit Mitte der 1980er Jahre erneut Fragmentierungstendenzen im Parteiensystem. Am linken Rande kamen die Grünen zu gewissen Wahlerfolgen, am rechten Rand gelang es dem Front National 1986, als bei den Nationalversammlungswahlen einmalig das Verhältniswahlrecht zur Anwendung kam, mit 9,8% der Stimmen Fraktionsstärke zu erreichen. Und bei den Europawahlen (bei denen ebenfalls das Verhältniswahlrecht gilt) kamen rechte und linke europakritische Parteiabspaltungen vorübergehend zu Erfolgen: Philippe de Villiers (Ex-UDF) und Charles Pasqua (Ex-RPR) rechts sowie Jean-Pierre Chevènement (Ex-PS) links. Auch im Zentrum versuchte François Bayrou, der bei den Präsidentschaftswahlen 2007 einen Achtungserfolg erzielt hatte, Teile der alten UDF in der Partei »Mouvement démocrate« (MoDem) neu zu beleben, erzielte dabei jedoch nur mäßige Erfolge.

Ein Zerfall des bipolaren Parteiensystems deutete sich bei den Europawahlen 2014 und im ersten Wahlgang bei den Regionalwahlen 2015 an, als jeweils der Front National stärkste Kraft wurde. Er wurde bei den Präsidentschafts- und Nationalversammlungswahlen 2017 mit dem Erfolg von Macrons »La République en Marche« (LREM) und dem gleichzeitigen Debakel der Sozialisten und der Republikaner (so der Name der 2015 umbenannten UMP) vollends sichtbar.

Ihren Ursprung hat diese Krise des alten Parteiensystems in Korruptionsaffären, vor allem aber in der sozio-ökonomischen Stagnation des Landes seit der Großen Krise von 2007/2008 sowie in der eklatanten Schwäche der Präsidenten Nicolas Sarkozy (2007-2012) und François Hollande (2012-2017) bei der Bewältigung dieser Probleme.

2.3 Einwanderung und Migration – die »Banlieues« als soziale Brennpunkte und der Dschihadismus

Nach dem Zensus von 2013 leben in Frankreich ca. 13 Mio. Menschen mit einer Einwanderungsgeschichte. Das sind ca. 20% der Bevölkerung des Landes. Dabei handelt es sich um 5,8 Mio. Menschen, die als Einwanderer gelten, und um 7,3 Mio. Personen, die Nachfahren von Einwanderern sind. In der offiziellen Statistik Frankreichs sind Einwanderer Personen, die mit einer nicht-französischen Staatsbürgerschaft im Ausland geboren wurden. Diese gelten auch dann noch als Einwanderer, wenn sie mittlerweile die französische Staatsangehörigkeit angenommen haben. Von den 5,8 Mio. Einwanderern des Zensus von 2013 hatten 2,4 Mio. inzwischen die Staatsbürgerschaft Frankreichs angenommen. Die wichtigsten Herkunftsländer der Einwanderer sind Algerien (760.000), Marokko (710.000), Portugal (610.000), Italien (290.000), Tunesien (260.000), Spanien (250.000) und die Türkei (250.000). Weitere 810.000 Menschen kamen aus anderen afrikanischen Staaten. (Quelle: Nationales Institut für Statistik und Wirtschaftsstudien [INSEE], Zensus 2013)

Die 7,3 Mio. Nachkommen von Einwanderern spiegeln die Migrationsgeschichte Frankreichs wider. Rund 45% dieser Gruppe hatten mindestens einen Elternteil, der aus einem europäischen Land nach Frankreich eingewandert war, vor allem aus Italien, Spanien und Portugal, also Ländern, die bereits in Frühphasen der Arbeitsmigration seit dem 19. Jahrhundert einen Großteil der ausländischen Arbeitskräfte in Frankreich stellten. Weitere 31% waren Nachkommen von Einwanderern aus dem Maghreb, also aus ehemaligen französischen Kolonien in Nordafrika. Die übrigen 24% mit Zuwanderungsgeschichte hatten ihre Wurzeln in anderen Regionen Afrikas und in Asien, also in Herkunftsgebieten, aus denen sich die jüngere Zuwanderung nach Frankreich speist. Bei den Nachkommen von Einwanderern handelt es sich um eine junge Bevölkerung. Fast die Hälfte sind unter 25 Jahre (47%). (Engler 2017)

Im Hinblick auf die soziale Integration der Einwanderer und ihrer Nachfahren weist Frankreich sehr große Defizite auf. Die sozial-ökonomische Benachteiligung dieser Bevölkerungsgruppe ist an vielen Indikatoren ablesbar. So ist die Erwerbsbeteiligung dieser Menschen mit Migrationshintergrund unterdurchschnittlich, ihre Betroffenheit von Arbeitslosigkeit überdurchschnittlich. Die Arbeitslosenrate dieser Gruppe liegt mit ca. 20% etwa doppelt so hoch wie diejenige der Franzosen ohne Migrationsgeschichte. Auch der Bildungsstandard der Einwanderer liegt unter dem gesellschaftlichen Durchschnitt. Die Hälfte der Jugendlichen besitzt nur den niedrigsten französischen Schulabschluss. Darüber hinaus ist die Schulabbrecherquote dieser sozialen Gruppe sehr hoch, und Frankreich schneidet in dieser Hinsicht schlechter ab als viele vergleichbare Industriestaaten.

Ein weiteres Problem besteht darin, dass sich die Einwanderer und ihre Nachkommen auf wenige Städte in Frankreich konzentrieren. Im Großraum Paris (Ile-de-France) wohnen 40% der Personen mit Migrationshintergrund, und in den sechs größten Städten Frankreichs nach Paris (Marseille, Lyon, Toulouse, Lille, Bordeaux, Nizza) weitere 15%.

In diesen Städten leben die Migrant*innen weit überwiegend in den Banlieues, also in den Randgebieten, die sehr stark durch Billigwohnraum in Hochhauskomplexen charakterisiert sind. Die Arbeitslosenquote der Bewohner*innen dieser Banlieues liegt mit 20% weit über dem Durchschnitt Frankreichs, und noch dramatischer ist mit über 40% die Arbeitslosenquote der Jugendlichen dieser Stadtgebiete. In den Blick der Öffentlichkeit kommen diese Zonen immer dann, wenn es in ihnen periodisch zu massiven Ausbrüchen sozialer Gewalt kommt. Die ersten größeren Ausschreitungen wurden zu Beginn der 1980er Jahre registriert. Ihren vorläufigen Höhepunkt erreichten sie im Oktober und November 2005. Jugendliche lieferten sich Schlachten mit den Sicherheitskräften des Landes. Hunderte öffentlicher Gebäude wurden in Paris zerstört und mehr als 10.000 Fahrzeuge in Brand gesetzt. Erstmals seit Ende des Algerienkrieges erklärte die Regierung den nationalen Ausnahmezustand. Der damalige Innenminister, Nicolas Sarkozy, bezeichnete die Jugendlichen der Banlieues als »Abschaum«, den man mit dem »Kärcher« beseitigen müsse.

»Aufgrund des hohen Migrantenanteils und weil an den Ausschreitungen vor allem maghrebinische Einwanderer der zweiten Generation beteiligt waren, sind die Vororte auch zu einem Synonym für gescheiterte Integration geworden. Nach den Unruhen von 2005 standen das französische Integrationsmodell und sein republikanischer Gleichheitsanspruch überall zur Debatte. Das Integrationsversprechen Frankreichs besteht darin, die Gleichheit aller französischen Bürger im Staatsbürgerschaftsrecht und den staatlichen Institutionen zu garantieren – unabhängig von sozialen, religiösen, ethnischen oder territorialen Unterschieden.

Angesichts der Diskriminierungen, Stigmatisierung und sozialräumlichen Ausgrenzung in den Banlieues kann der Staat dieses Versprechen jedoch nicht einlösen. Frustration und Aggression erscheinen als logische Konsequenz der Diskrepanz zwischen den versprochenen Werten und der täglich erlebten Ausgrenzung. Dies erklärt auch, warum sich die Gewalt der Jugendlichen bei den Ausschreitungen insbesondere gegen staatliche Institutionen wie Schule oder Polizei richtet.

Hinzu kommt, dass neben der generellen Stigmatisierung auch eine Ethnisierung des Banlieue-Diskurses stattfindet. Dabei wird die Krise der Vorstädte in der Öffentlichkeit oft auf die ethnische Herkunft oder Religiosität der Bewohner und damit verbundene Problemlagen zurückgeführt, sodass das soziale Stigma vom ethnischen nicht mehr zu trennen ist. Konsequenz dieser doppelten Stigmatisierung sind wiederum weitere Diskriminierungen, Rassismus, aber auch das Erstarken islamischer Subkulturen.« (Engler 2017)

Die Bedeutung der wachsenden Kluft zwischen den Insidern und den Ausgegrenzten der Gesellschaft, des »Bruchs«, für die Radikalisierung sowohl der Einwanderer als auch für die Franzosen ohne Einwanderungshintergrund thematisiert Gilles Kepel in seinen Arbeiten. Die Kluft, die aufgrund der Folgen der Globalisierung entstehe, führe zu einem Bruch mit der herrschenden Gesellschaftsordnung und der Suche nach einer neuen

Identität, die auf der einen Seite in den radikalen Islamismus, auf der anderen Seite in den radikalen Nationalismus münde.

»Wir haben es heute in den europäischen Gesellschaften, aber auch beispielsweise in Trumps Amerika, mit einer neuen Art von Kluft zu tun: mit einer Kluft zwischen denen, die sich dazugehörig fühlen, den Insidern in der Gesellschaft, und denen, die sich ausgegrenzt fühlen, die nicht von der Öffnung des globalisierten Wirtschaftsmarktes profitieren, die ihre Arbeitsplätze verschwinden sehen und die wir ebenso unter den Kindern von Einwanderern wiederfinden wie unter den Arbeitern französischer, deutscher oder niederländischer Herkunft. Viele fühlen sich von der Globalisierung enteignet. Die einen suchen Halt in der Verschärfung der religiösen Identität, die anderen in der Verschärfung der nationalistischen Identität.« (Kepel 2017)

Die Anziehungskraft des radikalen Islamismus/Dschihadismus für die Einwanderer beruht nach Kepel einerseits auf dem Scheitern des Gesellschaftsentwurfs der Dekolonisierung in Nordafrika und im Mittleren Osten, andererseits auf der gescheiterten Integration in die französische Gesellschaft. Während die erste Einwanderergeneration noch stärker in den Arbeitsmarkt integriert wurde, sei die neue Generation in einer radikal anderen Lage: »Sie fanden sich in der Arbeitslosigkeit wieder, welche die Konstruktion einer rückwärtsgewandten Identität begünstigte. Anstatt eine mit den europäischen Gesellschaften verschmelzende Identität anzustreben, wendet sich ihre Identität einem manchmal mythisierten Erbe zu. Der Unterschied zwischen dieser Generation und der älteren Einwanderergeneration ist gut erkennbar. Letztere hatte bessere Arbeitsbedingungen, ihre Integration wurde besser bewältigt.« (ebd.)

Durch die islamistischen Anschläge auf Charlie Hebdo und die Diskothek Bataclan Anfang und Ende 2015 sowie die Ermordung eines katholischen Priesters in der Normandie im Juli 2016 habe sich die islamische Frage in Frankreich radikalisiert. Im Jahr 2016 habe es in Frankreich 239 Tote aufgrund dschihadistischer Attentate gegeben. Dies wiederum gebe den Rechtsextremen in Frankreich einen vermehrten Anlass, gegen die Muslime zu mobilisieren und ihre nationalistische französische Identität noch stärker islamophob zu untermauern. So kommt es, dass die islamistischen Anschläge dem Front National eine wachsende Anhängerschaft bescheren und umgekehrt die zunehmende Stärke des FN wiederum die dschihadistische Ideologie bestätigt. Beide extremistischen Ideologien werden durch den »Erfolg« der jeweils gegnerischen befeuert.

2.3 Der Front National

Inspiriert durch den neofaschistischen Movimento Sociale Italiano (MSI) in Italien, der durch das Zusammenführen verschiedener Strömungen der Ultrarechten bei den Parlamentswahlen Anfang der 1970er Jahre Erfolge erzielen konnte, wurde im Herbst 1972 in Frankreich unter Führung von Jean-Marie Le Pen der Front National gegründet. Der FN führte unterschiedliche rechtsextreme Bewegungen zusammen, wie rechtsnationalistische Katholiken, Anhänger des Vichy-Regimes, antigaullistische Algerienfranzosen und poujadistisch[23] orientierte Handwerker, Kleinhändler und Kleinunternehmer, die sich im Kampf gegen den Vormarsch von Großunternehmen befanden.

Das Programm des FN enthielt wirtschaftsliberale Forderungen, die sich an den Interessen der Kleinunternehmen orientierten, wie das Verbot von Supermärkten, die Befreiung der Unternehmen von bürokratischen Vorschriften, die Senkung von Steuern, die Abschaffung des Mindestlohns und das Verbot von Streiks in Staat und Privatwirtschaft. In Übereinstimmung mit dem Anti-Immigrations-Diskurs der sozialistischen Regierung unter Premier Pierre Mauroy Anfang der 1980er Jahre forderte der FN darüber hinaus harte Einschnitte gegen die Arbeitsimmigration, die seines Erachtens die Hauptursache für die Arbeitslosigkeit in Frankreich bildete. Die Abwehr von Migrant*innen wurde aber nicht nur ökonomisch, sondern auch kulturell begründet. Der FN betrachtete sich als die eigentliche Interessenvertretung der katholischen Christen im Kampf gegen den Vormarsch des Islam im Zuge der Einwanderung nach Frankreich.

Die Machtübernahme durch Marine Le Pen und »Frankreich zuerst«

Im Jahr 2011 übernimmt Marine Le Pen die Führung der Partei von ihrem Vater, Jean-Marie Le Pen. Zwischen Tochter und Vater kommt es sehr bald zu Konflikten, weil Marine Le Pen die Partei »modernisieren« und von dem alten politischen Umfeld Ihres Vaters befreien will, wie den Anhängern des Vichy-Regimes und der OAS (Organisation de l'Armée Secrète) sowie den offen rassistisch und antisemitisch argumentierenden, rechtsextremen Zuwanderungsfeinden. Im August 2015 kommt es sogar zum Parteiausschluss von Jean-Marie Le Pen.

---

[23] Poujadisten (benannt nach Pierre Poujade, 1920-2003) bildeten eine populistische politische Strömung im Frankreich der 1950er Jahre, die als ein Phänomen kleinbürgerlichen Protestes gilt.

Von einem »neuen« Front National zu sprechen, wie vielfach in den Medien geschehen, ist jedoch angesichts einer großen programmatischen Kontinuität von altem und neuem FN verfehlt. Das »Neue« bezieht sich auf den Parteiausschluss politisch unbedeutender neofaschistischer Zirkel, die Reorganisation der Partei mit neuem, verjüngten Führungspersonal sowie die systematische Schulung der Kandidat*innen und Kader und vor allem auf eine neue, moderatere Sprache der Partei, die in der Öffentlichkeit die alten biologistischen und rassistischen Diskurse in der Migrationsfrage vermeidet (vgl. Proust 2013; Alduy/Wahnich 2015; Chwala 2015).

Programmatisch gibt es jedoch vom alten zum neuen FN eine große Kontinuität. Diese ist insbesondere in den Bereichen der Migrationspolitik (Stopp der Zuwanderung, Verhinderung von Familienzusammenführungen, Abschaffung des automatischen Zugangs zur Staatsbürgerschaft für in Frankreich geborene Kinder von Zuwanderern), im verstärkten Antiislamismus und der Forderung nach einer Re-Christianisierung Frankreichs sowie im Ruf nach einer »Law-and-order«-Politik zur Bekämpfung der Kriminalität (Verschärfung des Strafrechts, Wiedereinführung der Todesstrafe) zu finden (Chwala 2015: 72ff.).

Als zentrales neues Element, das mit Marine Le Pen Einzug in die Programmatik des FN findet, ist die Kritik der »mondialisation sauvage« (der wilden Globalisierung) zu betrachten. Die Globalisierung, die EU und der Euro seien für die Arbeitslosigkeit und den Sozialabbau in Frankreich verantwortlich. Frankreich solle deshalb eine protektionistische Wirtschaftspolitik betreiben, den Euro abschaffen und die EU verlassen, wenn diese nicht vier Bereiche der Souveränität – die Geldpolitik, die Wirtschafts- und Haushaltspolitik, die Kontrolle der Grenzen und die Gesetzgebung – an Frankreich zurückübertrage (so das im Februar 2017 in Lyon verabschiedete Wahlprogramm). Die 144 Forderungen des Wahlprogramms lesen sich wie eine Trumpisierung Frankreichs: Frankreich zuerst, Vorrang für die Franzosen bei Arbeitsplätzen, Sozialleistungen und Wohnungen. Auf Importe sollen hohe Zölle erhoben werden, die Beschäftigung von ausländischen Arbeitskräften mit hohen Abgaben bestraft werden. Französische Unternehmen sollen bei öffentlichen Aufträgen bevorzugt werden. Den Gewerkschaften kommt Marine Le Pen dadurch entgegen, dass sie an der 35-Stunden-Woche festhalten will und auch die Forderung nach der »Rente mit 60« unterstützt.

Um die nationale Kontrolle über Geld- und Fiskalpolitik wiederzuerlangen, soll unmittelbar der Euro verlassen werden. Hier gibt es eine starke

Parallele zu den Forderungen der populistischen Parteien in Italien (Lega Nord, Fratelli d'Italia und Movimento Cinque Stelle). Dass der Ausstieg Frankreichs aus der Eurozone nicht nur eine massive Wirtschaftskrise in Frankreich, sondern in der gesamten EU – mit unmittelbaren Folgen für die Weltwirtschaft – haben würde (vgl. dazu Busch u.a. 2017a), übersieht der FN ebenso wie die negativen Konsequenzen einer protektionistischen Wirtschaftspolitik für Frankreich und die EU. Marine Le Pen feiert den Wahlsieg Trumps und die Brexit-Entscheidung in Großbritannien als Beleg für die Chance, auch in Frankreich zur nationalen Souveränität in der Wirtschaftspolitik zurückkehren zu können.

Neben der »wilden Globalisierung« ist für den FN der »islamistische Fundamentalismus« die zweite Hauptgefahr für Frankreich. Die Verschleierung von Frauen, der Bau von Moscheen und »öffentliche Gebete auf den Straßen Frankreichs« seien eine inakzeptable Bedrohung für das Land. Der Kampf gegen die Einwanderung ist deshalb das zweite Kernthema des FN. Schon der »alte« FN hat einen Zuwanderungsstopp gefordert. Im neuen Programm soll der Migrationssaldo – also Einwanderung minus Auswanderung – von derzeit rund 40.000 pro Jahr auf 10.000 gesenkt werden. Ausländer*innen ohne Aufenthaltsgenehmigung sollen leichter abgeschoben, das französische Staatsbürgerrecht soll restriktiver gehandhabt werden.

Die Wahlerfolge des Front National

In ihren Anfängen erzielte die Partei bei den Präsidentschafts-, Nationalversammlungs- und Europawahlen nur mäßige Wahlerfolge und verblieb bis Ende der 1980er Jahre im unteren einstelligen Bereich. Ein erster großer Erfolg wurde bei den Nationalversammlungswahlen 1986 mit fast 10% erreicht. Wegen des einmaligen Verhältniswahlsystems bei diesen Wahlen zur Nationalversammlung errang der FN hier erstmals Fraktionsstärke. Als großen Sieg feierte der FN auch die Präsidentschaftswahlen von 2002, als Jean-Marie Le Pen es mit einem Stimmenanteil von knapp 17% gegen Chirac in die Stichwahl schaffte – und damit besser abschnitt als der PS-Kandidat Lionel Jospin. In den 1990er und ersten 2000er Jahren schwankten die Wahlergebnisse des FN jedoch stark, immer wieder gab es Rückschläge in den einstelligen Bereich.

Mit der Machtübernahme der Partei durch Marine Le Pen im Jahre 2011 zeichnet sich eine deutliche Stabilisierung der Wahlergebnisse oberhalb der 10%-Marke ab. Bei den Präsidentschaftswahlen erzielte Marine Le Pen 2012 knapp 18%. 2017 schaffte sie es mit gut 21% in die Stichwahl, in der sie knapp 34% der Stimmen errang. In den Wahlen zur Nationalversammlung 2012 und 2017 kam der FN jeweils auf gut 13%. Besonders große Erfolge erzielte der FN bei den Europawahlen 2014, wo er mit fast 25% die erste Kraft wurde und sein Ergebnis gegenüber 2009 vervierfachte, und bei den Regionalwahlen 2015, wo es dem FN ebenfalls gelang, mit fast 28% im ersten Wahlgang Platz 1 zu belegen. Würde in Frankreich das Verhältniswahlrecht herrschen, hätte sich der FN längst mit 20-30% der Mandate in den Parlamenten etabliert.

Regionale Hochburgenl
Was die räumliche Verteilung der Wahlergebnisse anbelangt, so ist es seit Ende der 1990er Jahre zu einer Stadt-Land-Verschiebung gekommen (Chwala 2015: 89). Während der frühe FN seine Hochburgen in den Städten hatte, liegen diese mittlerweile in den ländlichen und semiurbanen Räumen. Regional befinden sich die Hochburgen des FN östlich der Linie Le Havre-Valence-Perpignan. Im Norden und in der östlichen Mitte handelt es sich vor allem um die Regionen, die unter der Tendenz zur Deindustrialisierung leiden, eine hohe Arbeitslosigkeit und eine überdurchschnittliche Kriminalitätsrate verzeichnen sowie einen hohen Anteil von Migrant*innen haben. Es sind dies die Regionen Nord-Pas-de-Calais, Rhône-Alpes, Lothringen und Elsass. Im Süden sind die Regionen Languedoc-Roussillon und Provence-Alpes-Côte d'Azur weitere Hochburgen des FN, weil hier neben den sozialen Problemen der hohe Anteil von so genannten Pieds Noirs durchschlägt, also Nachkommen der Algerienfranzosen, die sich nach der Unabhängigkeit Algeriens hier angesiedelt haben und aufgrund ihrer Kritik an der Aufgabe Algeriens durch das »Mutterland« schon immer rechtsextreme Parteien unterstützt haben. In den katholischen Hochburgen ist der FN dagegen unterdurchschnittlich vertreten.

*Die soziale Struktur der FN-Wähler*innen*
Die soziologischen Analysen der Europawahlen 2014 und der Regionalwahlen 2015 fasst Chwala wie folgt zusammen: »Der typische FN-Wähler im Jahr 2015 ist also höchstwahrscheinlich nach wie vor männlich, nicht akademisch gebildet und Arbeiter, Angestellter oder kleiner Unternehmer. Die Wählerschaft des FN rekrutiert sich also nicht nur aus einer gesellschaftlichen Klasse ... Dagegen findet der FN kaum Widerhall bei den Beschäftigten des öffentlichen Dienstes, Akademikern und Angehörigen des höheren Bürgertums.« (Chwala 2015: 98)

Die sozialen Untersuchungen zu den Stichwahlen zwischen Macron und Marine Le Pen im Jahre 2017 bestätigen diese für frühere Jahre getroffenen Aussagen. Allerdings gilt die geschlechtsspezifische Differenzierung 2017 nicht mehr: Frauen und Männer haben zu gleichen Anteilen Marine Le Pen gewählt. In der Altersverteilung ihrer Wähler*innen gibt es zwischen Macron und Le Pen nur geringe Unterschiede. 14% der Wähler*innen Macrons sind zwischen 25 und 34 Jahre alt, bei Le Pen sind dies 18%. Zur Altersgruppe der 35-49-Jährigen zählen 25% der Wähler*innen Macrons und 29% der Wähler*innen Le Pens. Die Gruppe der 50-64-Jährigen ist mit 25% (Macron) und 26% (Le Pen) beteiligt. Die Altersgruppe 65+ hat einen Anteil von 25% an der Wählerschaft Macrons, an derjenigen Le Pens aber nur einen Anteil von 18%. Zusammenfassend kann gesagt werden, dass die Wähler*innen Le Pens im Durchschnitt etwas jünger sind als die Wähler*innen Macrons.

80% der höher gebildeten Franzosen haben Macron gewählt, 45% der geringer gebildeten Wähler*innen haben sich für Le Pen entschieden. 46% der Arbeiter*innen und 56% der Arbeitslosen haben Le Pen gewählt. In Bezug auf die Einkommenslage ergibt sich folgendes Bild (vgl. auch Abbil-

Abbildung 2: Wähler*innen für Macron bzw. Le Pen nach Einkommen

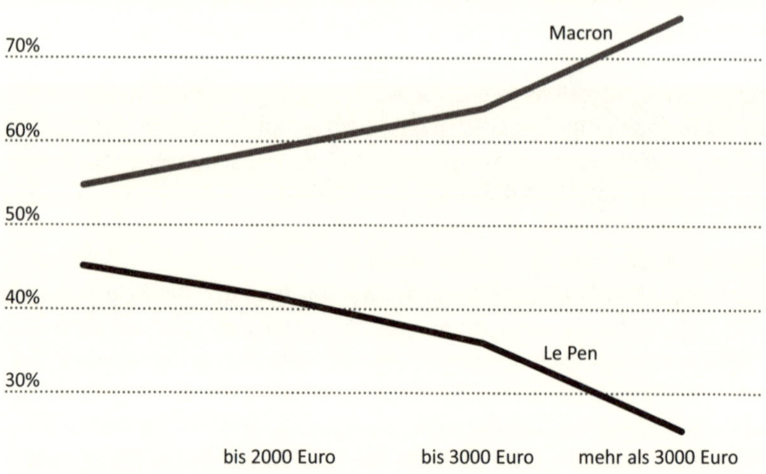

Quelle: FAZ/Ipsos

dung 2): »Le Pen wird von denen gewählt, die wirtschaftlich schlecht dastehen. Dieser Effekt zeigte sich im ersten Wahlgang, nun ist er sogar noch leicht verstärkt worden. Bei denjenigen, die ein geringeres Haushaltseinkommen als 1.250 Euro haben, erreicht Le Pen 45 Prozent. Fast zwei Drittel derer, die sagen, sie kommen nur ›sehr schwer‹ mit ihrem Geld aus, stimmen für Le Pen (69 Prozent).« (Steppat 2017)

»Das genaue Gegenteil zeigt sich in der Wählerschaft von Emmanuel Macron: 79 Prozent der Menschen, die ›leicht‹ mit ihrem Geld auskommen, stimmten für ihn. Bei hoch Gebildeten (81 Prozent), Managern (82 Prozent), Rentnern (74 Prozent) und Reicheren (72 Prozent) erreicht er Höchstwerte.« (ebd.)

Zur räumlichen Verteilung heißt es bei Steppat: »Die Tendenz, dass Stadt und Land in Frankreich politisch auseinander klaffen, zeigt sich auch bei dieser Wahl. Le Pen ist da besonders stark, wo sie es auch schon im ersten Wahlgang war. Sie führt den ländlichen Raum an. Das ist in erster Linie der Nordosten des Landes. Macron wird in Städten mit mehr als 100.000 Einwohnern gewählt, besonders hoch ist seine Zustimmung in Metropolen wie Paris oder Marseille.« (ebd.)

In der Gesamtbewertung der soziologischen Daten der Präsidentschaftswahlen 2017 heißt es bei Steppat: »Die Le Pen-Wähler, die in der Tendenz auf dem Land stärker vertreten sind, weniger gebildet, finanziell schlechter ausgestattet und besorgt, was die Bedrohung Terrorismus betrifft – scheinen weit weg vom Prototyp des Macron-Anhängers – großstädtisch, gebildet, gut verdienend und in Sorge um Europa. Es ist auch Abschottung und Rückzug ins Nationale gegen Weltoffenheit, bei der sich Frankreich für Weltoffenheit entschieden hat.« (ebd.)

Nach der Niederlage von Marine Le Pen ist parteiintern ihre starke Anti-Euro-Position für den Misserfolg verantwortlich gemacht worden. Marine Le Pen hat sich daraufhin von der bisherigen Nr. 2 der Partei, Florian Philippot, getrennt, der als der Hauptverantwortliche für diesen antieuropäischen Kurs im Wahlkampf betrachtet wird. Le Pen konzentriert sich seitdem vor allem auf die Anti-Migrationsposition des FN und fordert öffentlich nicht mehr den Austritt Frankreichs aus der Eurozone.

Ursachen des Aufschwungs des Front National

Der Aufschwung des Front National ist – das haben die Analysen weiter oben gezeigt – auf eine Reihe von Faktoren zurückzuführen. Zusammenfassend sind dies:

- die seit der Großen Finanzkrise anhaltenden sozialen Probleme Frankreichs, vor allem die hohe Arbeitslosigkeit, und die damit verbundenen Abstiegsängste von Teilen der Unter- und der Mittelschichten;
- die Auffassung eines großen Teils der französischen Öffentlichkeit, dass diese sozio-ökonomischen Schwierigkeiten des Landes auf die europäische Integration zurückgehen, vor allem auf die Eingliederung Frankreichs in den Euro und die Unterwerfung unter die von Deutschland bestimmte Sparpolitik;
- das Unvermögen der Präsidenten Sarkozy und Hollande, die wirtschaftliche und soziale Krise zu überwinden, was die Skepsis vieler Französ*innen gegenüber der »classe politique« nur verstärkt hat;
- die Misserfolge des Landes bei der sozialen Integration der Einwanderer und ihrer Nachkommen in die französische Gesellschaft und die daraus resultierende Neigung einer Minderheit der Einwanderer, sich dem islamischen Fundamentalismus anzuschließen und Terroranschläge auszuüben. Verstärkt wird dieser Faktor seit 2015 durch die Zuspitzung und Nichtbewältigung der Flüchtlingskrise.

Dass all diese Probleme und Konflikte in Frankreich von einem wachsenden Teil der Bevölkerung rechtsnationalistisch verarbeitet werden, hat auch mit der mangelhaften kritischen Reflexion der jüngeren französischen Geschichte in Politik und Gesellschaft zu tun. Hier ist zuerst die Verdrängung und Verleugnung der Gräueltaten der Vichy-Diktatur zu nennen. Unter dem Schutzmantel des Kampfes der französischen Résistance gegen das Hitler-Regime konnte die Kollaboration eines Teils Frankreichs mit dem faschistischen Deutschland – auch die Hilfestellung bei der Vernichtung französischer Juden in den deutschen Konzentrationslagern – lange verschwiegen werden. So musste noch zu Beginn seiner Präsidentschaft Emmanuel Macron an diese Schuld Frankreichs erinnern.

In ähnlicher Weise wollte die französische Öffentlichkeit in weiten Teilen auch sehr lange nicht die Kriegsverbrechen der französischen Armee im Kolonialkrieg um Algerien (1956 bis 1962) zur Kenntnis nehmen. Der 1966 gedrehte Film »Die Schlacht um Algier«, der die Folterpraktiken der Armee in Algier im Jahr 1957 in aller Brutalität offen zeigt, war in Frankreich bis 1972 verboten und wurde erst nach einer Aufführung bei den Festspielen in Cannes im Jahr 2004 in den französischen Kinos einem breiteren Teil der Öffentlichkeit bekannt. Die verzögerte Aufarbeitung seiner Kolonialgeschichte hat dazu beigetragen, dass die Integration der Zuwanderer aus den ehemaligen Kolonialgebieten in die französische Gesellschaft nach wie vor äußerst mangelhaft ist. Sie ist mit dafür verantwortlich, dass in den Siedlungsgebieten der Pieds Noirs im französischen Midi, in denen der Front National Hochburgen hat, der Kolonialkrieg um Algerien in Teilen der Bevölkerung immer noch aus der Perspektive des »Mutterlandes«, des Verrats Frankreichs durch de Gaulle und der Schmach der Niederlage der französischen Armee aufgrund dieses Verrats, interpretiert wird.

Eine kritischere Aufarbeitung seiner Vichy- und Kolonialgeschichte würde eine größere Widerstandskraft der Bürger*innen Frankreichs gegen die rechtsnationalistischen Erklärungs- und Lösungsansätze für die aktuellen Schwierigkeiten des Landes erzeugen. Insofern zählen auch diese historischen und kulturellen Aspekte zu den Ursachen für den Erfolg des FN.

2.4 Die Präsidentschaft Emmanuel Macrons

Emmanuel Macron hat im Mai 2017 die Präsidentenwahlen gegen die Kandidatin des FN, Marine Le Pen, mit einer Zwei-Drittel-Mehrheit (66%) gewonnen. Mit der von ihm gegründeten neuen Partei »La République en Marche« (LREM) konnte Macron bei den anschließenden Wahlen zur Nationalversammlung am 11. und 18. Juni im zweiten Wahlgang die absolute Mehrheit der Mandate erringen. Allerdings lag die Wahlbeteiligung nur noch bei 43%. Bereits im ersten Wahlgang hatte die Wahlbeteiligung mit 47% ein historisches Tief erreicht.

Wie vor den Wahlen programmatisch angekündigt, beabsichtigt Macron, zwei zentrale politische Projekte in Angriff zu nehmen. Er will einerseits fundamentale Reformen in der Wirtschafts-, Sozial- und Arbeitsmarktpolitik Frankreichs durchsetzen, andererseits – in enger Kooperation mit Deutschland – eine neue Initiative zur Reform der Europäischen Union starten.

Macrons Wirtschafts- und Arbeitsmarktpolitik

Emmanuel Macron will die ökonomische Wende durch eine neoliberale Wirtschafts- und Arbeitsmarktpolitik und eine Reform der Eurozone erreichen. Durch eine makroökonomische Sparpolitik, u.a. den Abbau von 120.000 Beschäftigten im öffentlichen Dienst, möchte er die Vorgaben des europäischen Stabilitätspaktes einhalten. Mit den sozialpolitischen Reformen beabsichtigt Macron, die Ausgaben für das Rentensystem zu senken. Die Arbeitsmarktreformen sollen es Unternehmen erleichtern, Beschäftigte zu entlassen, um so zu erreichen, dass die Wirtschaft eher bereit ist, Neueinstellungen vorzunehmen. Eine Verlagerung der Verhandlungsebene für Löhne und Arbeitszeiten auf die Unternehmensebene (Dezentralisierung) soll die Arbeitskosten senken (zu den Details der Arbeitsmarktreformen siehe Udo Rehfeldt 2017).

Da aufgrund dieser Kombination von gesamtwirtschaftlicher Nachfragereduktion und Verbesserung der Angebotsbedingungen für das Kapital kurzfristig das Wirtschafts- und Beschäftigungswachstum gedämpft werden, möchte Macron durch eine Reform der Eurozone eine europäische Investitionsoffensive auslösen, die die französische Wirtschaft von außen stützen soll. Ein größerer europäischer Haushalt soll einerseits zu höheren Investitionen führen und andererseits Mitgliedstaaten mit schwächerem Wachstum unter die Arme greifen (Bekämpfung asymmetrischer Krisen).

Die Details der Vorschläge Macrons sind in Teil 1, Abschnitt 3 dargestellt und ihre Realisierungschancen bewertet worden. Danach kann Frankreich weder mit einem eigenen Eurozonenhaushalt noch mit großen Haushaltsmitteln zur Stabilisierung schwächerer Volkswirtschaften unter den EU-Mitgliedstaaten rechnen. Bestenfalls werden die Investitionsmittel im EU-Haushalt für technologische Innovationen und Digitales aufgestockt werden. Denkbar ist auch, dass Frankreich und Deutschland in diesem Bereich auf bilateraler Ebene ein gemeinsames Investitionsprogramm auflegen werden. Die davon zu erwartenden makroökonomischen Impulse für die französische Wirtschaft dürften eher begrenzter Natur sein.

Wird Macron scheitern?

Aus dem Gesagten wird deutlich, dass die Hoffnung Macrons, durch eine Reform der Eurozone für Frankreich wirtschaftspolitische Impulse zu erreichen, kaum vollständig aufgehen dürfte. Von einer außenwirtschaftlichen Entlastung seines binnenwirtschaftlichen Reformprogramms kann nicht ausgegangen werden. Damit stellt sich die Frage, wie lange die Französ*innen ein Programm politisch tolerieren werden, das ihnen eine erhöhte Arbeitsplatzunsicherheit, eine Stagnation und/oder Kürzung der Löhne bei gleichzeitiger Erhöhung der Arbeitszeit und weiteren sozialen Einschnitten (geringere staatliche Mietzuschüsse, Rentenkürzungen) beschert. Zwar verfügt Macron in der Nationalversammlung über eine stabile absolute Mehrheit, aber die jüngere Geschichte des Landes lehrt, dass französische Regierungen häufiger gezwungen waren, aufgrund von außerparlamentarischen Massenprotesten Gesetzesvorlagen zurückzuziehen.

Die Bereitschaft zum Dialog zwischen Regierung, Sozialpartnern und ökonomischen Interessen ist nach Gilbert Ziebura (1995: 17) in Frankreich unterentwickelt. Emmanuel Todd erklärt die in Frankreich verbreitete Haltung zu teilweise gewalttätigen Protesten gegen den Staat wie folgt: »Unsere Tradition ist jene des spontanen Kampfes, der Revolte«. Und weiter: »Die Krawalle sind Ausdruck einer Forderung nach Integration und Egalité ... Frankreich ist das Land der Revolution. Seit 1789.« (Todd 2005) Gérard Grunberg schreibt: »Die politische Kultur Frankreichs ist anders als in den Ländern mit sozialdemokratischer oder liberaler Prägung: Sie ist keine Kultur des Kompromisses, sondern der Konfrontation, die zutiefst und dauerhaft von der Französischen Revolution gezeichnet wurde.« (Grunberg 2014: 73) In der Öffentlichkeit Frankreichs stoßen deshalb auch gewalttätige Streiks häufig auf Sympathie. Im Herbst 2000 unterstützten 88% der Bevölkerung ungeachtet der landesweiten Benzinknappheit den Streik von Spediteuren. 2010 hielten 70% der Befragten die Streikkampagne gegen die Rentenreformen von Präsident Sarkozy für richtig. Die tätlichen Angriffe von Air-France-Beschäftigten gegen Manager der Fluggesellschaft wurden 2015 von einer breiten Mehrheit der Bevölkerung gebilligt. (Kempf 2017: 17)

Angesichts dieser Traditionen in der politischen Kultur muss sich Macron auf erhebliche Konflikte bei der Umsetzung seiner harten Reformvorhaben einstellen. Auf wenig Sympathie sind seine Äußerungen gestoßen, dass Arbeitslose »Faulenzer« seien. Auch sein Plan, die Steuer auf mobile Vermögen abzuschaffen, um die Steuerflucht der Superreichen aufzuhalten, hat den Eindruck bestätigt, er sei ein Präsident der Reichen.

Macron und LREM verändern das politische System der V. Republik

Mit der Wahl Macrons zum Präsidenten zeichnen sich auch zwei wichtige Veränderungen im politischen System Frankreichs ab. Da ist zum einen die Tendenz in Richtung »Führer«-Staat, die Macron aufgrund seines antidemokratischen Regierungsstils beschreitet, zum anderen die Auflösung des bipolaren Parteiensystems und die Herausbildung einer neuen Konstellation von Regierungspartei und Oppositionsparteien.

Emmanuel Macron hat die Kritik an der »classe politique« mit seiner Bewegung »La République En Marche« geschickt aufgegriffen. Zahlreiche junge, bislang in der Politik nicht aktive Bürger*innen wurden als Kandidat*innen aufgestellt, und Macron konnte so – nachdem sich der konservative Mitbewerber François Fillon aufgrund seiner Korruptionsaffären selbst um alle Chancen gebracht hatte – die Präsidentschafts- und die Parlamentswahlen gewinnen. In seinem majestätischen Regierungsstil versucht er, Charles de Gaulle zu imitieren. Da die jungen Mitglieder und Abgeordneten des LREM unerfahren sind, ist die Bereitschaft sehr groß, ihrer

»Majestät« zu folgen. In der Nationalversammlung entmachten sie sich selbst und verschaffen dem Präsidenten das Recht, mithilfe von Dekreten das Land zu regieren. Damit wird die Tendenz zum »rationalisierten« Parlamentarismus in der Verfassung der V. Republik (siehe oben), der ohnehin eine starke Einschränkung der Rechte des Parlaments beinhaltet, noch weiter vertieft. Wie in jüngster Zeit auch in anderen Staaten Europas zu beobachten – Italien, Österreich, Ungarn, Polen und Tschechien –, entsteht damit auch in Frankreich eine höchst problematische, antidemokratische Verformung des politischen Systems in Richtung »Führer«-Staat.

Diese Entwicklung ist im Herbst 2017 von 100 Mitgliedern der LREM scharf kritisiert worden, die im Vorfeld des ersten Parteitages der LREM den Austritt aus dieser Bewegung erklärten. In ihrem Brief monieren die »100 Demokraten« den autoritären Führungsstil Macrons, der an die Zeit des vorrevolutionären absolutistischen »Ancien Régime« erinnere. Statt Basisdemokratie habe sich eine »Herrschaft der Eliten« durchgesetzt.

Besonders scharf kritisieren die ehemaligen Mitstreiter das Procedere zur Wahl des neuen Parteivorsitzenden. Der bisherige Regierungssprecher Christophe Castaner sei einziger Kandidat auf dem Parteitag, eine Urwahl sei nicht vorgesehen. Die Kritiker*innen bemängeln auch, dass Mitglieder ohne Amt nur per Zufallsprinzip ein Stimmrecht auf dem Parteitag bekommen konnten. Die Mehrheit der Stimmberechtigten im sogenannten Nationalrat seien Parlamentarier*innen und andere Mandatsträger. Damit werde das »Prinzip demokratischer Wahlen negiert, das durch die französische Revolution und die Verfassung geheiligt« sei, heißt es in dem Brief. Laut Franceinfo gehören zu den Urhebern des Schreibens unter anderem gewählte Kommunalvertreter und Parteiverantwortliche. Sie kritisieren demnach auch den »Personenkult« um Präsident Macron.[24]

Weiter oben ist dargestellt worden, wie sich in der V. Republik aufgrund des Wahlsystems zunächst die Parteienkonstellation der »Quadrille bipolaire« und dann ein bipolares Parteiensystem mit einem Rechts-Links-Schisma herausgebildet hat. Da mit LREM eine neue Partei der Mitte entstanden ist, die auch von alten Anhängern der PS und von Les Républicains (LR) unterstützt wird, ja sogar teilweise ihr Spitzenpersonal aus diesen beiden Parteien rekrutiert, scheint sich ein völlig neues Parteiensystem herauszubilden und das alte bipolare System zerstört zu sein. Die LREM hat in

---

[24] Franceinfo. LREM: une centaine de »marcheurs« vont quitter le mouvement vendredi, à la veille du congrès, 12.11.2017.

der Nationalversammlung die absolute Mehrheit der Sitze und wird auch von einem Teil der zweitstärksten Partei, der LR, unterstützt, die über 20% der Sitze verfügt. Wie sich die Wahl des neuen Vorsitzenden der LR, Laurent Wauquiez, der von sich behauptet, er sei vor allem »rechts«, auf die Entwicklung der gespaltenen Republikaner auswirkt, bleibt abzuwarten. Angesichts der momentanen Stärke des LREM ist auch eine Annäherung zwischen LR und FN nicht auszuschließen.

Die PS ist mit fünf Prozent der Sitze nur noch ein Schatten ihrer selbst. In klarer Opposition zur Regierung befinden sich damit vor allem die Parteien des linken und des rechten Randes, vor allem La France insoumise mit Jean-Luc Mélenchon und der FN, die bei den Präsidentschaftswahlen mit 21,3% (Le Pen) und 19,6 % (Mèlenchon) hinter Macron (24%) das zweit- bzw. viertbeste Ergebnis erzielt haben. Sollte Macron mit seiner harten Austeritätspolitik auf großen gesellschaftlichen Widerstand stoßen und auch ökonomisch nicht sehr erfolgreich sein, ist es durchaus denkbar, dass bei den nächsten Präsidentenwahlen in der Stichwahl Mélenchon oder Marine Le Pen reüssieren.

Dies ist insbesondere in einer Situation denkbar, in der das Projekt der europäischen Integration weiterhin mit großen Krisen zu kämpfen hat und in Frankreich deshalb die kritische Haltung zur EU und vor allem zum Euro noch stärker werden wird.

3. Niederlande: Ruttes Nationalismus, Wilders' Einfluss

Im März 2017 fanden in den Niederlanden Parlamentswahlen statt. Es dauerte dann mehr als sieben Monate, bis die Verhandlungen über eine neue Regierung erfolgreich abgeschlossen werden konnten. Im Oktober 2017 brachte Regierungschef Rutte eine Mitte-Rechts-Koalition zusammen. Ruttes Volkspartei für Freiheit und Demokratie, VVD (Volkspartij voor Vrijheid en Democratie), bildet gemeinsam mit der christdemokratischen CDA (Christen-Democratisch Appèl), der linksliberalen D66 (Democraten66) und der kleinen ChristenUnie eine Regierung. Diese verfügt allerdings mit 76 Mandaten nur über eine Mehrheit von einer Stimme.

Die PVV des Rechtspopulisten Geert Wilders, die bei der Wahl im März auf den zweiten Platz kam, gehört dem Bündnis nicht an. Dennoch steht die neue Regierung weiter rechts als bislang und Fragen etwa der nationalen Identität rücken stärker in den Fokus. Die Verhandlungen hatten sich über 200 Tage hingezogen und drehten sich u.a. um Einwanderung, Steuern und Sterbehilfe. Dem Koalitionsvertrag zufolge wird die neue Regierung die finanziellen Zuwendungen an Asylsuchende in den ersten beiden Jahren ihres Aufenthaltes eingrenzen. Es sollen aber künftig 750 statt bislang 500 Flüchtlinge pro Jahr ins Land kommen dürfen. Der rechte Populismus vertritt eine harte Kritik an der politischen Tradition der Konsensbildung. Zugleich bleibt ein bedeutender Teil der politischen Elite dieser Tradition verpflichtet und übernimmt wesentliche Forderungen des Populismus. In den Niederlanden gibt es keinen »cordon sanitaire« gegenüber rechter Demokratiekritik.

Sechs Parteien mit je rund 10% machen eine Regierungsbildung schwierig, wenn kein ideologisches Element eine Mehrheit verbindet. Eine Koalition oder Duldungspolitik mit der PVV haben alle größeren Parteien ausgeschlossen. Dem Neoliberalismus fehlt die Hegemonie in der Gesellschaft. Der CDA und D66 fällt eine entscheidende Rolle zu, ob sie sich mit GrünLinks, der Socialistische Partij (SP) und den Sozialdemokraten (oder anderen Splittergruppen) zu einem Neuanfang entschließen oder eine Fortsetzung der bisherigen Politik im Sinne Merkels realisieren wollen.

Hinter der Zersplitterung im Parteiensystem stehen die Verwerfungen in der Zivilgesellschaft. Der Gesellschaftsvertrag wurde nicht bloß in den verbindlichen Werten brüchig, sondern in seinen materiellen Grundlagen, auf denen sich die Mittelschichten entfalten konnten. »Nichts mehr also mit sozialem Standpunkt und Kohäsion. In Holland kämpft jeder für sich.

Dem Land fehlt es an verbindenden Elementen«, sagt der Parteienforscher Maurice de Hond (zit. n. Frankfurter Rundschau online vom 13.3.2017).

3.1 Parteipolitische Fragmentierung und Angst vor Einwanderung

Seit den Wahlen im Jahr 2000 zeigte sich neben der Tendenz zur Stärkung der Gruppe der Wechselwähler*innen auch ein Trend zur weitreichenden *Zersplitterung der Parteienlandschaft*. Die klassischen Volksparteien, die Christdemokraten und Sozialdemokraten, schrumpften, während die Wähler*innen gerade die Parteien an den Rändern des politischen Spektrums unterstützten. Die neuen Bewegungen der Populisten Pim Fortuyn und Geert Wilders haben den Politikstil der »Konsensbildung« erfolgreich kritisiert, weil diese Form der Beratschlagung zu bürgerferner und uneffektiver Politik führen würde.

Hauptgrund für die langwierigen Verhandlungen zur Regierungsbildung ist die parteipolitische Fragmentierung wegen des extremen Proporzwahlrechts: 13 Parteien schafften den Einzug ins Parlament, als einzige Kraft erzielte die VVD einen Wähleranteil von mehr als 20%. Für eine Regierung, die im Abgeordnetenhaus (und idealerweise auch im Senat) über eine Mehrheit verfügt, sind darum vier statt, wie noch in der vorhergehenden Legislaturperiode, zwei Parteien nötig. Erschwert wurde die Regierungsbildung auch durch das Gewicht der rechtspopulistischen PVV, die über 20 der 150 Sitze im Abgeordnetenhaus verfügt.

Anfang 2017, kurz vor den Parlamentswahlen im März, wurde die politische Auseinandersetzung durch einen möglichen Erdrutschsieg der PVV geprägt. Seit Jahren mischt deren Chef, Geert Wilders, die Politik in den Niederlanden auf. Vor der Wahl im März genoss er so viel Zuspruch wie seit Jahren nicht. Seine Partei erhöhte die Aufmerksamkeit mit dem Versprechen einer »Entislamisierung« des Landes. Sie forderte im Hinblick auf die Parlamentswahl 2017 unter anderem die Schließung aller Moscheen und ein Koran-Verbot (siehe dazu auch Abbildung 3 und Abschnitt 3.3).

Wilders wollte Migrant*innen aus muslimischen Ländern die Einreise verwehren, die Aufnahmezentren für Asylbewerber*innen in den Niederlanden schließen, den Koran und das öffentliche Tragen des Kopftuchs verbieten. Die staatlichen Zahlungen für Entwicklungshilfe und Kunstförderung sollten zugunsten einer »beträchtlichen« Erhöhung des Verteidigungs- und Polizei-Budgets wegfallen.

2004 war Wilders noch Abgeordneter der rechtskonservativen VVD. 2006 gründete er die rechtspopulistische PVV. In ihrem Selbstverständnis

Abbildung 3: Angst vor Einwanderung und Terrorismus

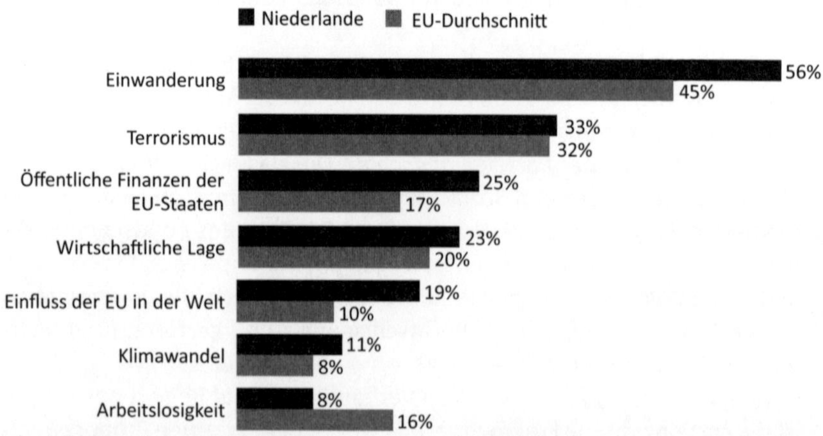

Basis: 1.008 Befragte (Niederlande), 27.705 Befragte (EU) ab 15 Jahren, 3.-16. November 2016
Quelle: statista/Europäische Kommission

ist sie keine Partei, sondern eine *Bewegung*. Einziges formelles Mitglied ist Wilders, der damit einen Verzicht auf die öffentliche Parteienfinanzierung durchsetzt und über Programm und Personal allein entscheidet.

Zu Beginn des Jahres 2017 ist das Potenzial von Geert Wilders überschätzt worden. Die Niederländer haben den Rechtspopulismus in der März-Wahl zwar nicht gestoppt. Aber sie haben gezeigt, dass sein Erfolg Grenzen hat. Geert Wilders hat in den vergangenen zehn Jahren, also lange bevor Europa die Rechtspopulisten fürchtete, mit seinen hetzerischen Kampagnen gegen die EU und den Islam eine gewisse Klientel angesprochen. Seit 2012 waren es immer mehr als 10% der Wähler*innen, und 2017 holte er 13%.

Das politische Establishment in den Niederlanden ist nach kurzer Irritation zum Alltagsgeschäft zurückgekehrt. Der amtierende Ministerpräsident Mark Rutte feierte sich im März 2017 als Wahlsieger. Die PVV sei ausgebremst und politisch isoliert worden. Im Grunde sei mit den Wahlen in den Niederlanden das »Endspiel« gegen den europäischen Populismus eröffnet worden.

Seit den Wahlen in den Niederlanden und Frankreich sprechen Politiker*innen und Journalist*innen gerne von einem Wendepunkt im Kampf gegen den zeitweilig erstarkten völkischen Nationalismus. Doch gibt es keinen Grund, sich selbstzufrieden zurückzulehnen. Überall in Europa wächst der Populismus nachhaltig weiter und drückt der politischen Debatte immer stärker seinen Stempel auf. In den Niederlanden wurde die Regierungsbildung angesichts der politischen Zersplitterung zum Problem. Die rechtsliberale VVD von Rutte hatte nur 33 von 150 Sitzen errungen. Aber die anderen Mitsieger über den Rechtspopulismus – die linksliberale D66, die Christdemokraten (CDA) und die grüne Partei GroenLinks, deren Spitzenkandidat Jesse Klaver das Ergebnis seiner Partei fast vervierfacht hatte –, so die anfängliche Einschätzung, würden auch den zweiten Schritt einer Regierungsbildung zügig schaffen. Monate später stand fest, dass dieses Projekt nicht funktionierte. Die monatelangen Verhandlungen scheiterten immer weder an der Frage nach dem Umgang mit den zu erwartenden *Flüchtlingsströmen*, z.B. aus Afrika. Während drei Parteien sich für eine Betreuung nahe der Herkunftsregion einsetzten und immer wieder den EU-Türkei-Deal als Beispiel anführen, der dafür sorge, dass weniger syrische Flüchtlinge in die Niederlande kommen, wollte GroenLinks den Flüchtlingen die Türen in Europa weiter offenhalten.

Die *Sozialdemokraten* der PvdA wollen nicht mehr mitregieren, hatten sie doch massive Verluste eingesteckt. Die PvdA repräsentiert nur noch 5,7% der abgegebenen Stimmen. Dieser Absturz der »Partei der Arbeit« ist spektakulär. Die Sozialdemokraten haben die Quittung für eine beispiellose neoliberale Sanierung erhalten, die neben einer Deregulierung des Arbeitsmarktes vor allem einen Kahlschlag im Bereich von Gesundheit und Pflege hinterlassen hat. Von einer politischen Erneuerung der Partei kann noch keine Rede sein.

Eine Minderheitenregierung, die keine Mehrheit im Parlament hat, müsste sich für jedes Thema Zustimmung aus anderen Parteien organisieren, was angesichts des schmalen Konsenspotenzials keineswegs aussichtsreich erscheint. Darum hat sich Rutte Ende Juni neben CDA und D66 die kleine calvinistische Christen-Union ins Boot geholt. Sie bringt fünf Sitze mit und würde der neuen Regierung mit 76 von 150 Parlamentssitzen eine knappe Mehrheit sichern. Allerdings zeigte schon der Wahlkampf, dass die CU für eine humane Flüchtlingspolitik sowie weitreichenden Klima- und Umweltschutz ist, ähnlich wie GroenLinks. Und die CU will keine Ausweitung der Sterbehilfe. Dabei lag der Gesetzesvorschlag vor der Wahl schon fix und fertig auf dem Tisch: Wer über 75 Jahre alt ist, soll auch auf Verlangen sterben können, wenn er in seinem Leben keinen Sinn mehr sieht.

Die Verschleppung der Regierungsbildung wurde im Land vom wirtschaftlichen und politischen Establishment nicht als Problem gesehen. Der Politologe Tom van der Meer kommentierte: »Es ist gar nicht nötig, dass schnell eine Regierung kommt. In der Vergangenheit war das anders, da hat die EU Druck gemacht, dass wir einen Sparhaushalt aufstellen, da drohte eine Wirtschaftskrise und man brauchte schnell eine Regierung. Jetzt, wo der Druck nicht da ist, kann es ruhig etwas länger dauern. Es hat auch einen Vorteil, wenn es lange dauert. Die Politiker können dann sagen, wir haben alles probiert und das ist jetzt dabei rausgekommen.« (ZDF 16.8.2017) Da der Druck der Austeritätspolitik seitens der EU entfällt, erscheint die Formierung eines mehrheitsfähigen gesellschaftlichen Konsenses nebensächlich.

3.2 Erosion des Poldermodells, Deregulierung des Arbeitsmarktes und (Teil-)Privatisierung der Alterssicherung

Der Aufstieg und die hartnäckige politische Relevanz des Rechtspopulismus in den Niederlanden hat entscheidend mit der *Erosion der Zivilgesellschaft und des früheren gesellschaftlichen Konsenses* zu tun.

Für die beachtlichen wirtschaftlichen und sozialen Fortschritte der Niederlande in den letzten zwei Jahrzehnten bis etwa 2010 wurde das sogenannte *Polder-Modell* verantwortlich gemacht. Es basiert auf den vier Säulen Lohnzurückhaltung, Fiskalkonsolidierung, Wechselkursbindung und Arbeitszeitverkürzung.

Als Reaktion auf die Weltwirtschaftskrisen von 1975 und 1982 etablierte sich in den Niederlanden eine konsensorientierte, konfliktvermeidende Abstimmung und Regulierung wesentlicher Elemente des Arbeitnehmerstatuts. Im November 1982 haben Arbeitgeber und Gewerkschaften sich mit dem Vertrag von Wassenaar, wie die Vereinbarung nach dem Ort der Unterzeichnung auch genannt wird, darauf verständigt, künftig Lohnzurückhaltung im Austausch gegen kürzere Arbeitszeiten zu üben. Vier Monate später folgte die Wechselkursbindung an die D-Mark. Im Verlauf desselben Jahres gelang es der Regierung, die Öffentlichkeit davon zu überzeugen, für eine Weile sowohl die Sozialtransfers als auch die Löhne der Staatsbeamten auf ihrem Nominalwert einzufrieren.

Das so genannte Poldermodell – benannt in Anlehnung an die Zusammenschlüsse von Polderbewohnern, um das Wasser in Schach zu halten – war faktisch die Rückkehr zur konstruktiven Zusammenarbeit zwischen Gewerkschaftsbewegung, Arbeitgeberorganisationen und dem Staat, wie sie auch nach dem Krieg funktioniert hatte. Die umfassende Agenda aus sozio-ökonomischen Themen, die die Partner miteinander besprachen, eröffnete großzügige Möglichkeiten, sich auf verschiedenen Gebieten auszutauschen. Das Modell gelangte in den 1990er Jahren zur Blüte, als Wirtschaftswachstum, Zunahme der Zahl der Arbeitsplätze und Arbeitsmarktpolitik mit einem vernünftigen sozialen Schutz Hand in Hand zu gehen schienen.

Damit waren Voraussetzungen geschaffen, die dem Königreich an der Nordsee in den darauffolgenden Jahren wirtschaftliche Prosperität und soziale Stabilität bescheren sollten – um den Preis einer Vertiefung der sozialen Spaltung. Seit 1982 ist das Bruttosozialprodukt der Niederlande um durchschnittlich 3% gewachsen – schneller als in der gesamten EU und fast so schnell wie in den USA. Innerhalb der EU stiegen die Niederlande beim Pro-Kopf-Einkommen vom zehnten auf den fünften Platz auf. Die Arbeitslosigkeit sank von 11% im Jahr 1983 drastisch. Auch bezüglich Staatsverschuldung und Haushaltsbilanz stand die Regierung glänzend da.

In den 1980er Jahren konnte der CDA-Ministerpräsident *Ruud Lubbers*, der dieses »Poldermodell« mit stark gemacht hat, sogar nichtchristliche Wähler*innen an sich binden und seine Partei zu ihrer größten Entfaltung führen. Lubbers' Abgang 1994 bedeutete den Verlust der Regierungsbeteiligung zugunsten wechselnder »violetter Kabinette« von VVD, D66 und PvdA.

Doch deren Politik des Sozialabbaus begünstigte im Jahr 2002 den überraschenden Wiederaufstieg der CDA unter der Führung von Jan Peter Balkenende. Auch der Aufstieg der rechtspopulistischen Liste Pim Fortuyn ist eine Konsequenz des Sozialabbaus, wobei vor allem der Einfluss der PvdA auf ihre traditionellen Anhängerschaft unter den Lohnabhängigen zurückging. Die rechtspopulistische Liste Pim Fortuyn implodierte jedoch nach der Ermordung des Chefs (am 6. Mai 2002) rasch. Zunehmend verlor das Poldermodell an gesellschaftlichem Einfluss und wurde zu einem Instrument der Deregulierung.

Die anti-europäische Stimmung war schon sehr früh ein Signal für die wachsende Unzufriedenheit mit der politischen Elite, noch bevor sich dies in der Abstrafung aller traditionellen Parteiangebote an den Urnen entlud. Dahinter verbirgt sich eine einschneidende soziale Spaltung und Verunsicherung, die den Aufstieg des Rechtspopulismus begünstigte. Die Niederlande gehören zu den Gründern der EU und galten lange als sehr proeuropäisches Volk. Als kleines Land mit 17 Mio. Einwohner*innen und als offene Handelsnation versprachen sie sich von der EU Stabilität, Sicherheit und Prosperität.

Umschwung seit 2005

Am 1. Juni 2005 lehnten 61,5% der Niederländer*innen jedoch den EU-Verfassungsvertrag in einem Referendum ab. Seither ist die EU-Skepsis eine Konstante der Politik. Der Einbruch für CDA und Balkenende manifestierte sich im Jahr 2010 dann auch auf der Ebene der Zentralregierung. Der CDA büßte gleich 20 seiner 41 Sitze ein – dennoch beschloss die Partei nach einem emotionsreichen Kongress, einer Regierung mit der VVD beizutreten, die von der PVV geduldet wurde. Man hoffte, dass der CDA auf diese Weise Stimmen von der PVV zurückgewinnen werde. Diese Strategie schlug vollkommen fehl: Die PVV ließ das Kabinett plötzlich fallen, als Rentenkürzungen beschlossen werden sollten, und der CDA verlor erneut sieben Sitze und landete bei 13 Mandaten, hat aber heute immer noch die meisten Mitglieder.

Da es im Zentrum keine hegemoniale Kraft mehr gab, verstärkten sich die Zentrifugalkräfte in der Gesellschaft. Der Unmut verdichtete sich wiederum an einer Europafrage. Die satirische Website Geenstijl (Stil-los) hatte 2015 die Initiative für ein Referendum gegen das Assoziierungsabkommen zwischen der EU und der Ukraine ergriffen, innerhalb der vorgeschriebenen sechs Wochen online 450.000 Unterschriften (300.000 sind das Quorum) gesammelt und eine konsultative Volksabstimmung erzwungen. Schnell setzte sich die PVV an die Spitze der erfolgreichen Kampagne. Der politische Sinn ist eindeutig: »Der Kern des Ganzen ist, dass die Initiative die ›Notbremse‹ Referendum ausprobiert, um einen ›Demokratiemangel‹ in Europa an den Pranger zu stellen. Und um zu zeigen, dass Politiker der meisten Parteien (abgesehen von der SP, der PVV und der Tierschutzpartei PvdD, die gegen den Assoziationsvertrag gestimmt haben) das Gefühl für die Stimmung im Volk vollkommen verloren haben.« (RTL)

Von repräsentativer Demokratie, in der die Regierung den Durchschnittswillen des Staatsvolkes darstellt, kann nur noch schwer die Rede sein, wenn zwei Drittel der Wahlberechtigten sich am Verfahren der Volksabstimmung gar nicht beteiligen, und diejenigen, die sich beteiligt haben, ebenfalls mit fast zwei Dritteln den Gesetzentwurf der eigenen Regierung ablehnen.

Tiefe soziale Spaltung nach 2007

In seinem Jahreswirtschaftsbericht für 2015 konnte der damalige niederländische Finanzminister, Jeroen Dijsselbloem, vermelden, dass die niederländischen Staatsschulden das erste Mal seit 2006 wieder gesunken seien. Die Staatsschulden sanken demnach von 452 Mrd. Euro auf 442 Mrd. Euro, pro Kopf beträgt die Staatsschuld nun 26.000 Euro. Ein wichtiger Grund für den Rückgang der Staatsschulden ist der Gang an die Börse der zuvor verstaatlichten Bank ABN AMRO. Der Börsengang brachte dem Staat 3,8 Mrd. Euro ein. Dijsselbloem nannte den Rückgang der Staatsschulden »einen wichtigen Wendepunkt« und setzte die neoliberale Austeritätspolitik fort. Die Staatsschuldenquote betrug 2015 65,1% des BIP und war somit leicht höher als die im Euro-Stabilitätspakt festgelegten 60%.

Auch das Haushaltsdefizit wurde weiter abgesenkt, auf 1,8% des BIP. 2014 lag das Haushaltsdefizit noch bei 15,6 Mrd. Euro, um dann 2015 um 3,2 Mrd. Euro auf 12,4 Mrd. Euro zu sinken. Trotz geringerer Erdgasgewinne (Importgas aus Fracking ist konkurrenzfähiger als die niederländischen Offshore-Bohrungen) ist die Wirtschaft um 2% gewachsen. Zudem ist die Arbeitslosigkeit 2015 weiter gesunken. 2014 waren 7,4% der Erwerbsbevölkerung arbeitslos (660.000 Menschen), 2015 waren es nur noch 6,9% (614.000 Menschen). Auch der Wohnungsmarkt entwickelte sich positiv. 2015 wurden 178.000 Immobilien verkauft, damit bewegte sich der Markt wieder auf Vor-Krisenniveau.

Wem aber sind die Wohlstandszuwächse und die von der öffentlichen Hand eingesparten Beträge zugutegekommen? Nach OECD-Angaben[25] ist in den meisten Ländern nach dem Einsetzen der großen Finanz- und Wirtschaftskrise die Einkommensungleichheit gestiegen. Auch in den Niederlanden, die traditionell eher ein Land mit gleichmäßigerer Verteilung sind, stieg der Anteil der offiziell als arm Definierten von 6,6% im Jahr 2007 auf 7,9% in 2012 und auf 8,4% in 2014. Die Einbrüche waren für die Einkommensreichsten relativ weniger deutlich. Die *Arbeitseinkommen* des untersten Zehntels sackten zwischen 2007 und 2014 um 17% ab, während die Mittelgruppe Verluste um 5% und das oberste Zehntel nur 3% Verluste zu verkraften hatte.

Die Einkommensgruppen haben sich offenbar unterschiedlich entwickelt. Das *verfügbare Haushaltseinkommen* der untersten 10% sank zwischen 2007 und 2010 um 1,1%, zwischen 2010 und 2014 aber sehr viel

[25] www.oecd.org/social/income-distribution-database.htm

drastischer um 4,3%. Für die obersten 10% sackte das verfügbare Haushaltseinkommen unmittelbar nach der großen Krise um 7,8%, danach aber relativ geringer um 2,1% ab. Das Median-Einkommen aller Haushalte konnte sogar einen Anstieg zwischen 2010 und 2014 um 0,7% verzeichnen und damit den Abgang um 0,5% zwischen 2007 und 2010 kompensieren.

Die verfügbaren Erwerbstätigeneinkommen (2007 = 100) sind bis 2012 deutlich um neun Punkte gesunken und danach wieder auf 96,4 Punkte gestiegen, liegen also nach wie vor deutlich unter dem Vorkrisenniveau. Die Erwerbstätigen-Bruttoeinkommen sanken auf 95,1, die Markteinkommen (Arbeitnehmereinkommen) sogar auf 91,2. Umgekehrt sind die staatlichen Zuwendungen (Benefits), die 2012 ebenfalls einen geringen Einbruch erlebten, auf 113,2 angestiegen. Seit 2007 ist die Zahl der Bedürftigen offenbar stark gestiegen. Die steuerliche Belastung sank hingegen auf 88 Punkte, wovon die höheren Einkommen natürlich überproportional profitieren.[26]

Zentrum der sozialstaatlichen Umverteilungssysteme sind die Erwerbseinkommen, insbesondere die Löhne der abhängig Beschäftigten. Je deutlicher sich die Prekarisierung in den Arbeitnehmerstatus hineinfrisst, desto schwieriger wird es, allgemein lohnbasierte Beiträge einzusammeln und im Falle von Krankheit und Alter lebensstandardsichernd auszuzahlen. Die Arbeitslosigkeit ist in unserem Nachbarland vergleichsweise gering, doch erkauft wurde dies durch die Aushebelung des Vollzeit-Normalarbeitsverhältnisses (vgl. Schulze-Buschoff 2016, auch zum folgenden Abschnitt über das Rentensystem).

Unsere zusammenfassende These: Der Wirtschaftsaufschwung nach 2012 unter der Regierung Rutte hat die soziale Spaltung zunächst verschärft. Die Armutsquote liegt zwar deutlich unter den Nachbarländern Deutschland, Belgien und dem OECD-Durchschnitt, aber in den Niederlanden war der Anstieg ungewohnt rasant. Die größere Resonanz der rechtspopulistischen PVV verdankt sich auch den rhetorischen und demagogischen Talenten des Parteivorsitzenden Wilders. Seine Demagogie trifft auf einen fruchtbaren Boden der neoliberalen Deregulierung der Arbeitsverhältnisse in den zurückliegenden Jahrzehnten, mit den Auswirkungen auf

---

[26] Die staatliche Umverteilung hat den Einbruch der Markteinkommen offenbar nicht kompensiert. Die untersten 10% haben nur einen Anteil von 3,3% des gesamten Einkommens. Die obersten 10% verfügen mit 22,2% über fast ein Viertel der Einkommenssumme. Eine Folge der Verarmungstendenzen ist die sich verfestigende Kinderarmut.

die sozialen Umverteilungssysteme und der damit einhergehenden Verunsicherung – trotz einer Bewältigung der großen Krise nach 2008. Solange er als Politiker tabuisierte Probleme anspricht, den völkischen Nationalismus als Rettung verkaufen und sich als Antipolitiker stilisieren kann, wird die PVV ihren Einfluss ausbauen.

Kapitalbasierte Rentensysteme versagen

Der Aufschwung der Seniorenpartei verrät viel über die soziale Lage der älteren Generation. Laut einer Umfrage unter 9.000 niederländischen Senior*innen, durchgeführt von der Interessenorganisation ANBO vom April 2016, kommen vier von zehn Niederländer*innen mit ihrer Rente nicht über die Runden. Etwa ein Viertel aller Senior*innen erklärt zudem, keine weiteren Einsparmöglichkeiten zu sehen. Besonders betroffen sind Rentner*innen mit einem mittleren Einkommen und hohen Pflegekosten. Angesichts der zur Zeit niedrigen Zinssätze sind viele Senior*innen wegen schrumpfender Rücklagen besorgt. Zusätzlich dazu stagniert das Rentenniveau bereits seit einigen Jahren, dadurch hat die Kaufkraft von Rentner*innen immer weiter abgenommen.

Die ANBO-Direktorin Liane den Haan erklärte dazu im April 2016: »Es kann auf keine weiteren finanziellen Polster mehr zurückgegriffen werden. Im achten Jahr in Folge steht die Kaufkraft unter Druck, weil die Renten nicht angehoben wurden oder sogar gekürzt wurden. Zusätzlich dazu kämpfen Senioren mit einer Reihe von Maßnahmen, wodurch ihre Kaufkraft nicht mit der von Arbeitenden Schritt hält.«[27] Zu den noch von der Rutte-Regierung aus VVD und PvdA beschlossenen Maßnahmen gehörten u.a. die hohe Selbstbeteiligung auf der Beitragsseite und die Abschaffung von vielen Kostenerstattungen im Pflegebereich.

Im Mai 2016 wurde bekannt, dass 2017 1,8 Mio. Senior*innen und Arbeitnehmer*innen in den Niederlanden von Rentenkürzungen betroffen sein werden (das sind mehr als 10% der Bevölkerung). Viele Rentenfonds kämpfen seit geraumer Zeit mit finanziellen Problemen aufgrund niedriger Zinsen und schlechter Renditen im Anlagegeschäft.

Bereits im Jahr 2015 hatten viele Rentenfonds nur unzureichende Deckungsgrade: 84% der insgesamt 220 Rentenfonds verfügten nicht über ausreichende finanzielle Mittel, um den gesetzlichen Regelungen zu ent-

---

[27] www.uni-muenster.de/NiederlandeNet/aktuelles/archiv/2016/april/0420altersarmut.html.

sprechen. Sie mussten der Aufsichtsbehörde einen Rettungsplan vorlegen. Im ersten Quartal 2016 waren die Deckungsgrade weiter gesunken: von 102% auf 96%. Gesetzlich vorgegeben sind 104%. Dies wäre nicht das erste Mal, dass Renten gekürzt werden müssen. In den vergangenen Jahren konnten die Rentenerhöhungen kaum noch mit der wachsenden Inflation Schritt halten.

Auch bei der Entwicklung der *Pflege* zeigen sich die Konsequenzen der Umverteilungspolitik: »Ein Jahrzehnt der Vermarktlichung bedeutet, dass wir es mit intensivem Wettbewerb zwischen den Pflege-Anbietern zu tun haben, die ein Drittel ihrer Zeit mit Bürokratie verschwenden, statt dass wir in der Lage wären, miteinander zu arbeiten, um die Qualität der Pflege zu steigern. Wir haben Schließungen von Pflegeeinrichtungen und alte Leute, die zu Hause alleine gelassen werden. Die Löhne in der häuslichen Pflege sind um 20% gefallen, während die Managementgehälter dieses Sektors steigen. Die Wartelisten für die Krankenhäuser werden täglich länger. Mehr als eine Mio. Menschen können die Kosten der Gesundheitsversorgung nicht mehr selbst aufbringen.

Neben den Alterseinkommen sind die Mieten der Schlüsselfaktor für die soziale Abwärtstendenz. Die Mieten sind in den letzten Jahren um 28% gestiegen, die Wartelisten für Sozialwohnungen sind lang. 80% der Bevölkerung haben heute ein geringeres Einkommen als vor 15 Jahren, während die 20% reichsten immer reicher wurden und 1 Million Menschen in den Niederlanden unter der Armutsgrenze leben. Unser Plan gegen die Ungleichheit beginnt mit der Anhebung der gesetzlichen Mindestlöhne um 10%.«[28]

Gegenwärtig sei das Leben in den Niederlanden gut, aber die Zukunft ungewiss, lautet das Fazit einer Umfrage der Zeitung NRC Handelsblad im Dezember 2015.[29] Woher kommt diese Unsicherheit? Auch wenn die Autoren der Untersuchungen keine Sozialwissenschaftler sind, erlauben die Antworten doch Rückschlüsse auf die sozialen Befindlichkeiten von Teilen der Bevölkerung. So vermuten die NRC-Journalisten, dass in den vergange-

---

[28] Emile Roemer, damaliger Vorsitzender der Sozialistischen Partei auf dem Parteikongress vom 14.1.2017; https://international.sp.nl/nieuws/2017/01/xxii-sp-congress-roemer-kicks-off-election-campaign-with-call-for-a-progressive-pact.

[29] Siehe www.uni-muenster.de/NiederlandeNet/aktuelles/archiv/2015/dezember/1211gesellschaft.html. Die Umfrage basiert auf 382 Interviews, die Journalisten der Zeitung *NRC-Handelsblad* 2015 in 30 Vierteln in den ganzen Niederlanden, auf der Straße und im Wartezimmer, beim Arzt oder von Tür zu Tür durchgeführt haben.

nen Jahren auch die letzten Sicherheiten, an denen die Bürger*innen sich festhielten, verschwunden seien. Mit der Finanzkrise sei das Vertrauen in die persönliche finanzielle Zukunft verschwunden, viele Menschen sahen sich mit Arbeitslosigkeit oder Zeitarbeitsverträgen konfrontiert.

Die Politik reagierte auf die Krise mit Sparmaßnahmen, die etwa den Pflegesektor, insbesondere die Altenpflege, getroffen haben. Eine 32-Jährige aus Drachten fasst ihre Sorgen so zusammen: »Der Pflegesektor ist ein großes Durcheinander geworden. Es gibt durchaus noch einige Gelder, aber wo sind sie, wo muss man anklopfen? Die Hilfe kommt aus viel zu vielen verschiedenen Richtungen heutzutage. Deshalb finden Menschen sie nicht mehr.« Viele Befragte sind der Meinung, dass die Spaßmaßnahmen zu weit gingen oder gänzlich falsch seien und adäquate Pflege heutzutage vom Umfang des Geldbeutels abhänge.

In der Analyse der Sozialistischen Partei für ihren Wahlparteitag vom Januar 2017 heißt es zutreffend: »*Dreißig Jahre neoliberaler Politik haben dem Volk die Sicherheit, Freiheit und Demokratie geraubt.* Neben anderen Dingen haben Arbeitslosigkeit, ›flexible‹ Arbeitsverträge, Null-Stunden-Kontrakte (Arbeit und Lohn auf Abruf), Rentenklau und steigende Studien-Schulden viele Menschen verunsichert, ängstlich und wütend zurückgelassen. Während die reichsten 20% unter der gegenwärtigen Regierung Fortschritte erzielen konnten, fragen sich 80%, was eigentlich vor sich geht. Sie haben weniger auszugeben und sind gezwungen, für eine Krise zu bezahlen, die sie nicht verursacht haben.«

3.3 Einwanderung als Anlass und Katalysator

Die Situation auf dem Arbeitsmarkt hat sich in den letzten 15 Jahren für Migrant*innen kaum verbessert und das, obwohl sie im Durchschnitt ein immer höheres Bildungsniveau erreichen konnten. 37% von ihnen haben lediglich Zeitverträge. Bei den Menschen ohne Migrationshintergrund sind davon »nur« 24% betroffen. Auch sind Einwanderer aus nicht westlichen Ländern dreimal öfter von Arbeitslosigkeit betroffen, dies gilt auch für die Jugendarbeitslosigkeit. Das Risiko, unter die Armutsgrenze zu rutschen, ist viermal so groß wie bei Einheimischen.

Besonders sticht hervor, dass es offensichtlich einen Wahrnehmungsunterschied zwischen Niederländer*innen mit und ohne Migrationshintergrund gibt. Türk*innen, Marokkaner*innen und Antillaner*innen beispielsweise fühlen sich nur noch zu 60% in den Niederlanden zu Hause. Das sind weniger als noch vor 15 Jahren. Anders als die Niederländer*innen ohne

Abbildung 4: Einwanderer in den Niederlanden

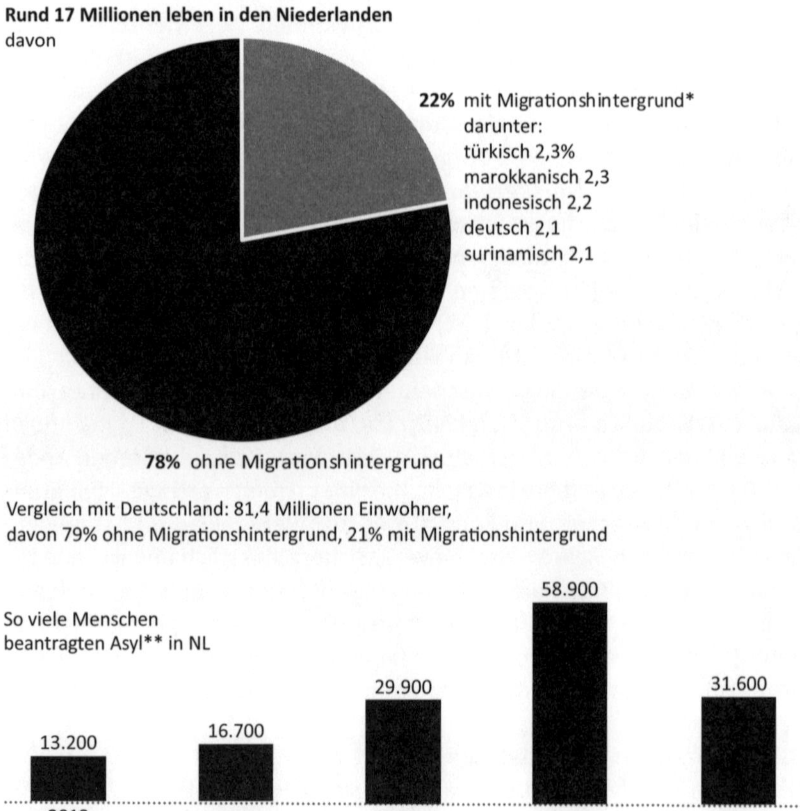

* 1. und 2. Generation

** Erst- und Folgeanträge

Quelle: Statistisches Bundesamt, Statistics Netherlands, Immigratie- en Naturalisatiedienst (Stand 31.12.2015 und Januar 2017)

Migrationshintergrund nehmen sie die Niederlande immer weniger als ein offenes Land wahr, das jedem gleiche Chancen garantiert.

Das steht in einem starken Kontrast zu den Aussagen der Niederländer*innen ohne Migrationshintergrund, die in Bezug auf das Thema Migration mehr Optimismus an den Tag legen als noch zu Beginn des neuen Jahrtausends. Statt 50% glauben nur noch 30% der Befragten, dass ethnische Spannungen in den Niederlanden in absehbarer Zeit zunehmen werden. Außerdem glauben weniger Niederländer*innen, dass es zu viele Migrant*innen im Land gibt. Fakt bleibt, dass sich die meisten Niederländer*innen über alles sorgen, was auf dem Sektor Immigration und Integration passiert.

Unter den Niederländer*innen mit *türkischen Wurzeln*, der wohl am meisten in sich selbst zurückgezogenen Gruppe, gaben 31% an, niemals mit dem Partner niederländisch zu reden. Weniger als 10% der Türk*innen und Marokkaner*innen heiraten außerhalb der eigenen Kreise. Außerdem empfinden diese Gruppen weniger Vertrauen gegenüber der niederländischen Polizei und der niederländischen Regierung. Der Justiz vertrauen hingegen vor allem Marokkaner mehr als die Einheimischen.[30]

Die Verunsicherungen der letzten Jahre prägen das Alltagsdenken vor allem der niederländischen Mittelschichten. Noch sind die meisten Niederländer*innen zufrieden mit ihrer Situation, noch ist der Arbeitsplatz sicher, noch reicht das Einkommen, noch sind die Lebenshaltungskosten annehmbar, noch spielt die Gesundheit mit. Aber wie sieht die Zukunft aus? Habe ich in der Zukunft noch einen Job? Werde ich meinen Kindern das Studium finanzieren können? Was, wenn ich krank werde, wer kümmert sich dann um mich? So in etwa ließe sich das Ergebnis der bereits angeführten landesweiten Umfrage zusammenfassen, die Anfang Dezember 2015 in der Zeitung *NRC Handelsblad* erschien.[31] So beantworteten 38% die Frage, was das größte Problem in den Niederlanden sei, mit »Asylsuchende«. Hinter vermeintlich pragmatischen Fragen – Wo können Asylbewerber*innen untergebracht werden? Kann eine adäquate Grundversorgung gewährleistet werden? – verbergen sich oft Ressentiments.

Die Mehrheit der Befragten äußerte sich kritisch über die Folgen der Migration. Es wird befürchtet, dass die eigene kulturelle Identität verloren geht, so wie es ein 63jähriger Mann aus Bussum formuliert: »Wie werden unsere Werte und Normen in der Zukunft sein? Die Menschen, die hierher kommen, haben ganz andere Werte und Normen.« Viele Bürger*innen befürchten zudem eine ungerechte Behandlung durch den Staat zugunsten von Immigranten. Eine Studentin aus Alkmaar: »Wir haben genügend Platz für [Zuwanderer], darum geht es gar nicht. Aber sie kommen in unser Land und auf einmal können tausende Wohnungen gebaut werden. Obwohl die Wohnungsnot in unserem Land schon viel länger ein Problem ist.

---

[30] www.uni-muenster.de/NiederlandeNet/aktuelles/archiv/2016/dezember/1215MigrantenSCP.html.

[31] Siehe Anmerkung 29.

Obendrein werden sie bevorzugt bei sozialen Mietwohnungen. Da frage ich mich: Warum wurde nicht schon früher gebaut?«

3.4 Aufstieg des Rechtspopulismus. Ethno-nationalistische Verschiebung der Mentalitäten und Mobilisierung

Spätestens der kometenhafte Aufstieg des Islamkritikers Pim Fortuyn im Jahr 2002 ließ keinen Zweifel mehr daran, dass die Niederlande nicht mehr das Musterland der Integration sind. Das Sociaal en Cultureel Planbureau[32] hat in einer Langzeitstudie bei Niederländer*innen und vier Migrantengruppen die Verschiebungen im Alltagsbewusstsein zu erfassen versucht. Wenig beachtet, drifteten die sozialen Lagen und Mentalitäten auseinander, lange bevor sich dies im zerfallenden Parteiensystem manifestierte.

»Verhalte dich normal!« – Einhegung oder Befeuerung der rechtspopulistische Dynamik?

Wilders hält seine Partei mit aggressiver Polemik gegen marokkanische Zuwanderer im Gespräch. 2014 hatte er sie am Abend der für ihn erfolgreichen Kommunalwahl in Rotterdam wieder einmal zu Sündenböcken gemacht und seine Zuhörer gefragt: »Wollt Ihr weniger oder mehr Marokkaner in Eurer Stadt und in den Niederlanden?« Die Menge skandierte daraufhin »Weniger«-Rufe, woraufhin Wilders lächelnd ankündigte: »Wir werden uns darum kümmern.« Geert Wilders wurde der Gruppenbeleidigung und des Anstachelns zur Diskriminierung für schuldig befunden. In den weiteren Anklagepunkten, wie etwa Anstachelung zum Hass, wurde er vom Gericht freigesprochen. Das Gericht entschied, dass Wilders keine Strafe auferlegt würde, weil er mit dem Urteil bereits genug gestraft sei. Es befand zudem, dass Wilders auch in seiner Funktion als Politiker solche Aussagen nicht hätte machen dürfen: »Auch ein demokratisch gewählter Politiker steht nicht über dem Gesetz.« Das quittierte Wilders über Twitter mit den Worten, die Entscheidung sei »von drei PVV-hassenden Richtern« getroffen worden, die ihn »und die halben Niederlande verurteilen. Vollkommen verrückt.« In einer Videobotschaft sagte er zudem: »Die Niederlande sind ein krankes Land geworden.«

Im Jahr 2015 kamen etwa 45.000 Menschen neu in das Land. Bis zum Oktober 2016 gibt das Centraal Bureau voor Statistiek eine Zahl von ca.

---

[32] www.uni-muenster.de/NiederlandeNet/aktuelles/archiv/2016/dezember/1215MigrantenSCP.html

23.000 Asylsuchenden an. Ende 2015 gab es gewaltsame Angriffe auf Geflüchtete und Politiker, weil die Landgemeinden die Zuweisung von Flüchtlingskontingenten ablehnten.

Das sind Eruptionen des politischen Alltagsbewusstseins, das bis in die Regierungsparteien verbreitet ist. Im Oktober 2015 veröffentlichten Parteikollegen des Ministerpräsidenten Mark Rutte aus dem Gemeinderat von Gennep in der Provinz Limburg ein Positionspapier, das vor den Folgen des Flüchtlingsstroms warnte und vermeintliche Ängste der Bevölkerung offenkundig machen sollte: »Die jüngsten Beispiele in Nachbarländern und jetzt auch in den Niederlanden zeigen widerliche Vorfälle: Prügeleien, Nötigung, Vergewaltigungen und Ablehnung von Unterkünften durch Asylbewerber.« Der abschließende Hinweis an potenzielle Asylsuchende lautete: »Geht weg!« Der schillernde PVV-Anführer Geert Wilders weigerte sich, zu den pogromartigen Attacken im Herbst 2015 auf Distanz zu gehen, und twitterte: »Politik und Presse können mich mal! Distanziert euch doch selbst von eurer Feigheit und eurem Verrat der Niederlande an den Islam. Trottel.«

Ministerpräsident Rutte passte sich im Wahlkampf den fremdenfeindlichen Mentalitäten im Land an. In dem bereits erwähnten Offenen Brief »Aan alle Nederlanders« (siehe Teil 2, Abschnitt 5) heißt es: »Wir fühlen ein wachsendes Unbehagen, wenn Menschen unsere Freiheit missbrauchen, (...) während sie doch gerade für diese Freiheit in unser Land gekommen sind. Menschen, die sich nicht anpassen wollen, die über unsere Sitten herziehen und unsere Werte ablehnen. Die Homosexuelle belästigen, die Frauen in kurzen Röcken ausbuhen und ganz gewöhnliche Niederländer als Rassisten beschimpfen. Ich verstehe sehr gut, dass Menschen denken: Wenn du unser Land so sehr ablehnst, dann ist es mir lieber, dass du weggehst. Das Gefühl habe ich nämlich auch. Verhalte dich normal oder geh weg.«[33] In der liberalen Presse ist Rutte für diesen Spruch und die Anpassung an den rechtspopulistischen fremdenfeindlichen Diskurs heftig kritisiert worden. Geert Wilders polemisierte dagegen: »Vier Jahre Rutte bedeuteten jeden Tag ein Stück weniger Niederlande.«

Das Wahlprogramm des PVV präsentierte Wilders auf einem DIN-A4-Blatt: In elf Stichpunkten wird dort aufgelistet, wie die »Niederlande wieder unsers« werden sollen. Zu den erklärten Zielen gehören die Schlie-

---

33 Siehe: www.uni-muenster.de/NiederlandeNet/aktuelles/archiv/2017/januar/2701Noemaaldoen.html.

ßung aller Asylheime, das Koranverbot, die Schließung aller Moscheen und muslimischen Schulen und der Rückzug der Niederlande aus der EU. Insgesamt will die Partei durch Streichung ungerechtfertigter Zuwendungen an »Schein-Asylanten«, Migrant*innen und Wirtschaftsflüchtlinge 17 Mrd. Euro einsparen.

Die Frage des Nexits, des Austritts der Niederlande aus der EU, spaltet die Nation. Laut dem Institut Maurice de Hond würden 43% der Niederländer*innen für einen Austritt aus der EU stimmen. Den Meinungsforschern von *EenVandaag* zufolge würden 48% für und 45% gegen einen Nexit stimmen. Dennoch steht die Haltung des PVV fest. Wilders twitterte zum Ausgang der Volksbefragung in Großbritannien: »Jetzt sind wir an der Reihe!« und »Groß-Britannien weist Europa den Weg in Richtung Zukunft und Befreiung. Es ist jetzt die Zeit für einen Neustart, im Vertrauen auf die eigene Kraft und Souveränität. Auch in den Niederlanden.«

Der Rechtspopulismus ist eine Revolte gegen den Neoliberalismus. Gegen die Zumutungen neuer Rollen in der gesellschaftlichen Betriebsweise, die den Menschen von der individuellen Moral bis zur Konkurrenz in der sich ausbreitenden Prekarisierung und Entwertung von Arbeitsverhältnissen eine Individualisierung aufzwingt, auf die sie nicht vorbereitet sind. Das wird als Kontrollverlust über das eigene Leben und die Zukunftsplanung erlebt. Aber gegen die vermeintlichen Globalisierungszwänge, Markterfordernisse und anonymisierte Unternehmensentscheidungen kann man sich nicht wehren. Ausgründungen und grenzüberschreitende Verlagerungen zerstören die Hoffnungen, mit den neuen Sozialtechniken und Dezentralisierung von Management Einfluss zu gewinnen auf Entscheidungen im erweiterten Umfeld des Arbeitsplatzes. Da man von diesem System profitiert und da es als das natürlichste von der Welt erscheint – historisch allen anderen überlegen –, fällt es schwer, diese anonymen Sachzwänge infrage zu stellen. Und die politische Klasse stellt sich in weiten Teilen taub gegenüber diesen Problemen. Nur noch die wohlhabenderen Teile der Gesellschaft fechten einen demokratischen Wettstreit darüber aus, wessen Interessen in welchem Verhältnis zu anderen mehr berücksichtigt werden, und wie die Umverteilung zu den eigenen Gunsten am besten zu organisieren sei. Jeder muss sehen, wo er bleibt, und wenn jeder an sich denkt, ist an alle gedacht.

Gerade in den Mittelschichten verbreitet sich das Gefühl, der eigene Wohlstand im Vergleich zur Elterngeneration sei gefährdet und für die eigenen Kinder könne es nur noch schlechter gehen. Es gibt eine sich verbreiternde Sensibilität für die sich vertiefende soziale Ungerechtigkeit, die Schamlosigkeit des Reichtums und die an den eigenen Alltag heranrückenden Armut.

Der Rechtspopulismus gibt diesen Verlustängsten eine Stimme, inszeniert die empfundene Hilflosigkeit gegenüber der ökonomischen und politischen Dynamik als machtvolle Empörung und bezeichnet die vermeintlich Schuldigen: Korrupte politische und unternehmerische Eliten, die miteinander paktieren, haben die Schutzfunktionen des Staates aufgegeben, und eine Springflut fremder kultureller und ethnischer Menschen und Einflüsse drängt ins Land. Nicht mehr nur die Menschen aus der sozialen Hängematte, sondern die Wirtschaftsflüchtlinge von überall in der Welt bedrohen den eigenen Wohlstand. Diese Tendenzen fokussieren sich im Feindbild des marokkanischen, kulturlosen, frauenverachtenden Scheinasylanten, der den dschihadistischen Terror in die Nachbarschaft trägt.

Weder geht es um biologisch-rassische Suprematie noch um die Militarisierung der Gesellschaft oder einen Führerstaat und die Suspendierung der repräsentativen Demokratie. Dazu äußert sich Wilders so gut wie gar nicht. Autoritär ist der niederländische Rechtspopulismus gleichwohl in der Durchsetzung vermeintlicher kultureller Homogenisierung. Das plebiszitäre Element der direkten Kommunikation des Volkes mit der Regierung gilt als Demokratisierung.

Zerstörte Illusionen, Angstrohstoff für den Rechtspopulismus

Auch wenn die Konjunktur wieder anzieht, der Staatshaushalt die Normen des Fiskalpaktes erfüllt und also diese Begründung für Austeritätspolitik entfällt, bekommen die Bürger*innen nicht das, was ihnen zusteht, im Gegenteil wird immer mehr Selbstbeteiligung z.B. an den sozialen Risiken des Alters und der Gesundheit verlangt. Da macht sich Wut breit, mit der man nicht weiß wohin. Jemand muss Schuld haben, nämlich die Wirtschaftsflüchtlinge und Einwanderer in die Sozialsysteme, wie Geert Wilders wieder und wieder betont. Im Wahlkampf fordert er eine »Deislamisierung«. Der Islam ist für ihn keine Religion, sondern eine »totalitäre Ideologie«, gegen die sich westliche Gesellschaften verteidigen müssen.

Viele Niederländer*innen sind frustriert über die Eliten, die den Abstieg zulassen, die daraus resultierenden Probleme ignorieren und stattdessen idealistische Kulturprojekte vorantreiben. Wilders verspricht deshalb, die Niederlande »von der linken Elite zurückzuholen«. Man straft bei allen sich bietenden Gelegenheiten die etablierte Politik ab.

Der Politikwissenschaftler Frans Becker hat auf den Zusammenhang von gesellschaftlicher Unzufriedenheit und Rechtspopulismus verwiesen: »Dabei geht es um tief einschneidende Entwicklungen und Veränderungen, die in der Summe zu Unsicherheit, Verärgerung, Misstrauen und dem Gefühl der Benachteiligung geführt haben. Diese Emotionen und Auffassungen werden in erster Linie auf die Politik, die Politiker und den öffentlichen Bereich projiziert. Verschiedene Untersuchungen haben gezeigt, dass viele Niederländer in ihrem persönlichen Leben ziemlich glücklich sind, aber wenig Vertrauen in Gesellschaft und Politik setzen.« (Becker 2010)

Die PVV stützt sich auf diese Unzufriedenheit. Im Zentrum des rechtspopulistischen Politikangebots lokalisiert Becker folgende Elemente:

- »Widerstand gegen Immigration und supranationale Zusammenarbeit wegen der Bedrohung der nationalen Identität.
- Eine ausgesprochene Islamophobie sowie Widerstand gegen eine drohende Islamisierung Europas.
- Politik als moralischer Gegensatz zwischen einer korrupten (linken) Elite und einem rechtschaffenen Volk, das in der Demokratie wieder die Führungsrolle übernehmen soll. Nach 2006 spielt Wilders sich immer häufiger als Sprachrohr des einfachen Niederländers, des unterjochten Volkes, auf.
- Der Glaube an eine streng geordnete Gesellschaft, wobei ein Untergraben dieser Ordnung streng bestraft wird.

Nicht nur inhaltlich, sondern auch stilistisch wird das Auftreten der PVV populistischer, einschließlich einer Vergröberung und Vulgarisierung des Sprachgebrauchs. Auf sozioökonomischem Gebiet verlässt Wilders teilweise den klassisch-liberalen Kurs, und sein Programm wird linker. Seine wichtigsten politischen Freunde und Inspirationsquellen finden sich unter den ganz Rechten in den USA und Israel.« (ebd.)

Exemplarisch für diese kalte Wut ist die Satellitenstadt Almere (198.000 Einwohner). Sie wurde auf gepoldertem Neuland in den 1970er Jahren 20 Autominuten von Amsterdam mit seinen explodierenden Mieten geplant und gegründet. Hier hatte die PVV schon bei der Kommunalwahl 2010 einen Rekord-Stimmanteil von 20,4%. Der Geograph Josse de Voogd erklärt: »Ursprünglich zogen Leute aus der oberen Mittelschicht dorthin ... Jetzt kommen mehr Leute aus der unteren Mittelschicht und mit Migrationshintergrund.«

Angesichts der Volatilität der Hauspreise, steigender Treibstoffpreise, und vor dem Hintergrund, möglicherweise den Vollzeitjob zu verlieren, sind die Möglichkeiten gering, in andere Wohngebiete auszuweichen. Der gesellschaftliche Wandel der verstädterten Niederlande wird als drohender Abstieg des Wohnumfeldes empfunden. Migrant*innen werden als Symbol eines aus den Fugen geratenen sozialen Gefüges wahrgenommen, in dem man weitgehend unter sich und die Welt in Ordnung schien.

Mark Rutte von der neoliberalen VVD unterstellt Wilders eine »linke« Wirtschafts-, Sozial- und Haushaltspolitik. Damit meint er die von Wilders versprochene Rücknahme der Kürzungen in der Haus- und Altenpflege und die Abschaffung des ungeliebten Eigenbeitrags zur Krankenversicherung von 385 Euro im Jahr, einen umlagefinanzierten Mietzuschuss und die Rückkehr zu einem Renteneintritt mit 65 Jahren. Der Ministerpräsident sonnt sich nicht nur in den Erfolgen seiner Haushaltskonsolidierung, sondern hat die VVD auch der rassistischen Argumentation der anti-migrantischen PVV angepasst: Er reiche jedem die Hand, der »unsere Werte teile«.

In der Auseinandersetzung mit der Türkei um den Auftritt türkischer Politiker*innen, die in den Niederlanden für ein Referendum in der Türkei werben wollten, mit dem Erdoğan mehr Macht bekommen sollte, eskalierten Rechtsliberale und Rechtspopulisten ihren Streit um die ressentimentgeladenen Wähler*innen ohne Rücksicht auf angebliche europäische Werte der Freizügigkeit, Meinungsfreiheit usw.

Die in der Wahlkampfzeit geplanten Propaganda-Auftritte türkischer Minister nutzte Rutte, um sich als anti-islamisches Bollwerk und Verteidiger des demokratischen Alltagsglaubens zu inszenieren. Der türkische Staatspräsident tat Rutte den Gefallen, indem er nach dem Einreiseverbot für seine Minister den Westen als »islamophob« bezeichnete, der sein wahres Gesicht gezeigt habe. Rutte setzte Wasserwerfer und deutsche Schäferhunde gegen türkischstämmige Demonstrant*innen vor dem Generalkonsulat in Rotterdam in Marsch.

Wilders verspricht, den Koran als anti-semitische Ideologie zu verbieten und Moscheen zu schließen. Er ist das islamophobe Original und tönt: »Ich sage allen Türken in den Niederlanden, die mit Erdoğan übereinstimmen: Geht in die Türkei und kommt nie mehr wieder!« Und nach Krawallen in Rotterdam twitterte er über die Demonstranten: »Die Niederlande sehen nun, dass das Türken sind und keine Niederländer. Sie haben unseren Pass, aber gehören nicht zu uns. Sie haben hier nichts zu suchen.«[34]

---

[34] www.handelsblatt.com/politik/international/niederlande-wahl/niederlande-und-tuerkei-wilders-versucht-die-lage-zu-nutzen/19505022-2.html.

(Unzureichende) Antworten der Linken

In der Frage des EU-Ukraine-Assoziierungsabkommens hatte die Sozialistische Partei kaum die Möglichkeit, mit ihrer ablehnenden Haltung durchzudringen, da der nationalistische Diskurs dominierte. Im Wahlkampf um das nationale Parlament hat die SP ein klares soziales Profil gezeigt, aber auch Leerstellen offenbart.[35]

Im Zentrum stehen ein nationaler Pflegefonds ohne private Risikoübernahme, die Rente mit 65 Jahren und eine Rentenerhöhung im AOW-System der gesetzlichen Rentenversicherung.

Weitere Forderungen sind unter anderem:

- Lohnerhöhungen, insbesondere des gesetzlichen Mindestlohns um 10%;
- Neustrukturierung des Finanzsektors, Stopp der Börsengänge von Banken und Schaffung einer wirklichen Volksbank;
- Verbot ungeregelter Arbeitsmigration und Kampf gegen Ausbeutung, Diskriminierung und wachsenden Rassismus;
- statt immer mehr Autobahnen ein günstigerer und besserer öffentlicher Verkehrssektor;
- Nachhaltigkeit und grüne Energiepolitik statt weiterer Gasbohrungen;
- Wiederherstellung der Demokratie: »Ein Nein bei einem Referendum heißt Nein. Wir kämpfen für ein anderes Europa, wo Brüssel nicht diktiert und in dem es keinen Platz gibt für eine Europäischen Kommission, eine europäische Armee oder einen europäischen Staatsanwalt.«

Entscheidender als diese Forderungskomponenten des Wahlprogramms im Einzelnen ist, dass die SP eine eigene ideologische Vision in die gesellschaftliche Auseinandersetzung einbringt. »Die Regierung sollte uns nicht nur vor Diskriminierung schützen, sondern sie muss ebenso die Bedingungen schaffen, die ein Dach über dem Kopf, Arbeit, angemessenes Einkommen und soziale Sicherheit garantieren. Wir sind eine Werte-Gemeinschaft, gegründet auf Zusammenarbeit, Menschenrechten, Demokratie und Freiheit; warum werden die Menschenrechte immer mehr verletzt? Wie kann es sein, dass immer mehr Menschen immer weniger Einfluss auf ihre unmittelbaren Lebensumstände haben, über die Art, wie Wissen, Macht und Einkommen verteilt werden? Wie kann es sein, dass die Regierungen sich weigern, Brücken zu bauen, während die extreme Rechte Mauern errichtet?

---

[35] Vgl. https://international.sp.nl/nieuws/2017/01/xxii-sp-congress-roemer-kicks-off-election-campaign-with-call-for-a-progressive-pact.

Wir wollen, dass alle arbeitenden Menschen gleichen Lohn für gleiche Arbeit erhalten. Menschen sind keine Waren, deswegen muss die Arbeitsmigration reguliert werden, damit wir Ausbeutung und Unterdrückung von Arbeiterinnen und Arbeitern stoppen können.

Wenn wir wieder *eine* Gesellschaft werden wollen, müssen wir Diskriminierung und Exklusion im eigenen Land beenden. Unternehmen und Organisationen, die so etwas tun, sollen benannt und angeklagt werden. Der Arbeitsaufsicht müssen mehr Ressourcen und Eingriffsmöglichkeiten bei Missbrauch gegeben werden.

Seit dem Ende des Zweiten Weltkrieges wuchs jede Generation auf mit der Hoffnung und der Zuversicht, dass es ihr besser gehen werde, dass unsere Gesellschaft fortschreiten werde. Heute wächst eine Generation heran, die diese Hoffnung und Zuversicht nicht mehr als selbstverständlich empfindet. Und das geht tiefer, als eine politische Partei abzulehnen. Es geht um die Zerstörung des Glaubens an den Fortschritt der Generation, die darauf vorbereitet werden soll, den Staffelstab zu übernehmen.

Die meisten Leute – egal ob alt oder jung, männlich oder weiblich, weiß oder schwarz – wollen doch dieselben Dinge: einen geregelten Job mit vernünftigem Einkommen, erschwingliche Gesundheitsversorgung, ernsthafte Bildung, wo man ein Gewerbe oder Beruf erlernt, erschwingliche Wohnungen in einer sicheren Nachbarschaft.«[36]

Während der Diskurs der Partei an die allgemeinen Menschenrechte appelliert, was sicherlich auch von Teilen der verunsicherten Mittelschichten geteilt werden kann, bleiben die Forderungen auf die unteren 20% fokussiert. Die Anrufung einer Wertegemeinschaft wird nicht durch konkrete Forderungen zum Nutzen dieser Mittelschichten unterfüttert. Perspektiven, wie ein anderes Europa aussehen soll und wie man dahinkommt, fehlen.

Solange die PVV nur als Fleisch vom Fleische der neoliberalen VVD wahrgenommen wird – was historisch durchaus stimmt, da Geert Wilders dort früher Abgeordneter war –, wird man der gesellschaftliche Beunruhigung, der Verrohung der bürgerlichen Mitte und dem wachsenden politischen Gewicht des Ressentiments wenig entgegensetzen können. Die Mobilisierung der Armen und Ausgegrenzten wird zunehmend schwerer, wenn es nicht gelingt, den Einfluss auf die bürgerliche, liberale und christliche Mitte auszuweiten.

---

[36] https://programma.sp.nl/

Wilders umgeht das diskreditierte Repräsentativsystem der parlamentarischen Demokratie und twittert. Er braucht keine Partei zur Willensbildung, er appelliert direkt ans Volk und drückt dessen Gefühle unmittelbar aus. Diese Gefühlslage beschreibt ein anderer Journalist so: »Der stillschweigende Vertrag, den die Niederlande vor vielen Jahren geschlossen hätten, sei gebrochen ... Der Vertrag der liberalen Demokratie hieß: Du kannst werden, wer du sein möchtest ... Du hast Freiheit, deinen Beruf und deinen Lebensstil zu wählen, unabhängig von Herkunft, Glauben, Hautfarbe. Und sehen Sie, was daraus geworden ist: Unsicherheit, Gleichmacherei, Globalisierung, Immigration.« (FAZ 9.3.2017)

3.5 Die parlamentarische Willensbildung – Ist ein Neuanfang möglich?

Es besteht eine Chance, den Rechtspopulismus nachhaltig einzuhegen, denn das Establishment selbst verkauft seinen Führungsanspruch nur noch mit der Parole, es gäbe keine Alternative. Im Deichbau und Poldern kennen sich die Niederländer aus, aber italienisch-instabile Regierungen waren auch in den Niederlanden in den letzten 20 Jahren die Regel.

Auch Rutte sieht sich nach der Regierungsbildung, sollte er die Politik an der Seite der deutschen Kanzlerin fortsetzen, der Ablehnung in Teilen der Bevölkerung gegenüber (faktisch hat sein bisheriger Kurs ja nur noch die Zustimmung von weniger als einem Drittel der Wählerschaft).

Solange sich an der Regierungspolitik unter den Vorgaben des Europäischen Fiskalpaktes nichts ändert, werden die Einkommen und Vermögen der oberen 10% sich verselbständigen und damit das Gefühl großer Bevölkerungsteile bestärken, trotz aller Anstrengungen nicht mitzukommen. Das »Weiter so« auf dem Trümmerfeld neoliberaler Fundamentalsätze (kein Geld auf Kosten künftiger Generationen ausgeben, Flexibilisierung des Arbeitsmarktes, Senkung der Lohnnebenkosten und der Haushaltsdefizite durch Beschneidung der Sozialleistungen usw.) wird die kalte Wut über den gebrochenen Gesellschaftsvertrag nicht verfliegen lassen.

Und solange sich dieses Gefühl hält, wird es rechtspopulistische Ausbruchsversuche eines größeren Teils der Gesellschaft geben. Der Rechtspopulismus hat schon jetzt eine breitere Basis.[37] Geert Wilders wird sich

[37] »Wilders kommt nicht aus dem Nichts. Seine Wähler sind eher jung, und sie speisen sich aus drei Schichten: Die erste Gruppe hat schlecht bezahlte Jobs und ist eher niedrig gebildet, eher sozialdemokratisches Klientel. Die zweite Gruppe sind klassische Renditerechner, eher aus dem kleinbürgerlich-liberalen Milieu, sie

auch in Zukunft als Rebell gegen die sogenannte politische Elite in Den Haag und Brüssel inszenieren. Seine PVV wird weiter als Opposition im Dienste der kleinen Leute gegen die angebliche Masseneinwanderung herumgeistern, weil niemand in den bürgerlichen Parteien bereit ist, einer breiten Koalition beizutreten, die mit linker Grundausrichtung eine Erneuerung der niederländischen Sozialordnung pragmatisch voran bringt.

Den Gegenentwurf formuliert Tom Garcia auf der progressiven Website Vlinks: »Aber um die Menschen aus ihren Zellen zu holen, muss die Angst vor der Zukunft beseitigt werden, wir müssen neue Perspektiven für uns selbst und für unsere zukünftigen Generationen schaffen, wieder einmal muss Optimismus gepflegt werden, dass es Chancen für alle gibt. Dies kann nicht einfach erreicht werden, indem man es sagt, sondern muss durch konkrete Anstrengungen wie eine solide Bildung, weniger Einkommensungleichheit, mehr Armutsbekämpfung und viel mehr Beteiligung und Beteiligung der Bürger in der Politik getan werden ... Der Pluralismus, den wir so liebten, muss wiederkehren. Nicht unbedingt in Form eines ›multikulturellen Traums‹ oder einer ›Superdiversity‹, in der alle unterschiedlichen Kulturen und Religionen und andere Identitäten in ihrer eigenen Box nebeneinander stehen, aber in Form eines gesunden Flusses, in dem wir, neben, durch, unter und über einander, aber alle in die gleiche Richtung gehen, mit dem gleichen Ziel: einer starken, offenen Gesellschaft, in der jeder Platz hat und zu der jeder beiträgt.«[38]

---

finden, dass sie zu hohe Steuern für ihre harte Arbeit zahlen. Und schließlich gibt es die Ideologen, klassische Rechte, durchaus auch gut gebildet.« (www.fr.de/politik/geert-wilders-schluss-mit-der-weltoffenheit-a-1192566)

[38] Tom Garcia, »Identiteitspolitiek moet niet afgevoerd worden, maar wel in ere ...« (zit. n.: www.knack.be/nieuws/belgie/identiteitspolitiek-moet-niet-afgevoerd-worden-maar-wel-in-ere-worden-hersteld/article-opinion-936743.html)

4. Österreichs »Feschismus« seit Haider – vom Ende der 2. Republik

4.1 Rechtspopulistische Hegemonie in der schwarz-blauen Koalition

Sebastian Kurz hatte als Außenminister der ÖVP in der bis Dezember 2017 amtierenden Regierung des Sozialdemokraten Christian Kern die rechtspopulistische Rhetorik in Sachen Flüchtlinge übernommen. Diese Referenz gegenüber dem Alltagsbewusstsein der Mehrheit der Österreicher*innen ermöglichte den Umbau der ÖVP von einer eher traditionellen konservativen Partei in eine de facto rechtspopulistische Bewegung. Mit dieser doppelten rechtspopulistischen Akzentuierung übernahm er in Teilen das Programm der Rechtspopulisten, der »Freiheitlichen«, zog im Wahlkampf an ihnen vorbei und verwies sie, die zunächst die größten Chancen für den Erstplatzierten in der Wahl hatten, auf den dritten Platz. Ende 2017 bildete er dann mit den Freiheitlichen eine Koalition. Zwar haben die Freiheitlichen zugestanden, nicht gleich aus der EU austreten zu wollen, dafür aber die für eine Politik der Restriktionen nach innen und außen wichtigsten Posten zugeschlagen bekommen: den Innenminister, den Außenminister und den Verteidigungsminister

Kurz hatte zuvor einen radikalen Umbau der traditionsreichen ÖVP durchgesetzt. Der Einfluss der Landesfürsten und der sechs Interessenvertretungen (»Bünde«) auf die nationale Politik wurde zurückgestuft. So will Kurz etwa künftig frei entscheiden können, wer Posten in der Bundesregierung erhält. Rücksicht auf die traditionellen Ansprüche der Länder und der Bünde soll es dabei nicht mehr geben. Mit der Veränderung einer der tragenden Säulen des politischen Systems – der ÖVP – rüttelt Kurz auch an den Grundfesten des »Systems Österreich«. In der anderen, »roten« Reichshälfte herrschen nämlich ähnliche Strukturen.

Der Aufstieg von Kurz hat viel mit der Massenmobilisierung der *modernen Rechten* zu tun und geht damit zulasten der FPÖ.[39] Auch die SPÖ versuchte mit der Übernahme von rechtspopulistischen Argumentationsmustern den Anschluss an die Ressentiments zu halten, konnte allerdings im aggressiven Wettbewerb gegen die »Fremden« nicht mithalten. Kurz stand bereits als Außenminister hingegen für eine skrupellose Linie in der Asyl- und Migrationspolitik und verfolgte zuletzt einen zunehmend EU-kri-

---

[39] Zur Renaissance des »Bonapartismus« im modernen Kapitalismus siehe auch Bischoff 2017.

tischen Kurs. Das ist populär und ein Grund für seine hohen Beliebtheitswerte. Kurz vertritt zudem einen unternehmerfreundlicheren und neoliberaleren Wirtschaftskurs.

Sein Kernthema ist bis heute die Flüchtlings- und Einwanderungsfrage. Die Route über das Mittelmeer sei zu schließen, die Rettung dürfe nicht mit dem Ticket nach Europa verbunden sein, die Zuwanderung nach Österreich müsse radikal gesenkt werden. Das habe auf der Balkanroute funktioniert – und auch in Australien, betonte er in Anspielung auf seine erstmalige Propagierung dieses umstrittenen Vorbilds im Juni 2016, was damals für helle Aufregung nicht nur in Österreich sorgte. Anton Pelinka fasst zu Recht zusammen: »Sebastian Kurz besetzt alle Positionen, die zuvor Heinz-Christian Strache mit dem freiheitlichen Themenkatalog okkupiert hatte: den Anti-Islamismus – Kurz tritt nicht gegen bestimmte islamische Schulen auf, die auffällig geworden sind, sondern er lehnt sie generell ab. Kurz ist nicht nur für eine befristete Aufhebung mancher Schengen-Freiheiten, er will sie überhaupt einschränken. Und er wendet sich gegen Political Correctness. Kurz ist wie Strache, aber wie ein Strache, der eine elitäre Schule für besonders gutes, bürgerliches Benehmen besucht hat.« (Pelinka 2017b)

Kurz will das bisherige *System sozialer Sicherheit* aushebeln. Weil die politische Aufklärung auf der Strecke blieb, kann die Logik für einen größeren Teil der Wahlbevölkerung greifen, dass der Sozialstaat nur für die politische Klasse genutzt wird und den Leuten das Geld aus der Tasche zieht: »Es muss wieder mehr übrig bleiben.« Davon fühlen sich offenbar auch Menschen angesprochen, die in hohem Maße vom Sozialstaat und seiner Umverteilung profitieren. Aber natürlich vor allem solche, die sich selbst als Leistungsträger sehen. Kurz will die Sozialversicherungen nicht sanft reformieren, sondern »das System aufbrechen«. Was das genau bedeutet, bleibt offen – mit Ausnahme der Mindestsicherung, die erstens überhaupt so gestaltet werden soll, dass es wieder mehr Anreiz zum Arbeiten gibt, und die zweitens für Migrant*innen gekürzt werden soll.

Bei der *Bewegung*, als die Kurz die »Neue Volkspartei« sieht, ist jeder willkommen. Zum neuen Stil, den er propagiert, gehören eigene Kommunikationskanäle, showartige Wahlkampfauftritte und eine starke Präsenz in den Social Media. Auf Facebook hat der Außenminister 550.000 Fans, annähernd so viele wie der FPÖ-Chef Heinz-Christian Strache, der seit Jahren auf dieses Medium setzt.

Sebastian Kurz will nach der ÖVP auch die Republik auf seine Person ausrichten. Er beansprucht die Richtlinienkompetenz für den Bundeskanzler, um sich den Zugriff auf Ressorts über Parteigrenzen hinweg zu sichern. Verbunden damit ist die offene Tendenz, Österreich von einer repräsentativen Demokratie in ein plebiszitäres Regime umzuwandeln, in dem von einem Kanzler mit Richtlinienkompetenz jährlich ein bis zwei Termine angesetzt werden, an denen das Volk per Befragung oder Abstimmung entscheiden darf. Um das »alte politische System« abzuschaffen, bedarf es nach Kurz des Führerprinzips. »Ein Bundeskanzler muss führen können«, ist plötzlich die Parole. In der Sache genierte er sich nicht, einen Wahlkampf hauptsächlich auf Kosten von Flüchtlingen zu führen. Diese Mobilisierung mittels eines völkisch eingefärbten Patriotismus war bislang das ausschließliche Terrain der FPÖ. Kurz' Ansage ist eindeutig: »Der Kanzler muss die Möglichkeit haben, zu führen und zu entscheiden«, dazu brauche er die »Letztverantwortung und die Richtlinienkompetenz«.

Ansagen im Regierungsabkommen
In einem 180 Seiten starken Regierungsabkommen haben sich ÖVP und FPÖ im Dezember auf eine rechtspopulistische Veränderung in der Asyl-, Wirtschafts-, Sozial- und Europa-Politik verständigt. Das Kennzeichen dieses Programms sind Ansagen und Deutungen, die in diese Richtung verweisen und für Verschärfungen und Radikalisierungen offen sind. Plakativster Punkt sind massive Einschränkungen bei der Asylpolitik: Neben restriktiveren Einwanderungsbedingungen sollen Geldleistungen für Asylberechtigte gekürzt und verstärkt auf Sachleistungen gesetzt werden.

■ *Christdemokratie als Partner eines radikalen Rechtspopulismus gegen Migrant*innen und Flüchtlinge*
Wichtigstes Politikfeld sei die »Erarbeitung einer gesamtstaatlichen Migrationsstrategie zur langfristigen Sicherung des sozialen Friedens unter Einbeziehung des Berichtes des Migrationsrates, durch eine Orientierung an den Bedürfnissen Österreichs, die Verhinderung von Fluchtursachen und Forcierung einer effektiveren Rückkehrpolitik durch Wirtschaftspartnerschaften sowie Vernetzung in weiteren Disziplinen und Betreuungsstätten für Flüchtlinge in ihren Herkunftsregionen.« Es gehe um »eine Effizienzsteigerung bei Asylverfahren und Außerlandesbringungen«.[40] Gleicherma-

[40] Neue Volkspartei/Freiheitliche Partei Österreich, Zusammen. Für unser Österreich. Regierungsprogramm 2017-2022, Wien 2017.

ßen soll eine Anpassung der Leistungen in der Grundversorgung« umgesetzt werden.

Die Herabstufung der Asylsuchenden zu Menschen zweiter Klasse ist mehr als deutlich: Asylbewerber*innen wird künftig sofort nach der Ankunft das Bargeld abgenommen, ihre Handys werden zwecks Überprüfung der Fluchtroute und der sozialen Kontakte konfisziert. Sie bekommen die Geräte zwar zurück, werden aber dann – ihr Bargeld ist ja »zur Finanzierung der Verfahrenskosten« beschlagnahmt – die Telefonrechnung nicht zahlen können. Finanzielle Unterstützung des Staates gibt es nicht mehr, sondern nur Sachleistungen. Anerkannte Flüchtlinge, die keine Arbeit finden, bekommen künftig nur noch 365 Euro Mindestsicherung pro Monat – zu wenig, um im Hochpreisland Österreich über die Runden zu kommen. Wer aus Sicht der Herrschenden bemüht ist, kann einen »Integrationsbonus« von 155 Euro erhalten. Ärzte, die Flüchtlinge untersuchen, werden von der Verschwiegenheitspflicht entbunden.

■ *Kampf gegen die »Lügenpresse«*

»Die Bundesregierung plant zur Vorbereitung ihres Medien-Maßnahmenpakets, speziell hinsichtlich des öffentlich-rechtlichen Rundfunks, die Abhaltung einer umfassenden Medien-Enquete unter Beteiligung aller Stakeholder sowie der Zivilgesellschaft.«[41] Seit jeher werfen die Freiheitlichen dem öffentlichen Sender ORF trotz privater Konkurrenz vor, er sei von »linkslinken« Redakteuren unterwandert. »Verschärfung der Transparenzbestimmungen zur Sicherung einer objektiven und unabhängigen Berichterstattung«, heißt es in der medienpolitischen Absichtserklärung der neuen Regierung. FPÖ-Chef Strache, nunmehr Vizekanzler, schob bei der Präsentation düster nach: »Auch im ORF wollen wir Optimierungen vornehmen, was die Objektivität betrifft.« Im Lenkungsgremium des ORF, dem Stiftungsrat, haben die Koalitionsparteien dazu eine bequeme Mehrheit.

■ *Islamophobie als Staatsaufgabe. »Daham statt Islam«*

Der Kampf gegen den »politischen Islam« steht ganz oben auf der Agenda der neuen Bundesregierung. »Österreich gewährleistet die Glaubens- und Religionsfreiheit, aber bekämpft den politischen Islam. Unter politischem Islam versteht man Gruppierungen und Organisationen, deren *ideologisches Fundament der Islam* ist und die eine Veränderung der politischen und

---

[41] Ebd.

gesellschaftlichen Grundordnung bis hin zur Ablehnung unseres Rechtsstaates im Sinne einer Islamisierung der Gesellschaft anstreben. Der politische Islam, der zu Radikalisierung, Antisemitismus, Gewalt und Terrorismus führen kann, hat keinen Platz in unserer Gesellschaft.«[42]

■ *Verschlankung des Sozialstaates. Kodierte Hetze gegen Zuwanderer und Angriff auf soziale Sicherungen*

Weitere Maxime der türkis-blauen Bundesregierung ist die »Verschlankung des Sozialstaats«. Davon betroffen sind vor allem Migrant*innen, aber auch viele österreichische Bürger*innen, die auf Sozialleistungen angewiesen sind. »Die österreichische Sozialpolitik konzentriert sich vor allem auf die eigenen Staatsbürger und jene, die bereits einen Beitrag in unser System geleistet haben. Diese Position zieht sich von der Sozialhilfe (Mindestsicherung) bis hin zur Vorsorge in allen anderen Bereichen. Vor allem in der jüngeren Vergangenheit ist der *Sozialstaat durch unkontrollierte Zuwanderungswellen* an die Grenze seiner Belastbarkeit gelangt.« Die Mindestsicherung soll also gegenüber Flüchtlingen und »Sozialschmarotzern«

---

[42] Ebd. Zur Umsetzung ist ein ganzes Bündel an Maßnahmen geplant: »Sicherstellung einer umfassenden Kontrolle der Darstellung der Lehre, einschließlich eines Textes der wesentlichen Glaubensquelle (Koran), gemäß § 6 Islamgesetz, Konsequente Kontrolle des Verbots der Auslandsfinanzierung von Religionsgesellschaften und Überprüfung des Vereinswesens. Das Kultusamt hat einen lückenlosen Vollzug des Islamgesetzes sicherzustellen. Zur verstärkten Verhinderung der Einflussnahme aus dem Ausland werden das Vereinsgesetz novelliert und Umgehungskonstruktionen ausgeschlossen, Verhinderung des ausländischen Einflusses insbesondere im Bildungsbereich. Stärkere Kontrolle und in letzter Konsequenz Schließung von islamischen Kindergärten und islamischen Privatschulen bei Nichterfüllung der gesetzlichen Voraussetzungen. Sicherheitspolizeiliche Befugnis zur unverzüglichen Schließung von Kultusstätten wegen Terrorismuspropaganda sowie wegen Verkündung allgemein formulierter Konzepte und Theorien, die auf Unterstützung von Terrorismus abzielen. Gesamtstaatliche interdisziplinäre Präventions- und Deradikalisierungsmaßnahmen werden ausgebaut. Der Vermittlung unserer verfassungsmäßig verankerten Werte vom ersten Tag an kommt auch bei der Prävention von Radikalisierung Bedeutung zu. Verpflichtende staatliche Werte- und Orientierungskurse für Asylberechtigte und subsidiär Schutzberechtigte werden insbesondere mit Schwerpunkt auf Jugendliche ausgebaut. In der Vermittlung wird verstärkt auf österreichische Werte, Traditionen und Kultur geachtet. Bei Nichterfüllung erfolgt eine Kürzung der Mindestsicherung.« (ebd.)

anderer Art immunisiert werden. Praktisch erfolgt dies durch Anlehnung an erprobte Regularien anderer europäischer Länder.

So soll es eine verpflichtende Erhebung und Auswertung von Daten bezüglich Arbeitslosengeld, Sozialhilfe (Mindestsicherung), Notstandshilfe und anderer Sozialleistungen in einer Transparenzdatenbank geben. Österreichweit sollen die Leistungen für eine Bedarfsgemeinschaft auf maximal 1.500 Euro gedeckelt werden, unabhängig davon, wieviele Kinder dort leben. Wer Mindestsicherung bezieht, unterliegt künftig ab dem 15. Lebensjahr einer »Arbeits- und Teilhabepflicht«, also einem Arbeitszwang. Wer dies verweigert, dem droht »Kürzung bzw. vollständige Sperre der Sozialhilfe (Mindestsicherung)«. Anspruch auf eine »bedarfsorientierte Mindestsicherung« hat zukünftig nur, wer in den vergangenen sechs Jahren mindestens fünf Jahre legal in Österreich gelebt hat. Asylberechtigten und subsidiär Schutzbedürftigen wird die Geldleistung auf 365 Euro Grundleistung zusammengestrichen. Ein zusätzlicher »Integrationsbonus« wird dann ausgezahlt, wenn bestimmte Voraussetzungen erfüllt sind: abgeschlossene Integrationsvereinbarung, solange diese eingehalten wird. Schwerpunkte sollen sein: Qualifizierungen für eine Wiedereingliederung im ersten Arbeitsmarkt, Wertekurse und Mitwirkung bei der Anerkennung von ausländischen Schul- und Studien- sowie Berufsabschlüssen. Bei mangelnder Mitwirkung gibt es finanzielle Sanktionen. Mit Ausnahme der repressiven Staatsorgane soll auch der öffentliche Sektor wie der Sozialbereich verschlankt werden.[43]

---

[43] Zu dieser Verschlankungskur gehört u.a. auch: die Überprüfung des Systems von Arbeiterkammer, Wirtschaftskammer und Landwirtschaftskammer – den bisherigen Säulen der österreichischen Sozialpartnerschaft. Diese werden bisher durch Pflichtbeiträge finanziert. So finanzieren etwa die Beschäftigten die Arbeiterkammer mit 0,5% ihres Bruttoeinkommens. Dieses System soll jetzt überprüft werden. »Die Bundesregierung wird an die gesetzlichen Interessensvertretungen herantreten und diese einladen, bis zum 30. Juni 2018 entsprechende Reformprogramme vorzulegen. Diese Programme sollen konkrete Effizienzsteigerungen und finanzielle Entlastungsmaßnahmen für die jeweiligen Mitglieder beinhalten. … Erscheinen die vorgeschlagenen Maßnahmen zu wenig weitgehend bzw. nicht ausreichend zielorientiert, behält sich die Bundesregierung vor, gesetzliche Maßnahmen dem Nationalrat zur Beschlussfassung vorzulegen.« (ebd.) – Die Zerschlagung der Allgemeinen Unfallversicherungsanstalt, die u.a. selbst sieben Unfallkrankenhäuser und vier Rehabilitationszentren in ganz Österreich betreibt. Sie wird nur von den Unternehmen finanziert und soll gezwungen werden, in kurzer Frist 500 Mio. Euro einzusparen. »Der erste finanzielle Erfolg muss bis Ende 2018 nachweis-

■ *Deregulierung: Frühkapitalistisch statt sozial?*
Zur »Reform«-Agenda gehört auch die Stärkung der Wettbewerbsfähigkeit der österreichischen Wirtschaft. Sie soll u.a. durch eine »umfassende Neuausrichtung der Arbeitsmarktpolitik« erreicht werden. So soll die Höhe des Arbeitslosengeldes zukünftig degressiv gestaltet werden. Langzeitarbeitslose fallen dann in die Mindestsicherung. Beim Arbeitslosengeld soll zukünftig die Beitragsdauer (längere Beitragsleistung führt zu längerer Bezugsdauer) berücksichtigt werden. Es soll keine Verlängerung des Arbeitslosengeldbezugs mehr durch Krankenstände außer bei stationären Aufnahmen geben. Das Zugangsalter zu Altersteilzeit wird schrittweise von jetzt 53/58 Jahre auf 55/60 Jahre angehoben. Die Deregulierung betrifft aber auch die geltenden Arbeitszeitregelungen. So sollen Betriebe künftig im Einvernehmen mit dem Betriebsrat bzw., wenn es einen solchen nicht gibt, direkt mit dem Arbeitnehmer (Einzelvereinbarung) mehr Möglichkeiten zur Gestaltung flexibler Arbeitszeiten erhalten. Die tägliche Höchstgrenze der Arbeitszeit soll auf zwölf Stunden, die wöchentliche Höchstgrenze auf 60 Stunden (§ 9 AZG; bei gleichbleibendem Regelungsregime der Zuschläge) angehoben werden.

Auf dem Weg in eine illiberale Republik
Europa hat sich an Wahlerfolge der national-völkischen Rechten und deren rechtskonservativer Partner gewöhnt. Diese »Normalisierung« und Akzeptanz des Rechtspopulismus bei der Meinungsbildung und Werteorientierung in den Demokratien ist daher das eigentliche politische Problem Europas. Zwar hat FPÖ-Vizekanzler Strache zu Beginn der Sondierungen ein Zugeständnis machen müssen: Kurz und Strache heben hervor, proeuropäisch zu sein. Ein Austritt Österreichs aus der EU, wie ihn die FPÖ jahrelang gefordert hatte, ist vom Tisch. Strache hat daher auch zugestanden,

---

bar sein. Sollte dieses Ziel nicht erreicht werden, so sind gesetzliche Maßnahmen zu setzen, um die Leistungen der AUVA in die Kranken- bzw. Pensionsversicherung überzuführen.« (ebd.)

Die Notwendigkeit von Reformen ist für die Koalitionspartner unbestreitbar. »Die Bundesregierung hat es sich daher zum Ziel gesetzt, die Steuer- und Abgabenquote in Richtung 40 Prozent zu senken. Um dies zu erreichen, sind deutliche Entlastungsschritte notwendig. Die Finanzierung dieser Entlastungen und der dazu nötigen Maßnahmen soll durch ausgabenseitige Einsparungen und Strukturreformen erfolgen. Die Bundesregierung hat es sich auch zum Ziel gesetzt, das Steuerrecht massiv zu vereinfachen.« (ebd.)

die Europa-Zuständigkeit vom Außenministerium ins Kanzleramt zu verlagern. Das war der politische Preis für das Zustandekommen der Koalition. Vermutlich sollte dieser helfen, beim Präsidenten den Widerstand gegen dieses Rechtsbündnis zu überwinden.

Der luxemburgische Außenminister Jean Asselborn warnte Ende 2017: »Kanzler Kurz spricht die Sprache Donald Trumps. Der US-Präsident sagt: Wenn jedes Land dafür sorgt, dass es ihm gut geht, geht es am Ende allen gut. Kurz sagt, jedes Land entscheidet allein, ob es Flüchtlinge aufnimmt.« Wer so spreche, verstehe das Einmaleins der EU nicht, den Grundgedanken der Solidarität. Kurz habe sich auf die Seite der sogenannten Visagrad-Gruppe aus Polen, Ungarn, Tschechien und Slowakei geschlagen. Nach diesem Modell werde die europäische Zusammenarbeit verneint. Mittelfristig sehe er die »Gefahr, dass die EU in sich zusammenbricht.« (Zit. n. Spiegel online vom 29.12.2017)

Ende der Konkordanzdemokratie

Mit der Regierung Kurz ist die Konkordanzdemokratie österreichischen Zuschnitts fürs erste beendet. Die Zweite Republik galt lange Zeit als ein Musterbeispiel für die politische Kultur der »Konkordanzdemokratie«. Die politischen Eliten des sozialistischen und des katholisch-konservativen Lagers entwickelten ein System wechselseitiger Machtbeteiligungsgarantien, die – nach dem Prinzip »The winner does not take it all« – den politischen Entscheidungsprozess gegenüber Wahlergebnissen und Mehrheitsbildungen möglichst immunisieren sollten. Politische Entscheidungen wurden ausschließlich und in grundsätzlicher Übereinstimmung von den politischen Eliten der beiden traditionellen Lager kontrolliert – ihren Parteien, und der mit diesen verflochtenen Wirtschaftsverbände. Das bedeutete ein grundsätzliches Defizit an Opposition und den Ausschluss aller dritten Kräfte vom eigentlichen Entscheidungsprozess. Mehr als 50 Jahre regierten die beiden größten Parteien miteinander (d.h. von 1945 bis 1966; von 1983 bis 2000 und von 2007 bis 2017).

4.2 Der lange Aufstieg der »Freiheitlichen« (FPÖ) zur kulturellen Hegemonie. Kontinuität aus dem Deutsch-Nationalismus[44]

Österreich hat eine lange rechtsextreme und neonationalsozialistische Tradition. Nach dem Ende des Faschismus wurde die FPÖ zum Kristallisationspunkt. Ihr erster Parteiobmann, Anton Reinthaller, war vor 1945 hochrangiger NSDAP-Funktionär, sein Nachfolger Friedrich Peter war SS-Offizier gewesen. Nicht alle Protagonisten der FPÖ hatten eine nationalsozialistische Vergangenheit, einige kamen auch aus dem nationalliberalen und rechtskonservativen Lager. Anders als in Deutschland gab es vergleichsweise weniger gesellschaftliche Erschütterungen in der Auseinandersetzung mit der autoritären Geschichte vor 1945, sodass die Rechtspopulisten ungehindert auf diese Tradition zurückgreifen können.

Große Teile des gesellschaftlichen Bewusstseins waren auch im Vergleich zur Bundesrepublik länger antisemitisch, stärker von autoritären Regierungsformen fasziniert, von deutschnationalen Vorstellungen durchzogen und von fremdenfeindlichen Einstellungen mitgeprägt – gegenüber jenen Ethnien, die in Österreich-Ungarn zu den untergeordneten zählten, wie die Tschechen, die Ungarn und andere Minderheiten.

Die FPÖ weist eine besondere Kontinuität auf. Ihre Geschichte geht personell und programmatisch zurück auf das ausgehende 19. Jahrhundert, die Entstehung des deutschnationalen Lagers für ein Großdeutschland – eine Kontinuität, die auch die NSDAP mit einschließt. 1955 aus den Resten einer schon 1949 ins Leben gerufenen Übergangspartei (des Verbandes der Unabhängigen: VDU) gegründet, waren die »Freiheitlichen« von Anfang an erkennbar eine Gründung von ehemaligen Nationalsozialisten für ehemalige Nationalsozialisten. Nichtsdestotrotz wurden sie – abgesehen von Absplitterungen weiter rechts – als Teil der politischen Normalität akzeptiert. Dies war in der Bundesrepublik erheblich anders. Dort wurde die Sozialistische Reichspartei durch ein Urteil des Bundesverfassungsgerichts 1952 verboten.

Anton Pelinka (2013) stellt zu Recht fest, dass es in keinem anderen Land Europas eine derartige Kontinuität zwischen einer Partei, die eine barbarische Diktatur verkörperte, und einer in einem postfaschistischen liberaldemokratischen System agierenden Parlamentspartei gibt. Seines Erachtens repräsentieren die »Freiheitlichen« die Fortsetzung der deutsch-völkischen

---

44 Zum Folgenden siehe auch Falter 2018.

Tradition, die im Nationalsozialismus und dem von diesen zu verantwortenden Holocaust gipfelten.

Zu den Traditionslinien gehört, dass die FPÖ aus dem in Österreich starken Milieu der schlagenden Studentenverbindung mit deren deutsch-nationalistischer und spezifisch männlicher Kultur geschöpft hat. Aufgrund der Nationalitätenkonflikte am Ende der Monarchie Österreich-Ungarns besaß dieses Milieu einen besonders aggressiven nationalistischen und antisemitischen Charakter (ebd.: 5). Dies ist der historische Hintergrund für eine soziale Respektabilität des Rechtsextremismus in Österreich – einschließlich der männerbündischen Vereine und Formen, gegen den Zeitgeist der Feminisierung.

Kurz nach dem Zweiten Weltkrieg hatte schon der Vorläufer der Freiheitlichen (die VDU) ein umfangreiches Netzwerk an Vereinen, Verbänden und Burschenschaften aus dem Nationalsozialismus und den Traditionen des Deutsch-Nationalismus gebildet, das teilweise offen die extrem nationalistischen Traditionen pflegte und dafür in beträchtlichen Teilen Österreichs Zuspruch fand. Die Rituale von Krumpendorf zur Erinnerung an die Gloire der Waffen-SS hielten sich bis in die jüngste Zeit.

Kein Cordon sanitaire

Schon 1957 hatten die »Freiheitlichen« gemeinsam mit der ÖVP den schließlich unterlegenen Präsidentschaftskandidaten Wolfgang Denk vorgeschlagen. 1963 und ab 1970 gab es Kontakte zwischen FPÖ und SPÖ für eine mögliche Koalition. Es war dann kein anderer als der vielleicht einflussreichste Nachkriegs-Sozialdemokrat, Bruno Kreisky, der sich schon vor dem Aufstieg Haiders entschlossen hatte, mit den Freiheitlichen unter Anleitung eines ehemaligen SSlers, Friedrich Peter, eine Koalition einzugehen: Gegenüber den Freiheitlichen hat es nie einen *Cordon sanitaire* gegeben. Sie waren mehr oder weniger integraler Teil der politischen Kultur Nachkriegsösterreichs – und des Parteiensystems.

Ohne diese Tradition wäre der fulminante Wahlsieg *Kurt Waldheims* 1986 nicht denkbar gewesen. Kurz zuvor waren weiße Flecken in seiner Kriegsgeschichte als Wehrmachtsoldat in Jugoslawien im Südosten Europas aufgetan worden, die er selbst verschwiegen hatte. Mit antisemitischen Angriffen Waldheims gegenüber der internationalen Presse, so gegenüber *Le Monde,* und mit Unterstützung der rechtskonservativen, antisemitisch auftretenden Kronenzeitung entfesselte er einen fulminanten Wahlkampf und siegte im Juni 1986 mit über 55%. Vor diesem Hintergrund war es ein Gebot der Stunde für Haider, sich in einem putschartigen Machtkampf im Herbst 1986 an die Spitze der Partei der Freiheitlichen zu setzen und mit einem radikaleren Programm die Freiheitlichen noch weiter nach rechts zu treiben.

Nach der Nationalratswahl 1999 kam es zwischen den Freiheitlichen und der ÖVP unter Wolfgang Schüssel zu einer Koalition, sodass die »Freiheitlichen« und ihre Abspaltung Bündnis Zukunft Österreich (BZÖ) insgesamt sechs Jahre die Regierungspolitik auf Bundesebene mitzubestimmen vermochten. Und in Kärnten stellte sie über lange Jahre den Landeshauptmann, Jörg Haider.

Nur phasenweise hat es Versuche eines Cordon sanitaire wie unter der Kanzlerschaft Franz Vranitzkys (1986 bis 1997) gegeben, teilweise auch durch die ÖVP unter Erhard Busek (1991-1995). Da die »Freiheitlichen« indes einen großen Block bildeten, drängte es die anderen Parteien, sie immer wieder zu Absprachen zu bringen, womit sie eine zusätzliche Legitimität schufen (Pelinka 2013: 3).

Große Attraktion – durch Antisemitismus und nun Islamfeindlichkeit

Unter Jörg Haider kam es zu einer radikalen Neupositionierung der FPÖ als rechtspopulistische und demagogisch-aktionistische Protestpartei, die neue Wählerschaften gewinnen konnte. Ab Mitte der 1990er Jahre erfolgte der Übergang von einer eher diffusen Protestpolitik mit breit gefächerter Wählerkoalition zum artikulierten Rechtspopulismus mit einer elektoralen Schwerpunktsetzung in den unteren Sozial- und Bildungsschichten. Daneben pflegte Haider aber mit höchst umstrittenen Aussagen zum NS-Regime auch die nationalistische, rechtskonservative Klientel der Partei.

In den 1990er Jahren konnte der charismatisch wirkende Haider die FPÖ an die 20%-Grenze heranbringen und sie 1999 sogar mit 27% zur zweitstärksten Partei machen (Tóth 2015: 61). Als Nachfolgepartei des Verbands der Unabhängigen (VDU), der mit Duldung der Westalliierten und der SPÖ gegründet worden und ein Sammelbecken für ehemalige Nazis und belastete Österreicher war, hatte sie schon immer das weit rechts stehende Milieu angesprochen und zu integrieren verstanden. Jörg Haider sprach im Kärntner Landtag 1991 von »ordentlicher Beschäftigungspolitik« im Dritten Reich (ebd.: 62), bezeichnete 1995 nationalsozialistische Konzentrationslager als »Straflager« und begrüßte in Krumpendorf ehemalige Kriegsteilnehmer, darunter solche der Waffen-SS, als Menschen mit Charakter, die ihrer Überzeugung treu geblieben seien (ebd.: 63). Er konnte an die nationalistisch-autoritären Traditionen Österreichs anknüpfen; auch in diesem Fall wirkte sich die unzureichende Aufarbeitung des Nationalsozialismus nach 1945 aus. Zu einer kritischen Presselandschaft, so Tóth, kam es erst in den 1970er Jahren, linksgerichtete Protestparteien konnten sich kaum entwickeln (ebd.: 62).

In das ideologische Profil passt, dass *antisemitische* Einstellungen unter den FPÖ-Anhänger*innen doppelt so häufig anzutreffen sind wie im österreichischen Durchschnitt. In ihren deutschnationalen Wurzeln verkörperte die FPÖ lange Jahre die Absage an die Konvergenz von Staat und Nation. In ihrer »populistischen« Orientierung ist die Partei allerdings betont österreichisch-patriotisch. Nach der Wahl Jörg Haiders 1986 gelang es, ihre Stimmenanteile auszubauen. Ende der 1990er Jahre bewegten sie sich oberhalb der 25%-Marke und lagen damit gleichauf mit SPÖ und ÖVP.

Die FPÖ griff zunehmend und erst recht nach dem Tod Haiders 2008 den Islam an – ein, wie Barbara Tóth schreibt, breites Feld für Provokationen und Niedertracht (ebd.: 63): »Daham statt Islam« oder »Wien darf nicht Istanbul werden«, eine scharfe Ausländer- und Migrationspolitik, eine Law-and-order-Mentalität sowie ein ethnozentrischer Nationalismus (der sogenannte Österreich-Patriotismus in der Sprache der FPÖ) trafen die autoritäre Grundstimmung in beträchtlichen Teilen der Bevölkerung (ebd.).[45] Haider gelang es, die ökonomischen Irritationen, die kleinen und großen Nöte sozial Verunsicherter in eine Aggression gegenüber »Fremden«, zunächst auch Juden, später vor allem gegenüber dem Islam und der türkischen Minderheit umzuformen.

Den Aufschwung verdankt diese Partei nicht nur ihrer rechtsradikalen Tradition, sondern auch ihrer gleichzeitigen populistisch flexiblen Strategie, die keiner so gut beherrscht hat wie Jörg Haider. Mal befürwortete die Partei Österreichs Beitritt zur europäischen Gemeinschaft, mal war sie eine Anti-EU-Partei mit einer Politik der Mobilisierung aggressiver Gefühle gegen Migrant*innen, vor allem mit muslimischem Hintergrund. Mal folgte sie einer neoliberalen Orientierung, mal einer wohlfahrtsstaatlichen wie etwa in Kärnten mit direkten Geldzuwendungen an junge Menschen. Sie war und ist eine in der Taktik klassische rechtspopulistische Partei, die *ihr*

---

[45] Zwar war die Beteiligung an der Macht im Jahr 2000 durch Wolfgang Schüssel kein gelungenes Experiment für die FPÖ – zeigt aber, wie weit der Einfluss in das Zentrum der öffentlichen Debatten reichte.

Volk, wie sie es versteht, anruft und polarisiert in »*Wir gegen Die*« und so einen ethnischen Nationalismus forciert (Pelinka 2013: 4).

Die Scheidung in »Wir« und »Die« war und ist für viele Österreicher*innen wahlentscheidend. »Die« sind nicht nur die Ausländer, die EU-Elite, reiche Unternehmer, tendenziöse Medien oder abgehobene Politiker. »Die« bezieht sich auf das gesamte System aus politischen, wirtschaftlichen, kulturellen Eliten, die einen gesellschaftlichen Filz verkörpern würden. Sozialdemokraten und Konservative, die jahrzehntelang in Österreich politisch schalten und walten konnten, wie es ihnen beliebte, haben tendenziell ihre Mehrheitsfähigkeit verloren. Das Parteiprogramm hält fest, Österreich sei kein Einwanderungsland, dafür setze die FPÖ auf eine »geburtenorientierte Familienpolitik«. Die Freiheitlichen sehen ihre perfekte Welt bedroht – durch die »Massenzuwanderung unter dem Deckmantel des Asyls«, die EU und den »erzwungenen Multikulturalismus«. »Aufstehen für Österreich«, lautet der Wahlspruch. Deshalb: »Deine Heimat braucht dich jetzt.«

4.3 Die Entfesselung des Ressentiments

In der FPÖ dominiert eine Interessenvertretung der kleinen Leute. Die tiefsitzenden Ressentiments gegen Fremde und Flüchtlinge, neuerdings vor allem Muslime im Land, werden gespeist aus der Selbstwahrnehmung einer unzureichenden sozialen Sicherheit für die einheimische Bevölkerung. Es sind also – wie in anderen kapitalistischen Gesellschaften auch – keineswegs drastische sozial-ökonomische Krisenprobleme, die als Nährboden für die von Neid durchzogenen Einstellungen herangezogen werden können. Es ist die spezifische Deutung, dass »die anderen uns was wegnehmen« – ganz unabhängig davon, ob dies stimmt, und um welches Ausmaß es geht –, ein Traditions-»Gut« dieser Partei gegen alle (auswärtigen) Minderheiten, zum Teil auch gegen die nicht-migrantischen Arbeitslosen. Der typische FPÖ-Wähler ist männlich, hat eine einfache, nicht akademische Ausbildung und zählt im weitesten Sinn zu Modernisierungsskeptikern bis Modernisierungsverlierern. Die FPÖ ist inzwischen die stärkste Partei bei den Arbeitnehmerinnen, nicht zuletzt auch unter jungen Männern. Sie spricht jene Menschen an, die von der Modernisierung aus ihren traditionellen Einbettungen und Bindungen freigesetzt wurden.

Auf dieser Folie ließ sich die *Flüchtlingsbewegung* des Jahres 2015 wie ein Trigger benutzen und für die eigenen, wie immer begrenzten sozialen Nöte, Ängste und vor allem oft wohlstandschauvinistischen Wünsche zum Sündenbock machen. So ergab sich eine Diskursverschiebung nach ganz rechts, die immer stärker auch die beiden Regierungsparteien erfasste. Der Rücktritt des Sozialdemokraten Werner Faymann war Ausdruck dieser Rechtsverschiebung. Die Kritik verblieb bei Minderheiten aus den Reihen der Grünen und der Zivilgesellschaft.

Geringe wirtschaftliche Wachstumsraten

Auch die wirtschaftliche Entwicklung war nicht so brillant, um diese Entfesselung des Ressentiments unter allen Umständen abzufedern (vgl. a. Tabelle 5 auf der folgenden Doppelseite). Im Gegenteil: Das Wirtschaftswachstum Österreichs ist seit der Großen Krise – ähnlich wie in Frankreich – schwach ausgefallen. Von 2011 bis 2016 erreichte die durchschnittliche Zuwachsrate des BIP 1,1%. Diese geringen Wachstumsraten führten zusammen mit einem Anstieg des Arbeitskräfteangebots aufgrund von Zuwanderung zu einem Anstieg der Arbeitslosenrate auf 6%. Diese Rate liegt zwar weiterhin unter dem europäischen Durchschnitt, stellt aber für Österreich, das seit den 1970er Jahren im europäischen Kontext stets auf seine weit unterdurchschnittliche Arbeitslosenraten verweisen konnte, einen Bruch dar. Vor diesem Hintergrund entwickelten sich die Reallöhne pro Kopf negativ. Von 2011 bis 2016 sanken sie im jährlichen Durchschnitt um 0,1% und dämpften so die Entwicklung des privaten Konsums (vgl. European Commission 2016: 68). Nach Italien waren dies die schlechtesten Werte in der Vergleichsgruppe. Im Unterschied zu Deutschland, Frankreich und den Niederlanden sanken dementsprechend in Österreich die realen Lohnstückkosten. Auch diese negative Lohnentwicklung stellte für das Land eine neue Erfahrung dar.

Während frühere Regierungen, insbesondere unter sozialdemokratischer Führung, in einer solchen makroökonomischen Lage in austro-keynesianischer Tradition mit einer antizyklischen Fiskalpolitik reagierten, begann die rot-schwarze Regierung nach 2010 unter dem Druck der europäischen Haushaltsvorgaben im Gegenteil mit einer Konsolidierungspolitik (vgl. Feigl/Breiteneder/Greif 2016). Von 2010 bis 2016 wurde das staatliche Haushaltsdefizit von 4,5% auf 1,6% zurückgeführt.

Feigl, Breiteneder und Greif bewerten diese Periode wie folgt: »Obgleich sich die Verschlechterung der Arbeitsmarktlage noch in Grenzen hielt, markierte sie auf symbolischer Ebene die Abkehr von antizyklischer Budgetpolitik vergangener Regierungen unter sozialdemokratischer Kanzlerschaft bzw. eine gewisse Ohnmacht der Politik gegenüber der steigenden Arbeitslosigkeit. In Kombination mit den Milliarden für die Bankenret-

Tabelle 5: Wirtschaftliche Kennziffern für Österreich

		2016	
		lauf. Preise in Mrd. EUR	% BIP
Bruttoinlandsprodukt (BIP)		353,3	100,0
Privater Konsum		186,2	52,7
Öffentlicher Konsum		70,6	20,0
Bruttoanlageinvestitionen		81,5	23,1
davon: Ausrüstungsinvestitionen		26,8	7,6
Exporte (Güter und Dienstleistungen)		184,6	52,3
Importe (Güter und Dienstleistungen)		172,8	48,9
Bruttovolkseinkommen (BIP -Deflator)		353,1	99,9
Beiträge zum BIP-Wachstum	Inlandsnachfrage		
	Vorratsveränderungen		
	Außenhandelsbeitrag		
Beschäftigung			
Arbeitslosenrate (a)			
Arbeitnehmerentgelte			
Lohnstückkosten Gesamtwirtschaft			
Reale Lohnstückkosten			
Sparquote der Haushalte (b)			
BIP-Deflator			
Harmonisierter Verbraucherpreisindex			
Terms of trade (Güter)			
Handelsbilanz (Güter) (c)			
Leistungsbilanz (c)			
Nettokreditvergabe/-aufnahme ggb. dem Rest der Welt (c)			
Gesamtstaatlicher Haushaltssaldo (c)			
konjunkturbereinigter Haushaltssaldo (c)			
Struktureller Haushaltssaldo (d)			
Gesamtstaatlicher Bruttoschuldenstand (c)			

a) % aller Arbeitskräfte b) Bruttosparen dividiert durch verfügbares Bruttoeinkommen der Haushalte c) als % des BIP d) als % des potenziellen BIPs
Quelle: European Commission: Autum 2017 Economic Forecast, Brussels 2017: 113

Jährliche Veränderung in %						
1998-2013	**2014**	**2015**	**2016**	**2017**	**2018**	**2019**
1,8	0,8	1,1	1,5	2,6	2,4	2,3
1,5	0,3	0,5	1,5	1,4	1,5	1,3
1,5	0,8	1,5	2,1	1,3	1,2	1,1
1,1	-0,7	1,2	3,7	3,9	2,7	2,4
1,2	-1,6	1,5	8,6	5,7	3,8	3,7
4,7	3,0	3,1	1,9	5,3	4,5	4,3
3,8	2,9	3,1	3,1	4,3	3,3	3,0
1,9	0,7	0,2	2,1	2,0	2,4	2,3
1,4	0,2	0,8	2,0	1,9	1,6	1,5
0,0	0,3	0,2	0,0	0,0	0,0	0,0
0,5	0,1	0,1	-0,5	0,7	0,8	0,8
-	1,0	0,6	1,2	1,5	1,3	1,1
4,8	5,6	5,7	6,0	5,6	5,5	5,4
2,2	1,9	2,1	2,4	2,3	2,3	2,3
1,3	2,0	1,6	2,1	1,2	1,2	1,1
-0,2	0,0	-0,7	1,0	-0,6	-0,3	-0,6
15,3	12,4	12,5	13,4	12,7	12,5	12,4
1,6	2,0	2,3	1,1	1,8	1,6	1,7
1,9	1,5	0,8	1,0	2,0	1,6	1,7
-0,3	1,0	1,5	0,4	-0,1	-0,1	0,1
-0,4	0,3	0,6	0,1	0,6	1,1	1,6
1,5	2,5	2,1	2,3	2,2	2,9	3,7
1,4	2,4	1,6	2,1	2,0	2,6	3,3
-2,5	-2,7	-1,0	-1,6	-1,0	-0,9	-0,6
-2,6	-2,2	-0,6	-1,1	-0,9	-1,0	-0,9
-	-0,8	-0,3	-1,0	-0,9	-1,0	-0,9
70,9	83,8	84,3	83,6	78,6	76,2	73,4

tung bei gleichzeitiger Schwächung der real verfügbaren Einkommen trug dieser wirtschaftspolitische Kurswechsel zur wachsenden politischen Unzufriedenheit in breiten Teilen der Bevölkerung bei.« (ebd.: 98)

Fakt ist: Österreich geht es wirtschaftlich und sozial leidlich gut. Die Schattenseiten sind aber unübersehbar: Der Bundeshaushalt ist seit Jahren im Minus, die Finanzierung der Renten ist in Gefahr und die Arbeitslosigkeit ist – für österreichische Verhältnisse – hoch. Für all das erhofft sich die Bevölkerung eine Lösung, doch die etablierten Volksparteien – ÖVP und SPÖ – finden keinen Schlüssel und hinterlassen den Eindruck, nicht einmal mehr das gewachsene Unbehagen ernst zu nehmen.

Die wirtschaftliche und soziale Entwicklung in Österreich erfordert eine Erneuerung. Das Wirtschaftswachstum ist zu niedrig. Steuern, Abgaben und Schulden sind hoch, die Reallöhne stagnieren. In dieser Konstellation der Stagnation entwickeln viele Menschen Abstiegsängste, sie fühlen sich abgehängt. Ohne gesellschaftliche Aufklärung sehen sie Gründe zur Abgrenzung gegenüber Flüchtlingen und Einwanderern.

Leichter Anstieg der Arbeitslosigkeit und Abbau sozialstaatlicher Transfers

Das unbefriedigende Wirtschaftswachstum sorgte in den letzten Jahren vor allem für zwei Missstände – den Anstieg der Arbeitslosigkeit und einen chronischen Abbau sozialstaatlicher Transfers durch die Sparpolitik.

Österreich tritt gesellschaftspolitisch und wirtschaftlich seit der großen Wirtschafts- und Finanzkrise 2008 auf der Stelle. Die Rückkehr der großen Koalition an die Macht (2007) war mit dem politischen Versprechen verbunden, eine ökonomische Erneuerung auf den Weg zu bringen. Doch dies misslang: Kam seit den frühen 2000er Jahren keine der vierteljährlichen Konjunkturprognosen ohne den Hinweis aus, dass Österreich rascher wachse als die Euro-Zone, so ist das Land sowohl 2014 als auch 2015 hinter dem Euro-Raum zurückgeblieben. Die Inflationsrate war 2014 und 2015 an der EU-Spitze. Zwei Drittel davon sind vom Staat zu verantworten (Gebühren, Tarife, Steuern). Und: Während in vielen EU-Staaten die Arbeitslosigkeit tendenziell sinkt, stieg sie in Österreich zumindest bis 2016 auf 6,0%.

Mobilisierung sozialer Ressentiments der FPÖ schon vor der Großen Krise – erst recht nach ihr

Mit dem politischen Aufgreifen des Themas des Sozialabbaus war der Resonanzraum der längst etablierten »Freiheitlichen« schon in den 1990er Jahren gewachsen, ehe sie Ende der 1990er Jahre an der Regierung teilhatten (vgl Flecker/Kirschenhofer 2007). Im Gefolge der Krisen nach 2008 ist der soziale Druck größer geworden und parallel nimmt die rechtspopulistische Kritik an Migrant*innen, vor allem an der türkischen Minderheit und schließlich gegenüber den Geflüchteten der letzten Jahre zu.

Auch wenn die ökonomisch-soziale Lage keineswegs so dramatisch ist wie in Frankreich oder Italien, sind die Spuren der großen Krise auch in Österreich wahrgenommen worden und die Angriffe auf Migrant*innen und Türk*innen eminent gestiegen. Die FPÖ ist stärker ins Zentrum der politischen Öffentlichkeit gedrungen und hat stellenweise die kulturelle Hegemonie gewonnen.

Rechtspopulistische Zuspitzung 2016/2017

Unter dem Eindruck der weltweiten Krisenerscheinungen, v.a. aber der massiven Flüchtlingsströme seit dem Frühjahr 2015, konnte die FPÖ bei den Landtagswahlen 2015 große Gewinne einfahren: Burgenland (31.5.): 15% (+6 Prozentpunkte), Steiermark (31.5.): 26,8% (+16,1 Prozentpunkte), Oberösterreich (27.9.): 30,3% (+15 Prozentpunkte) und Wien (11.10.): 30,8% (+5 Prozentpunkte). Der größte Erfolg gelang der FPÖ im Jahr 2016 mit ihrem Präsidentschaftskandidaten Norbert Hofer, der den ersten Wahlgang überraschend und auch überraschend deutlich mit 35% der Stimmen gewinnen konnte. Im zweiten Wahlgang unterlag Hofer nur knapp dem von den Grünen unterstützten »unabhängigen Kandidaten« Alexander Van der Bellen.

Der dadurch entstandene Druck, letztlich aber der Umgang mit der Flüchtlingskrise, die die Regierung Orbán im September 2015 ausgelöst hatte, führte schließlich zum Kollaps der schwarz-roten Regierung unter dem Sozialdemokraten Faymann und zu seiner Ersetzung durch den Bahnmanager Christian Kern. Dieser rief eine »Agenda 2025« aus, die das Land wirtschaftlich wieder flott machen sollte. Ohne den Kampfbegriff des ehemaligen deutschen Bundeskanzlers Gerhard Schröder (SPD) direkt aufzugreifen, kündigte Kanzler Kern einen »Plan für Österreich« an, um den Standort bis zum Jahr 2025 auf die »Überholspur« zurückzuführen. Der ehemalige Chef der Bahngesellschaft ÖBB wollte dem breiten gesellschaftlichen Frust einen »New Deal« entgegensetzen. »New Deal« ist das populäre Stichwort aus dem 20. Jahrhundert für einen gesellschaftlichen Kurswechsel in der Wirtschafts- und Sozialpolitik, um mit einem umfassenden Wirtschafts- und Sozialprogramm der bestehenden sozialen Ungleichheit entgegenzutreten. Das Plädoyer für einen gesellschaftlichen Aufbruch soll neues Vertrauen der Politik schaffen und eine Mobilisierung der gesellschaftlichen Ressourcen und Kräfte ermöglichen.

Die Spannungen mit dem Regierungspartner aber wuchsen, nicht nur in der Ausrichtung der ökonomischen Politik, sondern auch dadurch, dass die ÖVP zunächst unter dem Außenminister, dann dem ÖVP-Chef Kurz unter dem Druck der »Freiheitlichen« jede auch begrenzte Flüchtlingspolitik durch die Forderung »Grenzen dicht« zu torpedieren begann, ehe als Konsequenz vorzeitige Neuwahlen ausgerufen wurden. Im Oktober 2017 gewann in den Nationalratswahlen eine rechtspopulistisch gewendete ÖVP unter Sebastian Kurz, die Freiheitlichen wurden ein wenig schwächer. Die SPÖ konnte sich als zweite Kraft behaupten, hatte aber keine Chance zur Verteidigung der politischen Hegemonie. Die ÖVP unter der Führung des charismatischen Kurz hat mit der FPÖ eine Koalition verabredet. Möglich wurde die Allianz auf Basis einer rechtspopulistischen Programmatik, allerdings bei deutlicher Abschwächung der anti-europäischen Haltung der FPÖ.

4.4 Ausblick: Das absehbare Ende des österreichischen Konkordanz-Systems[46]

Der vielleicht kenntnisreichste Politikwissenschaftler der österreichischen Nachkriegsdemokratie, Anton Pelinka, hat das Dahinsiechen des koalitionären Zwei-Parteiensystems (zwischen SPÖ und ÖVP) über die Jahre verfolgt und in sarkastischen Worten über die Banalität des Endes dieses Systems geurteilt. Im Juli 2017 schrieb er, es sei kein Schrecken ohne Ende und die Politik der großen Koalitionen habe auch kein schreckliches Ende gefunden. Am besten charakterisiere das Endstadium der Koalition der Begriff Banalität. Es dürfe auch beim Finale dieser Regierung nicht überraschen, dass sich das rot-schwarze Bündnis heillos in kleinteilige politische Regulierungen verheddert habe. Irgendwie wäre dennoch zu erwarten gewesen, dass diese Regierung zur Selbstreflexion fähig ist. Diese Koalition sei doch bei anderen Gelegenheiten sehr wohl in der Lage gewesen, Stil zu zeigen – bei der Sitzung des ersten wieder frei gewählten Nationalrats 1945, bei Staatsvertrag und Neutralitätserklärung 1955 und beim EU Beitritt 1994 (Pelinka 2017a).[47]

---

[46] Zur folgenden Argumentation siehe Pelinka 2002.

[47] Seine Darstellung wird zur Politikerschelte dieser Generation, die nun das bisherige koalitionäre System beerdigt hat: Es liege wohl primär daran, dass diese Koalition ausgelaugt sei, dass sie nun wirklich an ihrem Ende angelangt ist – aus

Unbestreitbar haben die Regierungen der großen Koalitionen in der Nachkriegsentwicklung über Jahrzehnte eine positive Entwicklung der österreichischen Wirtschaft und Gesellschaft ermöglicht. Trotz allem Hin und Her erschien es als ein *ultrastabiles Modell.* Dies liegt auch daran, dass das Modell der Sozialpartnerschaft weiter ausgebaut ist als in allen zum Vergleich herangezogenen Ländern.

Aber dieses System der Konkordanzdemokratie war auch in der Wahrnehmung der Wählerschaft immer wieder hoch fragil und wurde unterbrochen: sehr früh durch die Entscheidung Kreiskys, mit der Vor-Haider-FPÖ zu koalieren, dann im Jahre 2000 mit der Einflussstärkung der Freiheitlichen unter Haider in der entsprechenden Koalition mit Schüssel, die allerdings innerhalb der Freiheitlichen zum Bruch und zur Ausgründung geführt haben (der sogenannten BZÖ). Es gelang allerdings nicht eine umfassende Modernisierung der gesellschaftlichen Institutionen auf den Weg zu bringen, insofern war der Vorrat an gesellschaftlichen Gemeinsamkeiten zur Modernisierung letztlich aufgebraucht.

Ende 2016 hat mit Norbert Hofer ein »Freiheitlicher« den Einzug in das Bundespräsidentenamt nur um wenige Prozent verfehlt: Über 48% der Wähler*innen stimmten für ihn als Kandidaten der rechtsradikalen FPÖ – und es waren Anfang 2017 an die 30-35 %, die die FPÖ nach Umfragen bekam. Ein Wahlsieg der FPÖ bei der anstehenden Nationalratswahl galt lange als ausgemacht. Aber dann trat der ÖVPler Kurz die »Flucht nach vorn« an. Die ÖVP hat im Mai 2017 nach langwierigen Turbulenzen in der Partei und damit auch in der Koalitionsregierung mit den österreichischen Sozialdemokraten (SPÖ) den Außenminister Sebastian Kurz mit Sondervollmachten ausgestattet und damit ihre politische Stagnation infolge der langjährigen Herrschaft der großen Koalition beendet.

Gründen, die nichts mit Migration und Globalisierung, aber alles mit inhaltlichen Kleinmut und strategielosem Taktieren zu tun hätten. Rot und Schwarz hätten primär daran gedacht, wie sie sich für die Zeit nach der Wahl positionieren wollten, wie sie nach dem Zusammenbruch ihres alten Regierungsmodells weiterhin, auch ohne den gewohnten Partner, Posten am Kabinettstisch besetzen könnten. Fast wehmütig klingt es im Rückblick: Es könne doch nicht nur am Generationswechsel liegen, dass weder Christian Kern noch Sebastian Kurz zu jener Sprache finden, der sich Karl Renner und Leopold Figl, Franz Vranitzky und Alois Mock in entscheidenden Momenten zu bedienen verstanden. Dies ist gewissermaßen die subjektive Seite eines – wie Anton Pelinka meint – doch alles in allem erfolgreichen Regierungsmodells (Pelinka 2017a).

4.5 ... und rechtspopulistische Dominanz – Fazit

Der Aufstieg der FPÖ ist also erstens weniger dem ökonomischen Strukturwandel geschuldet, der sich im leidlich prosperierenden Österreich stark moderiert auf sozial Schwache auswirkte. Die soziale Ungleichheit ist aber auch in Österreich ein Faktor der Verunsicherung, der die Deutung einer anstehenden »Abstiegsgesellschaft« begründet.

Der Aufstieg der FPÖ unter Haider zur rechtspopulistischen und ethnozentrischen Anti-System-/Anti-Establishment-Partei hatte zweitens viel mit der spezifischen österreichischen Parteiendemokratie zu tun, den festgefahrenen Strukturen des Nepotismus, dem Proporz der lange regierenden großen Koalition aus bürgerlicher Volkspartei (ÖVP) und Sozialdemokratie (SPÖ). Hinzu kam drittens das kaum kaschierte autoritär-fremdenfeindliche Gesicht (Betz 1998: 9f.). Viertens ist das plebiszitäre Anti-Establishment-Element eine Selbstinszenierung, die durchaus den Sehnsüchten weiter Teile der Wählerschaft zu entsprechen scheint, politische Ressentiments gegen Minderheiten und die jüngere Vergangenheitsbewältigung in Österreich oder Gefühle des Zukurzgekommenseins sowie der nationalen Zugehörigkeit selbstbewusst über die FPÖ zu artikulieren, aber sich gleichzeitig als wahrhaft demokratische Kraft wähnen zu können.[48]

Protestwelle in der Zivilgesellschaft? Rechte Normalität ist Trumpf

In den politischen Arenen der Alpenrepublik wird gerne die Formel von der »Normalität« im Umgang mit der neuen Rechten benutzt. Vor allem die FPÖ – so das populäre Argument – habe sich seit Haiders Zeiten in den letzten Jahren deutlich geändert: Die moderne Rechte habe sich professionalisiert. Zwar gäbe es noch hin und wieder Skandale, aber die Freiheitlichen hätten sich dem breiten gesellschaftlichen Konsens angenähert. Kurzum: Es passt schon. Auch mit einer ÖVP-FPÖ-Bundesregierung gehe das Leben in Österreich ganz normal weiter. Die Kritik – auch aus dem Ausland – an der freiheitlichen Regierungsbeteiligung werde sich verlaufen: »All das, was Linke jetzt auf der Straße grölen, tritt ja in Wahrheit nicht ein. Sie werden auch nicht damit fertig, dass, glaube ich, beide Fraktionen

---

[48] Van der Bellen war als Kompromisskandidat das Symbol für jenes politische Establishment, dessen politische Unfähigkeit und Bewegungslosigkeit eine große Mehrheit der ÖsterreicherInnen überdrüssig sind. Deshalb wählen sie die FPÖ (Hofer), deshalb unterstützen sie deren ausländerfeindliche Agenda. Nicht der letztlich erfolgreiche Kandidat ist der Grund für die extreme politische Spaltung. Er wird als Bundespräsident keinen großen Einfluss auf eine Erneuerung des Establishments haben.

– sowohl die ÖVP, als auch die FPÖ – dazugelernt haben.« (Nagl, ÖVP-Bürgermeister der Stadt Graz, im Dezember 2017)

FPÖ-Klubdirektor Norbert Nemeth sprach allerdings schon vor der Nationalratswahl davon, die Hegemonie der »68er« brechen zu wollen. Er forderte eine »konservative Konterrevolution«. Innenminister Herbert Kickl von der FPÖ gab der Tiroler Tageszeitung ein Interview, das eine Debatte über die »68er« befeuert hat, die doch stark an der Normalität zweifeln lässt. »Das Projekt der 68er ist gescheitert. Wir erleben jetzt, nicht nur in Österreich, eine Gegenbewegung. Und das ist auch gut so. Für mich kommt es zu einer Rückkehr zur Normalität. Die 68er versuchten, im Namen des Fortschritts zerstörerisch zu wirken. Wenn ich nur an das Aushöhlen der staatlichen Identität oder der Identität des Familienverbundes denke. Diese Regierung steht für einen offensiven Gegenentwurf. Die Thesen der 68er haben sich als falsch herausgestellt. Das Bedürfnis nach Orientierung, Geborgenheit und Heimat wird von uns wieder in ein positives Licht gerückt.«[49] Das Projekt der neuen österreichischen Regierung besteht für die moderne Rechte ideologisch gesehen darin, den »Kulturmarxismus« zu überwinden. Nirgendwo ist die Rede davon, zu diesem Behufe in die 1950er Jahre oder gar das Dritte Reich »zurück« zu wollen. Das Überwinden einer Ära bedeutet nicht automatisch, in die vorherige zurückzufallen. Es bleibt also zu untersuchen, wohin die gesellschaftspolitische Reise gehen wird.

Starke rechtspopulistische Parteien gibt es mittlerweile nahezu überall in Europa. Auch die Regierungsbeteiligung oder Tolerierung von Minderheitsregierungen ist in Nord- und Mittelosteuropa an der Tagesordnung. Die »Normalisierung« und Akzeptanz des Rechtspopulismus bei der Meinungsbildung und Werteorientierung in den Demokratien ist daher das eigentliche politische Problem Europas. Mit der türkis-blauen Koalition in Österreich wird Europa weiter geschwächt. Der Umbau der österreichischen Republik wird – wie in Osteuropa – unter Berufung auf Demokratie und Mehrheitsmeinungen im Volk inszeniert. Man kann das Modell in Polen und Ungarn studieren. Der ungarische Matador der »illiberalen Demokratie«, Viktor Orbán, wird von Sebastian Kurz sehr geschätzt. Daher werden die mittelosteuropäischen Staaten der Visegrád-Gruppe zu den nächsten politischen Verbündeten Österreichs aufrücken.

[49] Tiroler Tageszeitung vom 18.1.2018.

5. Deutschland – durchbrochener Konsens der Demokratie

5.1 Die Neue Rechte im Bundestag

Die Bundestagswahl 2017 war ein Einschnitt. Während die Parteien der Großen Koalition um 15 Prozentpunkte verkleinert wurden, erhielt die rechtsradikal geführte AfD knapp sechs Mio. Stimmen (12,6%) und ist nunmehr im Bundestag vertreten. Die AfD hat einen Erfolg errungen – trotz oder wegen der Tatsache, dass der rechtsradikale »Flügel« um Alexander Gauland und Björn Höcke auf dem Kölner Parteitag vom April 2017 erfolgreich die Entmachtung Frauke Petrys und eines pragmatischeren Kurses betrieben und seither definitiv in Partei und Fraktion die Oberhand hat. Die Durchsetzung rechtspopulistischer, rechtsradikaler oder rechtsextremer Bewegungsparteien, wie sie in der Mehrzahl der kapitalistischen Länder erfolgt ist, ist nunmehr auch in Deutschland nach einer Kette von Landtagswahlen mit dem Einzug der AfD in den Bundestag geschehen.

Bislang hatte in Deutschland die Kombination aus einer ökonomisch günstigen Lage, der hohen Hürde der 5%-Klausel und auch der Erinnerungskultur an die NS-Vergangenheit – also ökonomische, politikstrukturelle und politisch-kulturelle Faktoren – dazu beigetragen, den Konsens der Demokraten zu verteidigen, eine weithin rechtsradikale Partei nicht in den Bundestag wählen zu wollen. Das ist durchbrochen worden, und zwar von einer Parteilinie, die – mit Höcke als Flaggschiff – nicht auf Kompromiss, sondern auf Konfrontation gesetzt hat. Es ist eine Kampfansage an das demokratische Selbstverständnis. Der Erfolg wird von den noch weiter rechts stehenden völkischen Identitären als Triumph beschrieben.

5.2 Die rechtspopulistische Dynamik und ihre ökonomischen und gesellschaftlichen Grundlagen in Deutschland

Mit dem Umbau des Sozialstaats, dem Rückbau sozialer Staatsbürgerrechte verbreiteten sich auch in Deutschland Wahrnehmungen sozialer Ungleichheit, ohne dass die Repräsentanten der Demokratie – weder eine Partei, die das Wort *soziale Marktwirtschaft* im Mund führt, noch eine Sozialdemokratie, die sich allzu sehr auf die Forcierung der Globalisierung verengt hat – darauf zureichende Antworten fanden. Gleichzeitig breiten sich mit den Erfahrungen aus wachsender Ungerechtigkeit soziale Abgrenzungen und antidemokratische Affekte aus. Kritik und Protest an den negativen sozialen Auswirkungen der Globalisierung werden gegenwärtig vor allem mit reaktionärer Stoßrichtung formuliert.

Über zu lange Zeit hat man geglaubt, dass die Einladung zu immer weiterer Globalisierung und zur Stärkung der Wirtschaft zugleich zureichend soziale Erträge und eine Besserung der Lage der Menschen bewirke. Das war die gemeinsame Logik derer, die für die soziale Marktwirtschaft eintraten, und derer, die den neoliberalen Kurs verfolgten. »Die Einladung zum Ressentiments wird nur deswegen so häufig von den unteren Schichten angenommen, weil das linksliberale Milieu der wachsenden Ungleichheit nur hilflos bis desinteressiert gegenüber steht« (Neckel 2016) – und stand, ja, mit seinem Engagement für die Identitätspolitik hat es den sozialen Separatismus nur noch um weitere Formen erweitert.

Die Repräsentationslücke wuchs, denn die linksliberale Politik kannte keine Klasseninteressen oder anders gesagt: Eine Ansprache des Sozialen und eine entsprechende Politik war bei großen Teilen der Sozialdemokratie, aber auch den Grünen und ähnlichen Parteien in den westlichen Wirtschaftsnationen kein strategisches Thema. Neckel betont, er kenne niemanden, der je Hartz IV empfangen hat und der sich angesichts der demütigenden Schikanen, als die die Finanzkontrollen erlebt wurden, nicht geschämt hat. »Trump hat dieses Milieu von seiner Beschämung befreit« (ebd.) und in Rache umgewandelt. Noch in der Formulierung der Kritik an den 68ern und den Sozialliberalen in ihrem Gefolge ist diese schrille Melodie der Rache von den Rechtspopulisten, auch in Deutschland, angestimmt worden. Denn – so noch einmal Sighard Neckel – es braucht ein erneuertes »Verständnis für soziale Bündnisse, damit die uneingestandene Scham der einen sich nicht in Wut und Rachegefühle verwandelt und die offen gezeigte Selbstgewissheit anderer nicht in Hochnäsigkeit« (ebd.).

Ohnmacht und Unbehagen über die Zunahme der sozialen Ungleichheit. Konturen einer (neoliberalen) »Abstiegsgesellschaft«

Die Wahrnehmung einer Welt, die als nicht mehr kontrollierbar erscheint, führt zu individuellen und kollektiven Verunsicherungen, zu einer »Entsicherung«, wie sie Wilhelm Heitmeyer in den »Deutschen Zuständen« seit 2002 beschreibt.[50] Auf die Kontrollverluste der Politik gegenüber dem Finanzkapital und seiner Erpressungslogik, die undurchschaubar kalte Finanzkrise mit ihren hochriskanten Finanzprodukten und Spekulationstaktiken, die unkalkulierbaren Weltmärkte, die Entmachtung demokratisch legitimierter Parlamente und die prekäre Unkontrollierbarkeit des islamistisch

---

[50] Vgl. im Besonderen Heitmeyer 2012.

legitimierten Terrors folgen zunehmend autoritäre Reaktionen, rechtspopulistische oder rechtsradikale Angebote und eine Entfesselung von Vorurteilen und Ressentiments. Wo die sozialen Spielräume im globalisierten Kapitalismus aufgegeben werden, trumpfen Bewegungen auf, die sich selbst den Problemen entziehen, indem sie Sündenböcke konstruieren und deren Bekämpfung als Erfolge definieren. In Situationen der Anomie und angesichts multipler Krisen bringen sich radikale Rechte in Position, bekämpfen den Liberalismus und greifen die Hegemonie demokratischer, liberaler und vor allem sozialer Ideale an.

Dem korrespondieren Stimmen und Stimmungen in der deutschen Wahlbevölkerung. Ein beträchtlicher Teil der Wahlbürger*innen ist weniger zufrieden bzw. sehr unzufrieden mit den Leistungen der Parteien. Diese Unzufriedenheit glaubte die SPD mit einem Verweis auf die Leistungsbilanz der Koalitionen in einigen Bundesländern kontern zu können. Die Erzählung von den positiven Entwicklungstrends in den Bundesländern wirkt allerdings nicht überzeugend. Die SPD verweist vergeblich auf die Erfolge der rot-schwarzen Regierungen mit soliden Finanzen und Schuldenabbau, Investitionen in den Bildungsbereich und den niedrigsten Arbeitslosenquoten seit 1990. Eine der wichtigen Rahmenbedingungen: Es existiert eine Unzufriedenheit in der Wahlbevölkerung, die allerdings nicht unmittelbar

Abbildung 5: Einschätzung der eigenen wirtschaftlichen Lage

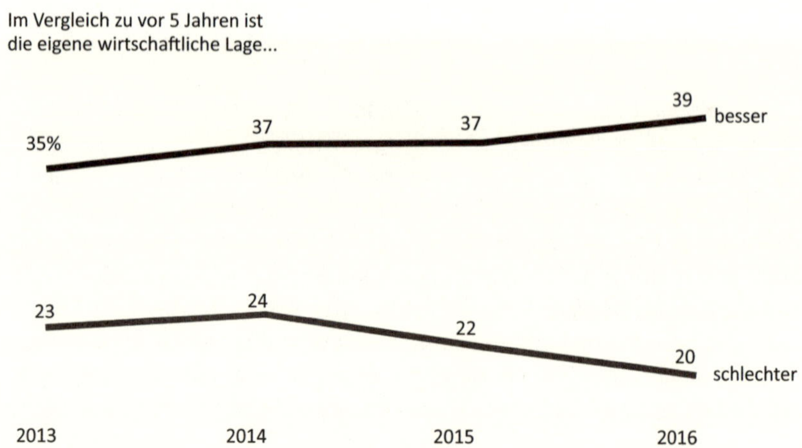

Quelle: Allensbacher Archiv, IfD-Umfragen, zuletzt 7240

auf die Einschätzung der wirtschaftlichen Entwicklung im gesamten Land zurückgeht, denn die ist mehrheitlich optimistisch. Auch die eigene wirtschaftliche Lage wird von der Mehrheit der Bevölkerung positiv gesehen (siehe Abbildung 5).

Dessen ungeachtet gibt es bei einem Teil der Bevölkerung einen untergründigen Trend des wachsenden Unbehagens über die Zunahme der sozialen Ungleichheit. Eine deutliche Mehrheit bewertet die Unterschiede zwischen Arm und Reich kritisch. 70% nehmen einen wachsenden Abstand bei Einkommen und Vermögen wahr, zwei Drittel halten die Einkommens- und Vermögensverteilung in Deutschland für ungerecht (siehe Abbildung 6). Gleichwohl ist das Leistungsprinzip in den Wertvorstellungen fest verankert. Dass jeder vom Lohn für seine Arbeit auch leben kann, und dass für die gleiche Arbeit das gleiche Geld gezahlt wird, gehört zu den grundlegenden Vorstellungen von sozialer Gerechtigkeit. Derzeit sieht aber nur eine Minderheit der Befragten diese Anforderungen als erfüllt an.

Die deutsche Bevölkerung wünscht in ihrer übergroßen Mehrheit eine Stabilisierung und den weiteren Ausbau des Wohlfahrtsstaates. In sämtlichen Bevölkerungsgruppen und sozialen Schichten wird die soziale Un-

Abbildung 6: Wahrnehmung des Abstands bei Einkommen und Vermögen

Frage: »Was meinen Sie: Hat der Abstand bei Einkommen und Vermögen bei uns in den letzten drei, vier Jahren zugenommen, abgenommen, oder ist es gleich geblieben?«

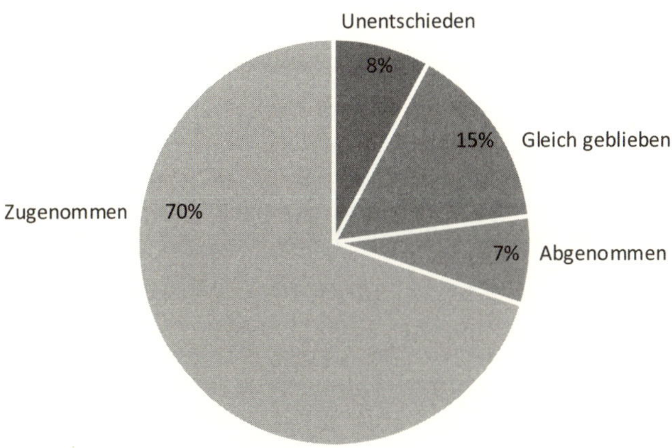

64 Prozent halten die Einkommens- und Vermögensverteilung in Deutschland für nicht gerecht

Quelle: Allensbacher Archiv, IfD-Umfrage 7240

gleichheit mittlerweile als zu groß wahrgenommen. Eine überwiegende Mehrheit glaubt zudem, dass sich die hohe soziale Ungleichheit negativ auf die Leistungskraft der deutschen Wirtschaft auswirkt. Die kritische Bewertung zahlreicher Themenfelder durch die Mittelschichten führt auch insgesamt zu einer überwiegend negativen Einschätzung der gesellschaftlichen Lage und zukünftigen Entwicklung in Deutschland. »Die Verunsicherung der 30- bis 59-Jährigen ist gewachsen, ihr Zukunftsoptimismus steil zurückgegangen« – so das Ergebnis einer empirischen Studie (Köcher 2016).

Diese Enttäuschung über die sozialstaatliche Gestaltung der »Berliner Republik« und über die Untätigkeit der Politik führt seit längerem zu einer Tendenz der Abkoppelung von der politischen Willensbildung. Vor allem bei der unteren Einkommensschicht – mit geringen Einkommen, einem hohen Anteil von Sozialtransfers, Bildungsferne, prekären Arbeitsbedingungen – ist die Wahlbeteiligung extrem niedrig.

Mit der Erfahrung, ökonomisch doch nichts ändern zu können und sich abgehängt zu sehen, nahmen Tendenzen zu, Wut an Schwächeren auszulassen. Mit der resignativen Hinnahme der Tatsache, dass der Stärkere sich ohnehin durchsetzt, in der Ökonomie wie im gesellschaftlichen Leben, verbinden sich dann Formen einer autoritären Identifizierung mit diesen Erfahrungen, im Sinne eines Sozialdarwinismus: die Identifizierung mit dem sozialen Aggressor und den ihm politisch entsprechenden Rechtspopulisten. Dann heißt es, dass es wertes und unwertes Leben gebe und Langzeitarbeitslose selbst Schuld hätten. Zu diesen autoritären Reaktionen gehören Aggressionen gegenüber Schwächeren, eben gegenüber den Langzeitarbeitslosen, aber auch gegenüber jenen, die man als nicht zugehörig zur deutschen Nation betrachtet, zu der man sich bekennt und mit der man sich, gerade weil man selbst sich schwach sieht, identifiziert.[51]

---

[51] Die Studie von Zick u.a. (2016) zeigt Veränderungen und Bewegungen im Meinungsbild zu Fragen autoritärer Einstellungen an. Danach ist die Zustimmung zur vorurteilsgeleiteten Auffassung gegenüber asylsuchenden Menschen (mit 44%), gegenüber Sinti und Roma (mit 27%) sowie Muslimen (mit 18%) stark verbreitet. Dabei erreicht die Abwertung langzeitarbeitsloser Menschen mit 47,8% die Hälfte der Bevölkerung (im Osten sind es sogar 55,4%). Fast ebenso verbreitet ist die Abwertung asylsuchender Menschen mit 44,3% (und im Osten Deutschland mit 52,8%).

Lang wirkende autoritäre Einstellungen von zwischen 15 und 25% zeigten sich in der Vergangenheit ab und zu auch in rechtspopulistischen Bewegungen und Parteien – wie seinerzeit in der Schill-Partei in Hamburg, der teils rechtsextre-

Trotz ökonomischen Erfolgs …

Deutschland kann in unserer Vergleichsgruppe seit 2010 die größten Wachstumsraten des BIP vorweisen, wenngleich diese immer noch nicht so hoch liegen wie vor der Großen Finanzkrise. Das hohe Beschäftigungswachstum hat dazu geführt, dass die Arbeitslosenrate sich seit der Krise halbiert hat und 2016 6,1% erreichte. Aufgrund seines einseitig exportorientierten Wachstumsmodells hat sich der Leistungsbilanzüberschuss Deutschlands weiter erhöht und gegenüber der Krise in Bezug auf das BIP sogar verdoppelt (2016: 8,7%). Vor dem Hintergrund dieser Daten konnte das Haushaltsdefizit beseitigt werden: Deutschland verzeichnet seit 2014 wieder Haushaltsüberschüsse. Die Schuldenquote des Staates sinkt seitdem und lag 2016 bei 68%.

Nachdem die Reallöhne pro Kopf in Deutschland von 2001 bis 2010 als einzigem der hier verglichenen Länder gesunken waren, ist seit 2011 eine Trendwende festzustellen: Nunmehr sind die Zuwachsraten hierzulande die höchsten. Die realen Lohnstückkosten sind seit 2010 ebenso wie in Frankreich konstant, während sie in Österreich gesunken, in Italien besonders stark zurückgegangen und in den Niederlanden gestiegen sind. Beim Gini-Koeffizienten des verfügbaren Äquivalenzeinkommens hat sich in Deutschland von 2007 bis 2015 keine starke Veränderung ergeben: zunächst ist der Wert leicht gesunken, was auf eine geringere Ungleichheit in der Verteilung hinweist, am Ende hat er aber erneut sein Ausgangsniveau erreicht. Nach Italien liegt Deutschland in der Vergleichsgruppe bei diesem Indikator der Einkommensungleichheit auf dem zweitschlechtesten Platz.

Fakt (nicht nur in Deutschland) ist: Ausgangspunkt der politischen Rechtsentwicklung ist die Enttäuschung und Wut eines größeren Teiles der Bevölkerung auf die gesellschaftlichen Ordnung, ihre Institutionen und ihre leitende Akteure. Strittig ist in der gesellschaftlich-politischen Diskussion, inwieweit dieses Ressentiment des »Abgehängtseins« einen materiellen Hintergrund hat. In etlichen Analysen wird darauf verwiesen, »dass es

men Republikaner in Bayern und Baden-Württemberg, auch der rechtsextremen Deutschen Volksunion in Sachsen-Anhalt und Brandenburg oder für mehrere Legislaturperioden mit der neonazistischen NPD in Sachsen und in Mecklenburg-Vorpommern. Aber alles in allem blieben diese rechtspopulistischen und rechtsradikalen Formierungen regional begrenzt. Sie waren vor allem deswegen gefährlich, weil an ihren Rändern Gewalt entfesselt wurde, gerade im Osten Deutschlands nach den Umbruchswirren im Gefolge der Wiedervereinigung, die viele allein zurückgelassen hatten.

weniger die de facto prekäre soziale Lage ist, die rechtspopulistische Einstellungen hervorruft, als vielmehr die subjektive Einschätzung der eigenen Lage, vor allem im Vergleich zu anderen, und subjektive Bedrohungsgefühle – diese sind längst nicht immer identisch und Ausdruck der vorhandenen sozialen Lage … Vielleicht wird schlicht ein verbreitetes und auch bequemes ›Negativ-Narrativ‹ über die eigene Lage, angeblich abgehobene Politikerinnen und Einwanderer wiederholt, was dann aber zu rechtspopulistischen Mustern gefriert.« (Küpper 2016)

Wir halten diese Entgegensetzung von objektiver sozialer Lage und bloß subjektiver Einschätzung für problematisch.[52] Es gibt aktuell keine manifeste Krise mit hoher Arbeitslosigkeit. Auch persönlich unterstreicht ein Großteil der Bürger*innen, dass ihre wirtschaftliche Position passabel und die Lebensqualität hoch sei. Und doch hat sich im gegenwärtigen Kapitalismus eine soziale Spaltung verfestigt, die den materiellen Hintergrund für Zunftsängste und Krisensymptome liefert. Ein Großteil der Wahlbürger*innen sehnt sich danach, den aktuellen Kontrollverlust zu überwinden.

Zunahme der sozialen Ungleichheit

Nicht alle Einkommensgruppen haben gleichmäßig an der Entwicklung des gesellschaftlichen Wohlstands partizipiert. So ist das verfügbare Realeinkommen der höchsten Einkommensgruppe (zehntes Dezil) in den Jahren 1991 bis 2014 um knapp 27% gestiegen, das des fünften Dezils dagegen nur um knapp 9%. Die 10% der Haushalte mit den geringsten Einkommen (erstes Dezil) haben im Vergleich zum Jahr 1991 unter Berücksichtigung der Inflation einen Einkommensverlust von 8% hinnehmen müssen (vgl. Abbildung 7).

Bei der Entwicklung des Perzentilverhältnisses (siehe Abbildung 8, S. 164) können mehrere Phasen unterschieden werden. »Während sich von 1991 bis 1995 die Einkommen zunächst auseinander entwickelten, näherten sie sich danach bis 1999 an, bevor sich die Einkommensschere von 2000 bis 2005 wieder öffnete. Auf die Einkommensspreizung folgte bis 2009 eine Phase, in der die Entwicklung über alle Einkommensgruppen hinweg gleichmäßig verlief. Anschließend verstärkte sich die Einkommensspreizung wieder.« (Grabka/Goebel: 74)

[52] Eine eingehende Analyse zum arbeitsweltlichen Nährboden rechter Ressentiments, basierend auf der Befragung von Beschäftigten aus Industrie und Dienstleistungen sowie Expert*innen aus Gewerkschaften, findet sich in Sauer u.a. 2018.

Abbildung 7: Einkommensentwicklung der unteren 40% und oberen 60% der Einkommensskala (Veränderung in %, 1991 = 100)

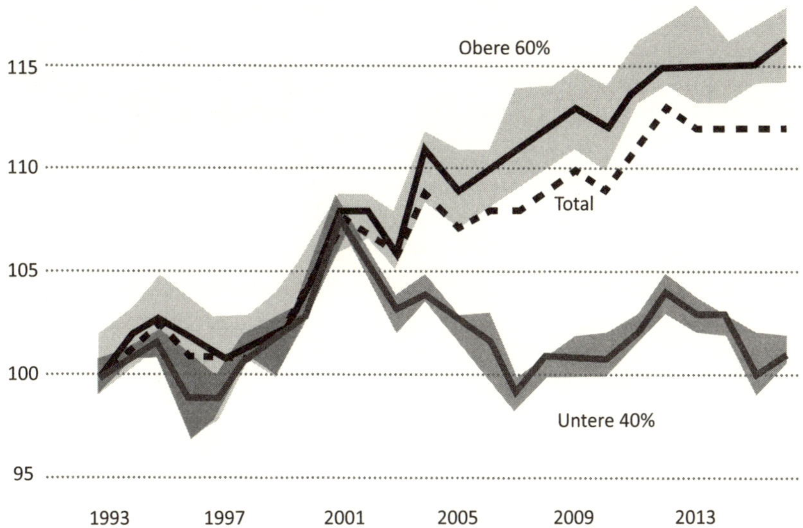

Anmerkung: Reale Einkommen in Preisen von 2010. Population: Personen in Privathaushalten. Bedarfsgewichtete Jahreseinkommen wurden jeweils im Folgejahr erhoben. Bedarfsgewichtet mit der modifizierten OECD-Äquivalenzskala, zusätzlich zu den Werten sind die 95%-Konfidenzintervalle angegeben.
Quelle: DIW Berlin 2017

Verantwortlich für die realen Einkommensverluste waren u.a. die Ausweitung des Niedriglohnsektors und die unzureichende Anpassung von Sozialleistungen an die Inflation. Hinzu kommt die völlig unzureichende Entwicklung der Alterseinkommen sowie die Tatsache, dass sich wegen des demografischen Wandels die Haushaltseinkommen im Durchschnitt zu einem immer größeren Teil aus diesen Altersbezügen zusammensetzen, die in der Regel geringer sind als die Erwerbseinkommen.

Mit der erneuten Zunahme von Ungleichheit und Armut verfehlt das Land auch das von den Vereinten Nationen (UN) festgelegte Ziel für 2030, gemäß dem der Einkommenszuwachs der ärmsten 40% einer Bevölkerung höher sein sollte als das durchschnittliche Einkommensplus der Gesamtbevölkerung, um den Grad der Einkommensungleichheit innerhalb der einzelnen (entwickelten) Staaten zu senken.

Abbildung 8: Perzentilentwicklung

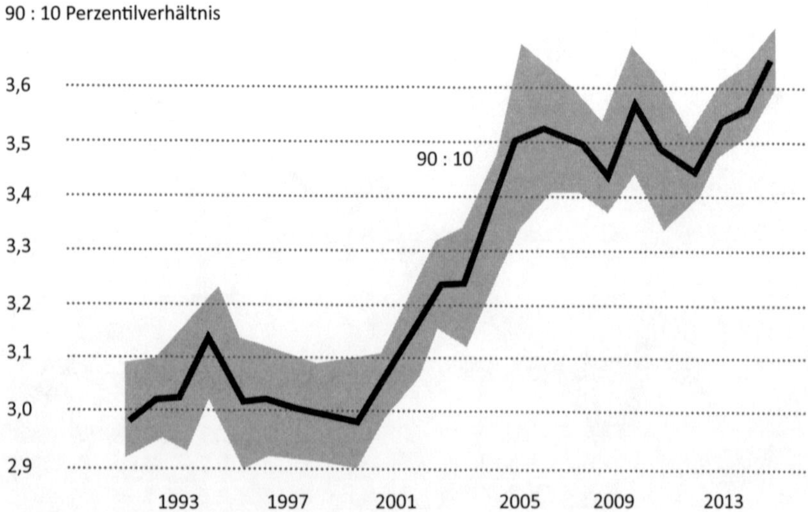

Anmerkung: Reale Einkommen in Preisen von 2010. Population: Personen in Privathaushalten, Bedarfsgewichtete Jahreseinkommen wurden jeweils im Folgejahr erhoben. Bedarfsgewichtet mit der modifizierten OECD-Äquivalenzskala, zusätzlich zu den Werten sind die 95%-Konfidenzintervalle angegeben.
Quelle: SOEP, Berechnungen des DIW Berlin

»Betrachtet man für Deutschland den Zeitraum von 1991 bis 2014, dann wurde dieses Ziel verfehlt: Der Einkommenszuwachs der 40% mit den geringsten Einkommen blieb hinter dem durchschnittlichen Einkommensanstieg der Bevölkerung zurück. Seit 1999 ist das reale verfügbare Einkommen dieser 40% der Bevölkerung sogar zurückgegangen, während die realen Einkommen der restlichen 60% der Bevölkerung deutlich gestiegen sind.« (Grabka/Goebel: 76)

»Gesellschaftliche Mitte« unter Druck

Nimmt man die in anderen Untersuchungen für Deutschland verwandte Definition der Einkommensmitte – danach beläuft sich das mittlere Einkommen auf 70-150% des Medians –, kommt die bis heute anhaltende Entwicklungstendenz eines Schrumpfens der Mitte noch deutlicher zum Ausdruck. Hier ist ihr Anteil von 63% in 1991 auf 56% in 2013 gesunken (vgl. Tabelle 6).

Entscheidend sind aber auch die Differenzierungsprozesse, die Auf- und Abstiege innerhalb der wie auch immer definierten Mitte. Hier zeigt sich,

Tabelle 6: Einkommensschichtung 1983-2013
Verfügbare Haushaltseinkommen inkl. Mietwert selbstgenutztes Wohneigentum; bedarfsgewichtet

		1983	1991	2001	2011	2013	1983/ 2013 in %	1991/ 2013 in %
Niedrig-einkommen	< 50% des Median	6	6	7	8	9	2,9	3,3
untere Mitte	50-70% des Median	13	14	13	14	15	1,1	0,7
Mittlere Einkommen	**70-150% des Median**	**65**	**63**	**64**	**58**	**56**	**-8,5**	**-7,0**
obere Mitte	150-200% des Median	11	12	11	12	12	1,3	0,5
Hohe Einkommen	> 200% des Median	5	6	6	8	8	3,2	2,4

Quelle: DIW 2016

dass insbesondere der Bereich der unteren Mittelschicht unter Druck steht und von Abstiegsängsten geplagt wird.

So finden sich für die Jahre 2009-2013, »an den Rändern der Verteilung mit einem Plus von sieben bis zehn Prozentpunkten die höchsten Zuwächse an immobilen Personen. Es gelingt zunehmend weniger Armen, innerhalb von fünf Jahren aus ihrer Armutslage herauszukommen. Dies gilt ebenfalls für Personen aus der Unteren Mitte: Auch hier sinkt der Anteil derer, denen Aufwärtsmobilität gelingt. Die sehr Reichen wiederum können sich auch hier ihrer gehobenen Einkommenslage immer sicherer sein – 60% von ihnen bleiben in den untersuchten fünf Jahren reich. Auch bei den Reichen nimmt die Stabilität zu. Interessant sind die Ergebnisse bei den Wohlhabenden und in der Oberen Mitte: Hier ist die Verfestigung jeweils mit deutlich geringeren Abstiegsrisiken und gleichzeitig gestiegenen Aufstiegschancen verbunden.« (Spannagel 2016)

Für die Politik ist Mitte daher eine gesellschaftspolitische Zielgröße. Die Mitte wird als ein stabilisierender Faktor der Demokratie betrachtet. Sie gilt als Trägerin gesellschaftlicher Integration in soziokultureller und politischer Hinsicht. Durch eine Erosion würden sich soziale Spannungen erhöhen. Vorgeblich geht es beim Reden über die Mitte um einen Ausgleich von Extremen. Doch das Bild von der Mitte der Gesellschaft ist diffuser als jenes der Reichen. Während zu den Reichen Erben, Rentiers, Unternehmer und Manager (insbesondere aus dem Finanzsektor) zählen, tummeln sich

Abbildung 9: Zur Mittelschicht gehörten in Deutschland

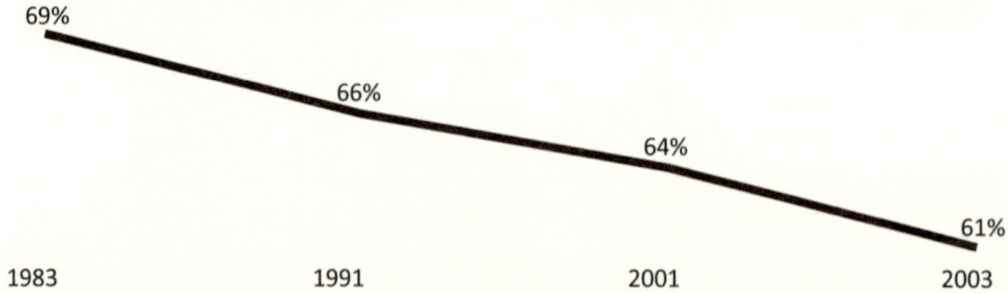

Quelle: DIW, Mai 2016, Hans Böckler Stiftung, bit.do/impuls0413

in der Einkommensmitte eine Vielzahl an Berufen, Bildungsabschlüssen und Vermögenspositionen. Über diese Kategorien ist die Mitte kaum zu fassen. Ihren Mitgliedern gemeinsame Interessen und Einstellungen, Konsumstile und Lebensvorstellungen zuzuordnen, ist noch schwieriger. Allerdings sind die mittleren Einkommenslagen (70-150% des gesellschaftlichen Medianeinkommens) im Finanzmarktkapitalismus überwiegend lohnabhängig (siehe auch Abbildung 9).

Viele Bürger*innen, vor allem in der lohnabhängigen Mitte, äußern Sorgen mit Blick auf die Zukunft. Soziale Gerechtigkeit ist nach wie vor für sie von hoher Bedeutung, aber am wichtigsten ist es den Menschen, Verantwortung für sich selbst zu übernehmen. Gleichzeitig sorgen Globalisierung, Freihandel und technischer Wandel für Verunsicherung, und sozialer Zusammenhalt und Ausgleich gelten als gefährdet. Es besteht die Erwartung an Politik, gleiche Chancen und soziale Gerechtigkeit herzustellen, es wird Politik und Institutionen aber nicht von allen zugetraut, dass die eigenen Interessen und Bedürfnisse berücksichtigt werden.

Die häufig vorgebrachte Hypothese, dass vor allem die unterste soziale Schicht für den massiven Legitimitätsverlust des politischen Systems verantwortlich sei, ist empirisch und theoretisch fragwürdig. Der Sachverhalt ist komplizierter: Auch die untere soziale Schicht ist vom Establishment enttäuscht, verspricht sich aber von Wahlen keine Besserung mehr. Europaweit gilt: Je prekärer die sozialen Lebensverhältnisse, desto geringer ist die Wahlbeteiligung. Daraus folgt, dass wachsende regionale und soziale Unterschiede zu politischer Ungleichheit führen.

Seit Jahrzehnten steht die gesellschaftliche Mitte durch sozio-ökonomische Tendenzen unter Druck und beklagt sich über unzureichende sozialpo-

Abbildung 10: AfD-Ergebnis und Milieugruppen

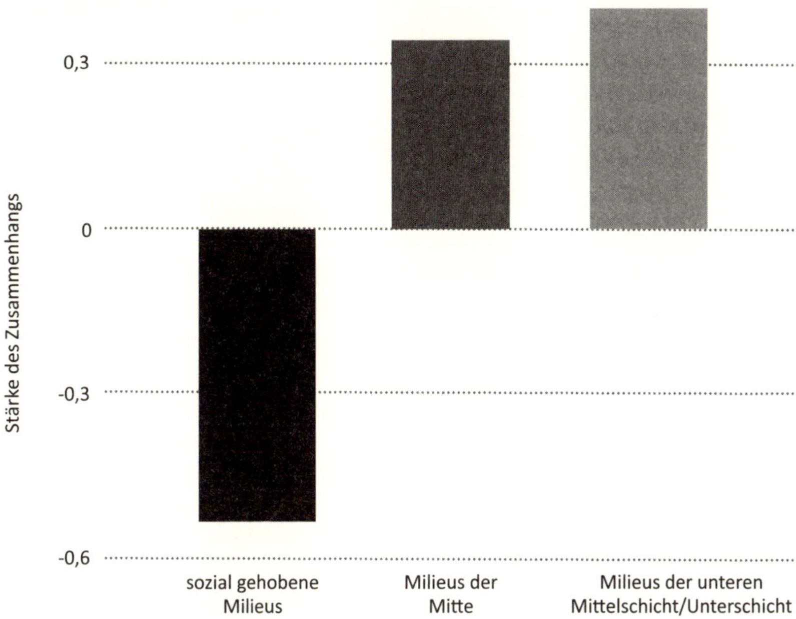

Quelle: Vehrkamp/Wegschaider 2017: 60

litische Abfederung. Vor allem die untere Mittelschicht setzt diesen Frust in rechte Stimmungen und politischen Protest um. Im Zuge seiner Entwicklung verändert bzw. verbreitert sich allerdings die soziale Basis des Rechtspopulismus, wird er zu einer Sammlungsbewegung, zu der auch Teile der Unterschicht und der oberen sozialen Schichten stoßen.

Dass die AfD-Anhänger*innen nicht überwiegend aus prekären Verhältnissen kommen, wird auch durch empirische Umfragen erhärtet: 79% der AfD-Anhänger*innen beurteilten ihre wirtschaftliche Situation als gut bis sehr gut – im Durchschnitt waren es 76%. Die ablehnende Haltung zur Zuwanderung ist eindeutig: 99% der AfD-Sympathisant*innen sind weniger oder gar nicht zufrieden mit der Asyl- und Flüchtlingspolitik von Bundeskanzlerin Angela Merkel.

Je mehr Haushalte aus der Unter- und Mittelschicht in einem Stimmbezirk wohnen, umso besser schneidet die AfD ab. Der spiegelbildlich negative Zusammenhang bei den Haushalten der oberen Mittel- und Oberschicht sollte aber nicht darüber hinwegtäuschen, dass die AfD auch in Teilen der

Oberschicht Unterstützer findet. Vor allem im Milieu der Konservativ-Etablierten erzielt sie mit 10% ein nur leicht unterdurchschnittliches Ergebnis. Sie ist dort aber – im Unterschied zum Prekären Milieu und zur Bürgerlichen Mitte – keine typische »Milieupartei (Vehrkamp/Wegschaider 2017, vgl. auch Abbildung 10).

Damit ist die AfD bei der Bundestagswahl 2017 von unten in die Mitte eingedrungen und hat sich dort als rechtspopulistische Protestpartei der sozial-kulturell Abgehängten und der sich sozial-kulturell bedrängt fühlenden Mitte etabliert. Der rechte Populismus ist keine Bewegung der Armen, sondern in erster Linie eine Bewegung der unteren Mittelschicht in wohlhabenden kapitalistischen Gesellschaften. Insofern versucht dieser rechte Populismus einen Kampf um das »verlorene Paradies«.

Mit der Entleerung der Demokratie wächst die Gefahr von rechts
Mit dem Umbau des Sozialstaats, dem Rückbau sozialer Staatsbürgerrechte kehrt eine (neue) Klassenstrukturierung der sozialen Ungleichheit zurück. Gleichzeitig aber bestehen kaum noch Chancen zur Etablierung der traditionellen Klassenauseinandersetzungen. Stattdessen breiten sich mit den Erfahrungen aus wachsender Ungerechtigkeit auch soziale Abgrenzungen und antidemokratische Affekte aus. Die Abstiegsängste produzieren auch in der noch einigermaßen ökonomisch sicher scheinenden Mittelschicht das Bedürfnis nach Sozialdarwinismus oder fremdenfeindlicher Abwehr.

Aufgrund der Erfahrungen nach 1990 sind Unzufriedenheit und Enttäuschungen in Ostdeutschland in besonderem Maße präsent. Ein Teil der Enttäuschten wurde hier lange von der Partei *DIE LINKE* aufgefangen, doch offenbar zeigen ihre Angebote nur noch begrenzt Wirkung. Die politisch und ökonomisch Enttäuschten haben sich zu weit größeren Anteilen inzwischen aus dem politischen System zurückgezogen und gehören – nicht nur in Ostdeutschland – zu der wachsenden Gruppe der Nichtwähler*innen.

5.3 Der Sündenfall als rechtspopulistisches Entré: Thilo Sarrazin im Kontext der Welt-Finanzkrise[53]

Angelegt war die politische Regression schon in den Debatten nach dem Terrorattentat auf die Türme in New York am 11. September 2001. Bereits 2006 sahen sich durch die vielen Muslime knapp 40% der Befragten manchmal »wie Fremde im eigenen Land«. Diese Zahl geht 2009 auf ein Drittel

[53] Vgl. Funke/Nakschbandi 2017.

leicht zurück, steigt 2010 auf erneut knapp 40%, liegt 2011 bei 30% und klettert 2014 auf 43% und 2016 auf 50% (Decker/Kiess/Brähler 2016: 50). Knapp 30% stimmen 2006 der Aussage zu, Muslimen sollte die Zuwanderung nach Deutschland untersagt werden (ebd.: 26). Auch diese Zahl geht 2009 auf gut 20% zurück, steigt 2010 auf ein Viertel, geht leicht zurück, ehe sie 2014 auf über ein Drittel (36,6%) ansteigt und 2016 auf über 40% (41,4%). Vermutlich variieren diese Zahlen mit den Wahrnehmungen unterschiedlicher Verunsicherung: nach der Welt-Finanzkrise 2008 und erneut mit Kriegen und Terror 2014 und vor allem 2016 – allerdings bevor der Terror auch unmittelbar Deutschland erreicht hat.

Vorurteile gegenüber Fremden und Anti-Islamismus haben dann die eugenisch-rassistischen Thesen Thilo Sarrazins für ein begeistertes Millionenpublikum zum Ausdruck gebracht. Er hatte im Oktober 2009 ohne einen besonderen Anlass ein Interview in der Zeitung *Lettre International* gegeben, in dem er das Integrationsverhalten von Türken und Arabern massiv kritisierte. Er sprach ihnen jegliche produktive Funktion ab, außer für den Gemüsehandel und das Hervorbringen von »Kopftuchmädchen«.[54] Mit dem 2010 erschienenen Bestseller »Deutschland schafft sich ab« enttabuisierte Sarrazin Rassismus, Biologismus und Ethnozentrismus.

Sarrazins prekärer Erfolg resultierte aus einer fundamentalen Erfahrung der Dissonanz in unteren und mittleren Schichten der deutschen Bevölkerung. Man hatte wider besseres Wissen nahezu ohne Ausnahme die Restriktionen der Agenda 2010, insbesondere von Hartz IV als alternativlos dargestellt – ganz im Duktus der neoliberalen kulturellen Hegemonie. In dieser Logik war weder für Schulen noch für Krankenhäuser und Busverbindungen in den entlegenen Regionen Geld da. Und parallel ließ man zu, dass die Mietpreisbremsen nicht funktionierten und es zu einer sich beschleunigenden, brutalen Gentrifizierung in fast allen größeren Städten im Osten wie im Westen gekommen ist. Auf eine soziale Stadtpolitik – noch vor 20 Jahren ein zentrales Ziel sozialdemokratischer oder linker Politik – wurde schlicht verzichtet. Die Eindämmung dieser Exzesse des Kapitalismus, des neoliberalen Designs mit den Folgen der Kostenexplosion in den Städten und der Austrocknung der Flächen wurde nicht einmal mehr gewollt.

Parallel mehrten sich die Erfahrungen offener Korruption und Verschwendung: von der Dieselaffäre über den Berliner Flughafen bis zur FIFA

---

[54] Vgl. die instruktive Analyse der medialen Reaktion der Welt, der Süddeutschen Zeitung und der Frankfurter Allgemeinen Zeitung in Jelic 2013.

und anderen. Diese Probleme wurden völlig unterschätzt, ja nicht einmal wahrgenommen und im Wahlkampf von keiner der Parteien angemessen angegangen.

Durch große Koalitionen erscheint das politische System für viele Wähler*innen ohne zureichende soziale, politische oder kulturelle Alternativen. Auf deren Enttäuschungen reagieren die großen politischen Lager gar nicht oder hilflos: Während die Sozialdemokratie, die eigentlich soziale Politik zu machen hätte, mit einem fahrigen Hin und Her antwortet, verfängt sich die CDU/CSU in internen Irritationen einer vermeintlichen Sozialdemokratisierung.

Für viele war dann die Angst und nicht zuletzt die Angstmache vor zu vielen Flüchtlingen und den Muslimen in Deutschland wahlentscheidend. Sie wurden nicht nur als kulturell fremd, sondern als gewalt- und Vergewaltigungs-gefährlich beschrieben und hierzu furchtbare Fälle in der Agitation der Rechtspopulisten als Trigger benutzt und missbraucht. Die CSU mit Innenminister Joachim Herrmann und Parteichef Horst Seehofer taten es ihnen in den letzten Tagen vor der Wahl nach. Man muss sich eigentlich wundern, warum die Angstmache nicht noch zu einem höheren Bundestagswahlergebnis der AfD geführt hat. Die anderen Parteien, die Öffentlichkeit und nicht zuletzt die Medien haben gegen diese menschenfeindliche Agitation nicht entschieden gegengehalten. Dies, obwohl die Zahlen so nicht stimmten und die Regierung eine erheblich restriktivere Politik gegenüber den Flüchtlingen, nicht zuletzt mit dem Türkei-Abkommen, eingeschlagen hatte. Hinzu kommt die Bedeutung sozialer Medien, die entzivilisierend wirken.

Die Wahlerfolge der AfD können als ein rechtspopulistisches und rechtsradikales Massenphänomen gedeutet werden, das durch die sich aufschichtende Verunsicherung und Krisenwahrnehmung im Kontext der Flüchtlingswelle ab 2015 ausgelöst wurde. Die Flüchtlingswelle war sicherlich der entscheidende, aber nicht der einzige Anlass. Auch die Kriegs- und Krisensituationen in Teilen der Welt, vor allem im Nahen und Mittleren Osten, machen ohnmächtig und wirken emotional bedrückend. Dazu gehören die gefährlich außer Kontrolle geratenen Bürgerkriege in Syrien und im Irak genauso wie die Krimkrise und der Krieg in der Ukraine. Die internationale Politik fand auf diese Herausforderungen bisher keine Antworten. Die Welt scheint »aus den Fugen«, so die an Shakespeares Hamlet angelehnte Charakterisierung von Walter Steinmeier (SPD). Die Staatengemeinschaft hat es nicht geschafft oder sogar ausdrücklich versäumt, Krisen und Kriege früh einzuhegen, nicht zuletzt durch den prekären Umgang des Westens mit Russland in den letzten 15 Jahren.

5.4 Mehrstufiges Radikalisierungsangebot der AfD

Erste Stufe der Radikalisierung:
Der Sturz von Bernd Lucke in Essen im Sommer 2015
Mit der Durchsetzung des radikalen »Flügels« um die damaligen AfD-Vorderen Petry/Höcke/Gauland im Sommer 2015 auf dem Parteitag in Essen waren die Voraussetzungen für eine rücksichtslose Haltung gegenüber Flüchtlingen geschaffen, die wenige Monate später durch die Flüchtlingswelle in Europa und die phasenweisen Öffnung der Grenzen zum bestimmenden Thema innerhalb der Partei wurde. Sie ist seither für die AfD wichtigster Bestandteil der politischen Auseinandersetzung. Von der Demagogie zeugen die radikalen Stellungnahmen der AfD-Parteispitze. So beschwor Alexander Gauland in seiner Berliner Rede vor der AfD im November 2015 wiederholt den »Untergang Roms durch den Ansturm der Barbaren«, und meinte damit Deutschland und die Flüchtlinge.[55]

Die »Alternative« zehrte hierbei nicht nur von dem Resonanzraum, der spätestens mit den Thesen Sarrazins erweitert worden war, sondern auch von einer völkischen extremen Rechten, die in der politischen Kultur Sachsens, aber auch anderer Bundesländer eine Rechtsverschiebung betrieben hat. Die NPD war in diesem Sinn ein Eisbrecher. Die völkische Rechte nutzte diese Resonanzräume und sieht den Ausweg aus der Krise neoli-

---

[55] Die Parteivorsitzende Frauke Petry erklärte Ende Januar 2016 dem *Mannheimer Morgen*, dass im Notfall auf Flüchtlinge an der Grenze geschossen werden müsse – auch sie kann radikal sein! Die stellvertretende Bundesvorsitzende Beatrix von Storch dehnte diese Forderung in einem Facebook-Eintrag auf aus ihrer Heimat geflohene Frauen und Kinder aus. Der Parteivorstand wich angesichts der öffentlichen Reaktionen zwar formal, nicht aber in der Sache zurück. Marcus Pretzell, damals noch AfD-Landesvorsitzender in Nordrhein-Westfalen, hatte schon Monate zuvor erklärt: »Die Verteidigung der deutschen Grenze mit Waffengewalt als Ultima Ratio ist eine Selbstverständlichkeit.« Der umstrittene Europaabgeordnete bekam Rückendeckung von Alexander Gauland: »Unsere Grenzen müssen effizient gesichert werden. Alles andere macht keinen Sinn.« (Vgl. *Focus-online* vom 1.11.2015)

beraler Gesellschaften in sozialer und ethnischer Exklusion und autoritärer Formierung.[56]

Selten in der Geschichte des Rechtspopulismus und des Rechtsradikalismus verwandelte sich im Nachkriegseuropa eine gemäßigte Rechtspartei so schnell und so radikal von der Spitze aus in eine Partei der rechtsradikalen Agitation. Heute richtet sich die Partei mit ihrer Flüchtlings- und Islamfeindlichkeit gegen Gleichheits- und Gleichwertigkeitsvorstellungen und tritt – wie die *extreme neue Rechte* – für die Ideen des Ethnopluralismus, also die »Reinhaltung« von Staaten und Gesellschaften nach »Ethnien« als völkische Nation ein. Sie fordern eine Republik, die sich weit weg von den Standards einer rechtsstaatlich-freiheitlichen Demokratie befindet. Sie ist in Ideologie und Handeln der Spitze und der strikt islamfeindlichen Mehrheit des Programm-Parteitags eine rechtsradikale Partei geworden. Hans-Olaf Henkel, einst Mitbegründer der AfD, sprach schon geraume Zeit zuvor verbittert von einer »NPD light«, zu der sich die Partei entwickelt habe.

Der Aufstieg der FPÖ in Österreich durch Jörg Haider ist für viele in der AfD ein faszinierendes Vorbild, denn Haider hat die klassische rechtspopulistische Taktik perfektioniert. Er umarmte in Österreich den einen Repräsentanten der jüdischen Gemeinde, um gleichzeitig die Mehrheit der Juden oder Israel massiv und auch antisemitisch zu kritisieren. Er warb für eine moderne Industriepolitik und lobte gleichzeitig die nationalsozialistische Beschäftigungspolitik, um den in Österreich damals präsenten neonazistischen Traditionsbeständen Tribut zu zollen. Er hatte die Partei als charismatischer Führer im Griff (siehe Abschnitt 4.2).

Der Sturz von Bernd Lucke auf dem Essener Parteitag im Sommer 2015 hat hingegen keinen vergleichbaren Anführer hervorgebracht. Mit Frauke Petry und Jörg Meuthen wurden zwei Personen an die Spitze gesetzt, die die alte wie die neue AfD repräsentieren sollten. Das war in Österreich anders, als Jörg Haider sich 1986 in einer damals durch die Wahl Kurt Waldheims zum Bundespräsidenten aufgeheizten Stimmung mithilfe des deutschnationalen Flügels an die Spitze der FPÖ geputscht hatte. Er konnte die Ener-

[56] Im Schatten der zerstörerischen Agitation Horst Seehofers gegen einen letztlich pragmatisch-humanen flüchtlingspolitischen Kurs der Mehrheit der Regierung unter Angela Merkel im Sommer 2015 und mit den dabei schnell wachsenden Umfrageerfolgen der AfD gab es phasenweise kaum noch Bremsen in der weiteren Radikalisierung.

gien der Partei bündeln und sich selbst als »Charismatiker« der Partei etablieren. In der AfD wurde die Macht in der Partei dagegen im Sommer 2015 auf mindestens vier Personen verteilt, unter ihnen die beiden Sprecher Petry und Meuthen sowie Alexander Gauland und Björn Höcke, letzterer ohne formale Positionierung im Bundesvorstand.

2. Stufe der Radikalisierung: Tobender Stuttgarter Parteitag, sich wegduckender Vorstand und die Entfesselung totalen Islamhasses

Am 30. April und 1. Mai 2016 sollte auf dem AfD-Parteitag in Stuttgart ein erstes Grundsatzprogramm verabschiedet werden. Damit wollte die Partei einen Fahrplan »für ein anderes Deutschland« entwerfen, wie es der Vorsitzende Jörg Meuthen vor mehr als 2.000 Teilnehmer*innen des Parteitages formulierte. Die zentrale Entscheidung betraf dabei die Haltung und den Umgang mit dem Islam: »Der Islam gehört nicht zu Deutschland.« Am späten Vormittag des 1. Mai 2016 hat der Parteitag mit dieser Formulierung und der Zustimmung einer großen Mehrheit der Delegierten seine Islamfeindlichkeit ins Programm geschrieben. Die Partei fordert ein Verbot von Minaretten, Muezzinrufen und der Vollverschleierung von Frauen. Auch das Schächten von Tieren, wie es die jüdische oder muslimische Tradition vorsieht, will die AfD komplett verbieten. Islamischen Organisationen soll der Status als Körperschaft verweigert werden. Zur Begründung erklärte der Vertreter des radikalen »Flügels«, Hans-Thomas Tillschneider: »Eine Aufklärung des Islam ist weder realistisch noch wünschenswert.« In der AfD sei man gegen die Islamisierung des Abendlandes und wolle keine Verwestlichung des Islam. Mehr noch: Eine Aufklärung des Islam sei lächerlich, erst recht in Zeiten der Globalisierung, der Masseneinwanderung und der weltweiten Radikalisierung des Islam. Der Islam sei per se politisch, deswegen brauche es keine Differenzierung zwischen *Islam* und *politischem Islam* oder *Islamismus.*

Diesem ohne jede Differenzierung vorgetragenen Plädoyer des Islamhasses folgten etwa 80% der Delegierten. Als ein Delegierter aus Lüneburg zu differenzieren versuchte und meinte, man solle Muslime nicht konsequent ablehnen, sondern den Dialog mit muslimischen Gemeinden suchen, gab es verbreitet Buhrufe. Als ein weiterer Delegierter statt vom Islam konkreter vom *politischen Islam* und vom *Islamismus* sprach, um die Muslime in Deutschland anzuerkennen, und die Ringparabel aus Lessings »Nathan der Weise« zitierte, um den Toleranzgedanken in die Diskussion zu bringen, gab es ebenfalls breite Ablehnung. Niemand aus dem Parteivorstand warf sich gegen die Feinderklärung Tillschneiders in die Bresche, weder Alexander Gauland noch Jörg Meuthen oder Frauke Petry.

Seit dem 1. Mai 2016 ist klar, dass die große Mehrheit der Partei auf eine aggressive, fremden- und islamfeindliche Dynamik setzt. Die Parteitagsregie wie der Vorstand haben es gleichermaßen zugelassen, hingenommen und damit auch gewollt, dass der radikale »Flügel« um Björn Höcke, Hans-Thomas Tillschneider und die *Patriotische Plattform* in der entscheidenden Frage einer aggressiv fremdenfeindlichen Ausrichtung die Führung übernimmt. Die Wochenzeitschrift *Die Zeit* hat recht, wenn sie die Einstellungen, die auf dem Parteitag festgeschrieben wurden, so zusammenfasst: »Für die AfD enden die Freiheiten der Individuen dort, wo sie mit dem Willen einer angeblichen deutschen Volksmehrheit und ihrer Volkskultur kollidieren. Die Partei vertritt ein Politikverständnis, in dem die Mehrheit immer Recht hat und Minderheiten sich unterzuordnen haben. Im Weltbild der AfD ist nicht vorgesehen, dass das (ethnisch-deutsche) Wir und das fremde muslimische Ihr sich irgendwie vermischen, ohne dass es gefährlich wird. Wer einmal deutsch ist, wird es immer bleiben. Wer jetzt noch Muslim ist, wird immer Gegner sein.« (Jacobsen 2016)

3.Stufe der Radikalisierung. Der Kölner Parteitag vom April 2017.
Die Partei hat im Rhythmus ihrer Parteitage eine Rechts-Radikalisierung vorgenommen. Im April 2017 erfolgte die Entmachtung Frauke Petrys und der Übernahme der Macht durch den rechtsradikalen Flügel, die Achse Höcke-Gauland mit ihren Mitspielern Alice Weidel und Jörg Meuthen sowie dem Neonazi André Poggenburg aus Sachsen-Anhalt (vgl. Funke 2016 und Funke/Mudra 2018). Nach der Abdankung und Abspaltung der moderateren Kräfte haben gerade die weit rechts stehenden Kräfte nun zunächst freie Bahn. Und sie wollen diese freie Bahn nutzen.[57]

---

[57] Ob dies gelingt, hängt an drei Faktoren: erstens, dass die Partei diese Rechtsradikalisierung mitmacht. Zweitens daran, ob die Wähler*innen gewissermaßen rechtsradikalisiert weiter Anhänger*innen sind oder ob ihr Anteil sich reduziert. Und dies wiederum hängt drittens entscheidend davon ab, ob es einer – auch sozial – guten Politik gelingt, nicht nur die verbreitete Verunsicherung, sondern auch die verfestigten Frustrationen, Aggressionen und die damit verbundene Abwehr der demokratischen Parteien aufzufangen und einzudämmen (siehe dazu Abschnitt 5.7).

5.5 Deutsche Besonderheit: Radikalisierung in die Gewalt

Gruppenbezogene Menschenfeindlichkeit und Gewalt
Zick/Küpper hatten schon in der Publikation »Wut, Verachtung, Abwertung« (2015) gezeigt, dass rechtspopulistisch orientierte Befragte höhere Gewaltbereitschaft aufweisen und die klassische Differenz zur rechtsextremen Orientierung verschwimmt (zitiert nach Zick/Küpper/Krause 2016: 69). Die Gewaltbilligung (eine entsprechende Aussage lautet: Wenn sich andere bei uns breitmachen, muss man ihnen unter Umständen unter Anwendung von Gewalt zeigen, wer Herr im Hause ist) erfolgt besonders stark bei Zustimmung zu den etablierten Vorrechten (73%), der Abwertung von Arbeitslosen (70%) und asylsuchenden Menschen (67%), von Sinti und Roma (55%) sowie der Muslim- und Fremdenfeindlichkeit (51 bzw. 54%). Aus ihren Daten schließen die Autor*innen, dass »Menschenfeindlichkeit mit einer aggressiven Feindseligkeit einhergeht. Gruppenbezogene Menschenfeindlichkeit kann damit ein Scharnier für andere politische Überzeugungen bilden, insbesondere für rechtsextreme Orientierungen, die gewissermaßen die Legitimität der Gewalt mit Ungleichwertigkeitsideologien verbinden und damit ein Weltbild kreieren, welches letztendlich das eigene ›Volk‹ zum Maßstab aller Dinge macht.« (ebd.: 71f.)

Der schon länger vorhandene, gegen »Fremde« gerichtete, autoritäre Einstellungsresonanzraum ist seit 2014 und mit der AfD seit 2015 zum Schwingen gebracht worden. Die solchermaßen Ermutigten und Ermächtigten sehen sich im Kontext dieser Bewegungen in der Masse zur Radikalisierung befreit und oft ausdrücklich aufgerufen. Wenn sich diese Teile der Bevölkerung solchermaßen aufgerufen und anerkannt sehen, ist es nur eine Frage der Zeit, dass sich dies in Gewalt gegenüber »Sündenböcken« niederschlägt. Genau dies ist in den Jahren 2014 bis 2016 geschehen.

Diese Orientierungen sind, je länger sie nicht eingedämmt werden, immer weniger abhängig von realen Wahrnehmungen – ein Prozess, den wir für die sich verselbständigende Radikalisierung gewaltbereiter rechtsradikaler Szenen in den 1990er Jahren gezeigt haben (Funke 2002b). »Gelingen diese Anknüpfungen an die Stimmungslagen in der Mehrheitsgesellschaft bei gleichzeitiger Vermittlung des Eindrucks der unzureichenden Problematisierung durch das etablierte Parteiensystem, dann wird sich die Normverschiebung mit hoher Wahrscheinlichkeit weiter verstetigen.« (Rafael 2016) War es am Anfang »nur« das Ressentiment, gehört es später auch zum ideologisch radikalisierten Selbstverständnis solcher Gruppen,

Rechte Mobilisierung im Internet

In der Internetcommunity bleibt man sich nahe, wird sich gleich und so faktisch immun gegenüber kognitiver und emotionaler Dissonanz, die es sonst – sei es aus dem sozialen Nahraum, sei es von öffentlichen Gegnern – gäbe. Man klickt sich in seine »Ingroup« und bestätigt sich gegenseitig in seiner Abwehrhaltung. Hier mobilisiert man für das große, gemeinsame Ziel: gegen Flüchtlinge und jene »Fußtruppen«, die sie unterstützen. Die Mitglieder der »Ingroups« kämpfen für Deutschland und meinen damit Deutschland als völkische Nation. Sie vertreten »Werte«, die zentral gegen die Menschenwürde und die damit verbundenen Menschenrechte als Kern des Grundgesetzes gerichtet sind.

Auch bei der Mobilisierung von Gewalt spielt das Internet eine besondere Rolle: Man trifft sich zunächst im virtuellen, nicht im realen Raum – und geht dann doch über diese virtuelle Realität hinaus. Die Nutzer der halb-öffentlichen Foren, sozialen Medien oder geschlossenen Chatrooms im Web 2.0 schaffen sich eine eigene mentale, politische Realität, eine als »Notwehr« verstandene und gegen die vermeintliche Allgewalt der Flüchtlinge formierte völkische Bewegung – die erste seit der Gründung der Bundesrepublik in diesem Ausmaß. Diese Entwicklung basiert auf einer nicht realen, wahnhaften Realitätswahrnehmung, nämlich dass eine Million Flüchtlinge den »Tod Deutschlands« herbeiführen würden, weshalb Notwehr und Widerstand in allen Formen ein Gebot der Stunde seien. Diese verzerrte Wahrnehmung gedeiht im virtuellen Raum des Chatrooms ohne Gegencheck besonders und entfaltet eine Macht, die auf die Realität zurückschlägt. Im virtuellen Raum des Internets verabredet man sich auch zu Demonstrationen und Kundgebungen, die von realen Netzwerken der Rechtsextremisten gestützt werden.

So hat sich im vierten Quartal 2015 die Zahl der Aufmärsche und Kundgebungen radikaler *Pegida*-Ableger im Vergleich zu den vorherigen Monaten mehr als verdoppelt und die Zahl ihrer TeilnehmerInnen mehr als verdreifacht, von 10.600 auf 35.900. Insgesamt fanden im Jahr 2015 590 Aufmärsche mit gut 100.000 BesucherInnen statt. Im Verhältnis zum Vorjahr hat sich 2015 die Zahl der TeilnehmerInnen sogar vervierfacht. Zu den bekannten Ablegern zählen die radikalen *Pegida*-Gruppierungen in Berlin (*Bärgida*), Thüringen (*Thügida*), Düsseldorf (*Dügida*) und Mecklenburg-Vorpommern (*MVgida*). Es sei kennzeichnend, so der Spiegel-Autor Martin Knobbe, dass nach Auffassung der Sicherheitsbehörden bei den Kundgebungen eine überwiegend rechtsextremistische Einflussnahme bzw. Steuerung erkennbar war, vor allem durch die NDP und die ihr nahe stehenden Organisationen. Gleichzeitig nahmen auch Aufmärsche von Nazigruppen wie der NPD, ihrer Jugendorganisation JN, der Parteien *Die Rechte* und *Der Dritte Weg* bzw. von Kameradschaften zu.

Die University of Warwick (vgl. Müller/Schwarz 2017) hat die Verbindung von Hasskommentaren auf der Facebook Seite der Alternative für Deutschland (AfD) und Übergriffen auf Flüchtlinge in Deutschland untersucht. Die Studie unter dem Titel »Fanning the Flames of Hate: Social Media and Hate Crime« sieht eine starke Verbindung zwischen Kommentaren zu Flüchtlingen auf der Facebook Seite der AfD und zu rassistischen Übergriffen. Demnach finden Übergriffe auf Flüchtlinge gehäuft in den Wochen statt, in denen es auch mehr Hasskommentare über Flüchtlinge auf der AfD-Facebook-Seite gibt. Die Forscher sehen insgesamt einen spezifischen Effekt rechtsgerichteter Aktivität in sozialen Netzwerken.

Die Datengrundlage der laufend aktualisierten »Chronik flüchtlingsfeindlicher Vorfälle« auf www.mut-gegen-rechte-gewalt.de sind öffentlich zugängliche Berichte in Zeitungsartikeln, Pressemitteilungen der Polizei sowie Meldungen lokaler und regionaler Register- und Beratungsstellen für Opfer rechter, rassistischer und antisemitischer Gewalt. Dabei zeigt sich, dass die Gewalt gegen Geflüchtete allenfalls zur Randnotiz geworden ist. Ein deutlicher Anstieg der Vorfälle ist zu erwarten, wenn das Bundeskriminalamt im Frühjahr 2018 seine finale Statistik für das gesamte Jahr 2017 einschließlich des bislang fehlenden vierten Quartals und erfahrungsgemäß zahlreicher Nachmeldungen veröffentlicht.

dies gegen die drohenden Gefahren von außen und innen tun zu müssen. Es handelt sich gewissermaßen um eine autoritäre »Antimoral«.

Gewaltexzesse und der Rechtsstaat

Die exzessive Radikalisierung zeigte sich beispielsweise am Umschlag in mörderische Gewalt in Salzhemmendorf bei Hameln im August 2015. Eine Gruppe von unbescholten wirkenden Jüngeren steigerte sich dort via Handy und Internet derart in ihren Hass gegen Geflüchtete hinein, dass sie schließlich einen Molotow-Cocktail in die Wohnung einer geflüchteten Familie warfen. Die Kommunikationsmöglichkeiten des Internets spielten bei dieser Entfesselung von Menschenfeindlichkeit und Rechtsextremismus eine zentrale Rolle. Einige Tage bevor es zum Mordangriff in der Flüchtlingsunterkunft kam, hatten sich die drei im Internet aggressiv, auch unter Verwendung von Hakenkreuzsymbolen, aufgeladen, ehe sie sich, wiederum über das Internet, für die Tatnacht verabredeten (siehe dazu auch den Kasten, S. 176f.). Sie sind wegen *Mordversuchs* in Haft. Der Rechtsstaat hat in Niedersachsen kompetent und zügig gehandelt und so die Bereitschaft zur Gewalt eingedämmt.

Abbildung 11: Gewalt gegen Flüchtlinge 2017: Von Entwarnung kann keine Rede sein

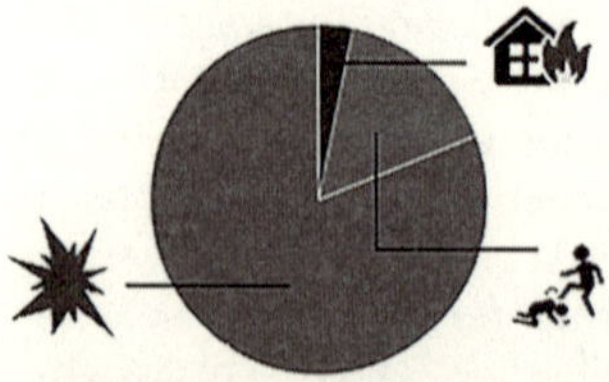

Quelle: Amadeo Antonio Stiftung

Die Amadeu Antonio Stiftung und Pro Asyl dokumentieren für das Jahr 2017 in ihrer gemeinsamen Chronik flüchtlingsfeindlicher Vorfälle bundesweit 1.713 Straftaten. Trotz deutlich rückläufiger Zahlen von Asylsuchenden bleibt rassistisch motivierte Gewalt gegen Geflüchtete ein deutschlandweites, flächendeckendes Problem. Im Schnitt mehr als vier Straftaten täglich richten sich gegen Flüchtlinge oder ihre Unterkünfte.[58] PRO ASYL und die Amadeu Antonio Stiftung fordern mehr Transparenz seitens der Sicherheitsbehörden und ein entschlosseneres Vorgehen gegen die Täter. Wenn polizeiliche Pressestellen nicht mehr regelmäßig über flüchtlingsfeindliche Straftaten informieren und die Taten erst mit großer Verzögerung in offizielle Statistiken eingehen, muss davon ausgegangen werden, dass Straftaten gegen Flüchtlinge nicht mit der gebotenen Priorität verfolgt werden.

Die beiden Organisationen fordern zudem ein Bleiberecht für Opfer rassistischer Gewalt, damit sie ihre Rechte in Ermittlungsverfahren wahrnehmen können und die Täter rechtskräftig verurteilt werden können.

5.6 Fazit

Wut auf die Eliten

Wir sehen eine Rückkehr der Unterdrückten in den öffentlichen Raum, nachdem die moralische Autorität des liberalen Internationalismus und des globalen Kapitalismus erschüttert ist. Die neuerwachte Wählerschaft

---

[58] Pressemitteilung von Amadeu Antonio Stiftung und PRO Asyl vom 28.12.2017: »Gewalt gegen Flüchtlinge 2017: Brandenburg und Sachsen traurige Spitzenreiter – Auch bundesweit kein Grund zur Entwarnung «.

will eine andere Politik. Und es käme darauf an, sie durch das Vakuum der eigenen Eliten nicht noch weiter in die Arme des Rechtspopulismus und Rechtsradikalismus und ihrer Gewaltneigung zu treiben. Anheier (2017) weist darauf hin, dass, wiewohl von Neoliberalen anders behauptet, die wenigsten Ereignisse notwendig oder unvermeidbar sind, weder in der Geschichte noch heute. So war die globale Finanzkrise keineswegs notwendig. Sie hätte mit einer besseren Finanzaufsicht verhindert werden können. Der arabische Frühling musste nicht unbedingt scheitern, bessere Diplomatie hätte möglicherweise einen ganz anderen Ausgang nach sich gezogen – wie auch im Fall Syrien, wo der Westen de facto auf die Eskalation des Bürgerkriegs gesetzt und so die humane Katastrophe des Krieges und der Flüchtlingsströme mit verursacht hat.[59]

Gefahren eines Extremismus der Mitte?
Das Konsortium um Björn Höcke, Götz Kubitschek (Institut für Staatspolitik) und die Identitären um Martin Sellner (mit seinem Büchlein »Gelassen in den Widerstand«) sowie den autoritären Agitator André Poggenburg aus Magdeburg dominiert die AfD. Es leiht sich die Ideen von Ernst Jünger und anderen, unterstellt die Zerstörung Deutschlands durch Merkel und die im Land befindlichen Minderheiten, und mobilisiert für eine andere Republik jenseits des Grundgesetzes. Ein Konsortium, eine Bewegung ohne jede konstruktive Perspektive für Deutschland und Europa. Micha Brumlik (2017) hat am Tag nach der Bundestagswahl auf die Erbschaft hingewiesen, auf die sich die AfD unter Alexander Gauland eingelassen hat, und die Differenz zu anderen rechtspopulistischen oder rechtsradikalen Parteien in Europa betont. Sie sei eine Partei, »die anstelle des Antisemitismus die Islamophobie und anstelle des hierzulande anders als in Polen und Ungarn diskreditierten Führerprinzips eine plebiszitäre, totalitäre Demokratie einführen

---

[59] Anheier fügt hinzu: »Nicht einmal die Ernennung Hitlers zum Reichskanzler 1933 war unvermeidlich. Schließlich hatte die NSDAP nur ein Drittel der Stimmen bei der Wahl 32 gewonnen. Der Aufstieg Hitlers wurde möglich durch die extrem waghalsige Politik der damaligen politischen Elite in Deutschland. Genauso sollte man vorsichtig sein, wenn man den Untergang des Westens vorhersagt, das Ende des Kapitalismus oder Niedergang der liberalen Demokratie. Es liegt durchaus in der Hand der Machteliten, Entscheidungen zu treffen, die der Gesellschaft als Ganzes dienen, nicht einer kleinen Gruppe. Die Eliten haben in dieser Hinsicht sicher im letzten Vierteljahrhundert versagt, das heißt aber nicht, dass sie auch in Zukunft versagen werden.« (ebd.)

will«. Die AfD erweise sich somit im Blick auf die eminenten Gefahren eines »Extremismus der Mitte« »strukturell als ein zeitgemäß modifizierter Wiedergänger der NSDAP«. Vom Extremismus der Mitte schrieb Seymour Martin Lipset in seinem Buch *Political Man* (1960). Er bezog dies auf die Wahlerfolge der NSDAP seit Beginn der 1930er Jahre, die er aus der Reaktion des Mittelstandes auf die Weltwirtschaftskrise erklärte. Aber schon Jürgen Falter (1991) hatte für Hitlers Wähler*innen die Mittelschicht-Thesen zur Klärung des Aufstiegs des Nationalsozialismus relativiert. Danach waren immerhin 40% der NSDAP-Wähler*innen Angehörige der Mittelschicht, aber auch aus der Arbeiterschaft kam eine bedeutsame Wählergruppe. Er wies darauf hin, dass insbesondere Protestant*innen NSDAP wählten. Für Mario Rainer Lepsius (1966) wandelte sich der Nationalsozialismus von einer sektenartigen Rechtspartei zu einer Partei der radikalisierten Mitte (vgl. Wikipedia, Extremismus der Mitte).

Davon sind wir nach einem »mittelguten« Wahlergebnis der AfD weit entfernt: Alles in allem ist die Demokratie in der Bundesrepublik stärker verankert als während des gesamten Zeitlaufs der Weimarer Republik, erst recht nach der Weltwirtschaftskrise 1929, die ohne vergleichbaren sozialstaatlichen Ausgleich ablief. Und wir befinden uns eben nicht in einer ökonomisch und sozial verzweifelten Lage. Von einem Rechtsextremismus der Mitte zu reden, wäre quantitativ vermessen und politisch voreilig. Nach allen Umfragen und Studien befindet sich die Mehrheit der deutschen Bevölkerung nach eigener Einschätzung links der Mitte. Bis zu 80% sehen sich als Verfassungspatrioten und wollen Zufluchtsuchenden aus Bürgerkriegsgebieten helfen.

5.7 Konsequenzen: Sozial und Proeuropäisch – Abgrenzung gegen Rechtspopulismus und Rechtsradikalismus

Es bestehen Chancen, durch gute Politik die moderne Rechte zu stellen, sich abzugrenzen und ihre Widersprüche und Gefahren für die Republik aufzudecken und einzudämmen. Es bestehen gute Chancen, einen beträchtlichen Teil derjenigen, die am 24. September 2017 die AfD gewählt haben, gerade angesichts deren Ausrichtung auf den völkischen Nationalismus von Björn Höcke an der Spitze von Fraktion und Partei ihr wieder abspenstig zu machen. Dem würde eine sehr viel entschiedenere Haltung im Umgang mit den Rechtsradikalen an der Spitze von Partei und Fraktion durch die demokratischen Parteien, die Öffentlichkeit und nicht zuletzt die Medien dienen. Aber dazu sind sie bisher aufgrund einer Kultur des Konsenses, der Harmonie und der Anpassung – einer Art »complacency« im Sinne von Selbstgefälligkeit/Nachlässigkeit in Ökonomie und Politik – oft nicht genügend bereit. Da, wo die AfD durch gute Politik und kritische Öffentlichkeit sowie eigene Schwächen herausgefordert ist, schwindet ihr Anhang – wie dies etwa in der ersten Wahl nach der Bundestagswahl in Niedersachsen geschehen ist, wo eine ohnehin nicht sehr erfolgreiche AfD innerhalb weniger Wochen auf zwei Drittel geschrumpft ist.

6. Erklärungsfaktoren des Rechtspopulismus in den fünf EU-Staaten und die wachsende politische Instabilität in Europa

In den Länderanalysen haben wir gezeigt: Die sozio-ökonomische Situation der Länder, die Entwicklung und Wahrnehmung der sozialökonomischen Ungleichheit in den Staaten, die politische Stabilität bzw. Instabilität des Landes, die Einwanderungs- und Flüchtlingspolitik sowie der historisch-kulturelle Hintergrund waren die entscheidenden Faktoren für die Erklärung der jeweiligen rechtspopulistischen Entwicklung.

Im Folgenden werden wir anhand dieser Einflussfaktoren die Ähnlichkeiten und die Unterschiede der rechtspopulistischen Parteien in den fünf Ländern skizzieren. Im Anschluss daran gehen wir der Frage nach, inwieweit sich durch das Erstarken des Rechtspopulismus in den fünf Ländern die politische Stabilität verändert. Dabei zeigt sich, dass in allen fünf Ländern – wenn auch im unterschiedlichen Maße – die Kritik an der mangelhaften, unbefriedigenden Reaktion auf grundlegende Probleme durch die etablierten Parteien ein Grund für die Erfolge der rechtspopulistischen Parteien war. Dieser Anstieg des Rechtspopulismus hat die bereits vorhandene Instabilität der Parteiensysteme verstärkt oder diese sogar grundlegend verändert.

In dem sich anschließenden Teil 4 untersuchen wir die Konsequenzen des wachsenden Rechtspopulismus und der politischen Instabilität in den fünf Ländern für den europäischen Integrationsprozess. Es ergibt sich, dass die EU aufgrund der Re-Nationalisierungstendenzen und der zunehmenden politischen Instabilität in wichtigen Mitgliedstaaten immer weniger in der Lage ist, ihre grundlegenden Probleme zu lösen, wie die Strukturdefizite der Eurozone, die mangelhafte Solidarität bei der Lösung der Flüchtlingskrise, das Steuerdumping zulasten etlicher Mitgliedstaaten und die Verletzung demokratischer Verfassungsgrundsätze in einigen Visegrad-Staaten. Ja, es ist aufgrund der Entwicklung in Italien sogar denkbar, dass die Eurozone auseinanderfällt und damit die EU insgesamt ins Schlingern gerät.

6.1 Aufwärtsentwicklung des Rechtspopulismus in Italien, Frankreich, Österreich, den Niederlanden und Deutschland

Italien

Italien ist in der EU der am stärksten von (rechts-)populistischen Parteien beherrschte Staat. Von den oben genannten fünf Einflussgrößen des Rechtspopulismus sind zwei – die sozio-ökonomische Krise und die Krise des politischen Parteiensystems – in Italien am stärksten ausgeprägt. Das Land verzeichnet eine anhaltende ökonomische Stagnationsphase, die Arbeitslosigkeit erreichte nach der Großen Finanzkrise mit 11-12% überdurchschnittlich hohe Werte, und auch die ungelöste Bankenkrise belastet bis heute das Land. Das tradierte Parteiensystem brach unter dem Druck der Korruptionsaffären Anfang der 1990er Jahre zusammen, womit der Weg frei war für drei rechtspopulistische Parteien (Forza Italia, Lega Nord und Alleanza Nationale), die unter Führung Berlusconis von 1994 bis 2011 in insgesamt vier Kabinetten das Land regierten, wenn auch mit Unterbrechungen. Es gehört zur Tragik Italiens, dass sich diese Rechtsregierungen nicht nur ebenfalls als unfähig erwiesen, die sozio-ökonomischen Probleme des Landes zu lösen, sondern auch – wie das vorherige Parteiensystem – an Affären (Steuerhinterziehung, Korruption, Sexskandale Berlusconis) zugrunde gingen. Von den Trümmern des Systems Berlusconi profitierte dann der Movimento Cinque Stelle (M5S). Zwar betont der M5S, er sei weder rechts noch links, aber im Europaparlament und in Fragen der Flüchtlingskrise liegt diese Partei mit der rechtspopulistischen Lega (Nord) und den Fratelli d'Italia auf einer Linie. Die politische Instabilität kennzeichnet Italien im EU-Kontext wie kaum einen zweiten Staat. Sie ist neben der sozio-ökonomischen Krise der zentrale Erklärungsfaktor für die starke Bedeutung des Rechtspopulismus im Land.

Hinzu kommt seit 2015 noch die Flüchtlingskrise, die von den populistischen Parteien genutzt wird, um Ausländerfeindlichkeit zu schüren und die Migrant*innen als Sündenböcke für die zahlreichen Krisen des Landes abzustempeln. Da seit dem EU-Türkei-Abkommen viele Flüchtlinge den Weg über die Libyenroute nach Italien suchen, hat im Jahr 2017 die Migrationskrise einen neuen Höhepunkt erreicht. Von den EU-Staaten allein gelassen, die in der Frage eines Verteilungsmodus keinerlei Solidarität mit Italien zeigen, gewinnt die Kritik an der EU zusätzlich an Schwung, fordern doch die populistischen Parteien immer wieder auch einen Ausstieg aus dem Euro.

Frankreich

In Frankreich sind vier der fünf Erklärungsfaktoren der Entwicklung des Rechtspopulismus von besonderer Relevanz: die sozio-ökonomische Krise, das Versagen eines konservativen und eines sozialistischen Präsidenten bei der Lösung der Probleme, die Schwierigkeiten bei der Bewältigung der Zuwanderung sowie der historisch-kulturelle Faktor in Form der Verdrängung der Taten des Vichy-Regimes wie der Verbrechen des Kolonialismus.

Die Wachstumsraten des BIP waren in Frankreich seit der Großen Krise sehr gering. Bei sehr schwachen Zuwachsraten der Beschäftigung verharrte die Arbeitslosenrate bis 2016 bei gut 10%. Die Versuche Sarkozys und Hollandes, die ökonomische Stagnation zu überwinden, scheiterten. Präsident Hollandes arbeitsmarktpolitische Maßnahmen zeigten kaum Wirkung. Viele Teile der französischen Bevölkerung sehen in der Globalisierung und der Einführung des Euro die entscheidenden Ursachen der sozio-ökonomischen Schwierigkeiten des Landes. Gleichzeitig machen sie die »classe politique« dafür verantwortlich, Frankreich unzureichend vor der Globalisierung bzw. Europäisierung zu schützen.

Ein weiteres Problem ist die unzureichende Bewältigung der Einwanderung. Im Hinblick auf die soziale Integration der ca. sechs Mio. Einwanderer und ihrer ca. sieben Mio. Nachfahren weist Frankreich sehr große Defizite auf. So ist die Erwerbsbeteiligung dieser Menschen mit Migrationshintergrund unterdurchschnittlich, dagegen ihre Betroffenheit von Arbeitslosigkeit überdurchschnittlich. Die Stigmatisierung und Diskriminierung vieler, vorwiegend in den »Banlieues« lebender Migrant*innen treibt etliche unter ihnen aufgrund von Enttäuschung in die Arme islamistischer und terroristischer Subkulturen, wo sie nach einer neuen Identität suchen. Gleichzeitig wächst auf der Seite der Französ*innen ohne Migrationshintergrund die Kluft zwischen den Gewinnern, den Insidern, und den Verlierern, den Ausgegrenzten der Globalisierung bzw. Europäisierung, und bietet so dem Front National einen willkommenen Nährboden. Dieser doppelte Bruch in der französischen Gesellschaft führt dazu, dass die einen neuen Halt in der Verschärfung ihrer religiösen Identität, und die anderen neuen Halt in der Verschärfung ihrer nationalistischen Identität suchen. Dabei führt die Stärkung der einen Gruppe zur Stärkung der jeweils gegnerischen. Terroranschläge der Dschihadisten befeuern den FN und dessen zunehmende politische Erfolge sind Munition für die islamistische Ideologie.

Dass all diese Probleme und Konflikte von einem wachsenden Teil der Bevölkerung rechtsnationalistisch verarbeitet werden, hat auch mit der mangelhaften kritischen Reflexion der jüngeren französischen Geschichte in Politik und Gesellschaft zu tun. Hier ist zuerst die Verdrängung und Verleugnung der Gräueltaten der Vichy-Diktatur zu nennen. Unter dem Schutzmantel des Kampfes der Résistance gegen das Hitler-Regime konnte die Kollaboration eines Teils Frankreichs mit dem faschistischen Deutschland – auch die Hilfestellung bei der Vernichtung französischer Juden in den deutschen Konzentrationslagern – lange verschwiegen werden.

In ähnlicher Weise wollte die französische Öffentlichkeit in weiten Teilen auch sehr lange nicht die Kriegsverbrechen der französischen Armee im Kolonialkrieg um Algerien (1956 bis 1962) zur Kenntnis nehmen. Eine kritischere Aufarbeitung seiner Vichy- und Kolonialgeschichte würde eine größere Widerstandskraft der Bürger*innen Frankreichs gegen die rechtsnationalistischen Erklärungs- und Lösungsansätze für die aktuellen Schwierigkeiten des Landes erzeugen.

Österreich

In Österreich kommen die fünf determinierenden Variablen für die Entwicklung des Rechtspopulismus in einer sehr spezifischen Weise zur Geltung, wobei hier die historisch-kulturelle Komponente dominiert.

Nach der Großen Finanzkrise kommt es in Österreich zu einer ökonomischen Stagnation, einer für österreichische Verhältnisse hohen Arbeitslosenrate, leicht sinkenden Reallöhnen, einem Verzicht auf eine austro-keynesianische Antwort in der makroökomischen Politik und stattdessen einer harten Sparpolitik. Diese sozio-ökonomischen Krisenerfahrungen werden in den Unter- und Mittelschichten begleitet von einer Angst vor der Globalisierung und der Europäisierung. Sie artikulieren sich auch in einer zunehmenden Kritik an den beiden Konkordanzparteien ÖVP und SPÖ, die Österreich seit 1945 sehr häufig in Großen Koalitionen regiert haben. Die Auffassung, dass diese große Koalition die ökonomischen Probleme des Landes, die relativ hohe Arbeitslosigkeit, die Gefährdungen des Wohlfahrtsstaats, die Herausforderungen der Globalisierung und Europäisierung nicht bewältigen kann, ist stark verbreitet. Wie in den anderen untersuchten Ländern greift die FPÖ diese sozial-ökonomischen und politischen Probleme auf, um sie in Form eines Anti-Globalisierungs-, Anti-EU-, Anti-Systemparteien- und Anti-Ausländer-Diskurses zu artikulieren. Dabei wird auch in Österreich die Flüchtlingskrise seit 2015 von den Freiheitlichen genutzt, um die Migrant*innen als Verursacher der sozialen Krise abzustempeln. Der entscheidende Unterschied gegenüber den vier anderen Staaten besteht jedoch darin, dass sich die Parteien der großen Koalition, diesem Anti-Migrations-Diskurs immer stärker angepasst haben, ja, im Falle der Kurz-Partei, sogar versucht haben, die sich selbst als »soziale Heimatpartei« titulierende FPÖ rechts zu überholen. Obwohl die von Österreich selbst gesetzte Obergrenze von 35.000 Flüchtlingen für 2017 mit ca. 20.000 weit unterschritten wurde, überschlagen sich bei FPÖ und ÖVP die Forderungen nach Abschottung, Abschiebung und Verbringung von Flüchtlingen auf Inseln im Mittelmeer oder in Lager in Afrika und im Nahen Osten. Auch aus der SPÖ werden Rufe nach einem Schließen der Brenner-Grenze zu Italien laut.

Wir beobachten in Österreich nicht nur einen Rechtsruck, weil die FPÖ gestärkt wird, sondern eine zunehmende nationalistische Überlagerung aller politischen, insbesondere auch sozialer Fragen auch in den Parteien der großen Koalition, also eine Rechtsverschiebung quasi großer Teile des Landes. Diese Entwicklung muss vor dem Hintergrund der langen, rechtsautoritären Geschichte interpretiert werden. Im Unterschied zu Deutschland ist diese Geschichte in Österreich nach dem Zweiten Weltkrieg nur sehr unzureichend aufgearbeitet worden. Anton Pelinka (2013) vertritt die überzeugende These, dass es in Europa nur in Österreich eine rechtspopulistische Partei gibt, die eine Kontinuität von der faschistischen Barbarei bis zur postfaschistischen Zeit nach dem Zweiten Weltkrieg aufweist. Die FPÖ repräsentiert die völkischen Traditionen des Landes und ist als solche inzwischen in der Mitte der Gesellschaft angekommen. Seit den 1980er Jahren sind bei den Wahlen die Parteien der großen Koalition nach und nach geschwächt worden, zugunsten vor allem der FPÖ. Diesem Trend versuchen sich ÖVP und SPÖ zu widersetzen, indem sie immer deutlicher den Anti-EU- und Anti-Flüchtlingsdiskurs der Freiheitlichen adoptieren. Dass sie dies können und auch zu Koalitionen mit der FPÖ bereit sind, ist nur vor dem Hintergrund der genannten rechtsnationalistischen Traditionslinien des Landes verständlich.

Niederlande

Von den fünf Bestimmungsgrößen der Entwicklung des Rechtspopulismus sind in den Niederlanden die Faktoren sozio-ökonomische Entwicklung, zunehmende soziale Ungleichheit, Kritik an etablierten Parteien und Migrationskrise relevant, wobei der überdurchschnittlich harten Sparpolitik seit 2010 und der Entwicklung und Wahrnehmung der sozial-ökonomischen Ungleichheit die größte Bedeutung zukommt. Auch in den Niederlanden fällt das Wirtschaftswachstum seit der Großen Krise zunächst schwach aus.

Zurückgeworfen wurde das Land vor allem in den beiden Rezessionsjahren der Eurozone, 2012 und 2013, die das Ergebnis des harten Euro-Austeritätsregimes waren. Seitdem erholt sich das Land aber sichtlich: die Zuwachsraten des BIP ziehen deutlich an und die Arbeitslosenrate ist 2016 auf 6% gesunken. Die Reallöhne pro Kopf sind seit 2011 moderat angestiegen.

Im Bewusstsein der Bürger*innen ist diese Verbesserung der makroökonomischen Daten jedoch dadurch negativ überlagert worden, dass kein anderes Land in der Vergleichsgruppe so hart gespart hat wie die Niederlande. Das Haushaltsdefizit ist von gut 5% im Jahre 2010 in einen Haushaltüberschuss in Höhe von 0,4% im Jahre 2016 transformiert worden. Die Sparpolitik ist damit noch strikter ausgefallen als in Österreich. Die niederländischen Bürger*innen haben dadurch einen starken Rückgang wohlfahrtstaatlicher Leistungen erfahren, und zwar in den Bereichen Gesundheit, Pflege, Renten und Bildung. Darüber hinaus ist seit der Großen Finanzkrise die soziale Ungleichheit angestiegen: Die Spreizung in der Einkommensverteilung ist gewachsen, das Armutsproblem hat sich vergrößert und auf dem Arbeitsmarkt spielt nach wie vor die Prekarisierung eine wesentliche größere Rolle als im Durchschnitt der EU. Nicht nur die Unterschichten, auch die Mittelschichten fühlen sich vom sozialen Abstieg bedroht.

Vor diesem Hintergrund gab die rechtspopulistische PVV von Geert Wilders im Jahr 2012 ihre Tolerierungspolitik für das erste Kabinett Rutte auf, das seit 2010 zwischen der rechtsliberalen VVD und der christlichen CDA als Minderheitsregierung gebildet wurde. Die PVV profiliert sich damit als soziale Partei, die die vom Euroregime diktierte Sparpolitik ablehnt.

Da auch das zweite Kabinett Rutte (2012-2017), eine Große Koalition aus VVD und sozialdemokratischer PvdA, die harte Sparpolitik fortsetzt, kann sich die rechtspopulistische Partei von Geert Wilders weiterhin als Partei darstellen, die den holländischen Wohlfahrtsstaat verteidigen will. Sie verbindet dies – wie die Rechtspopulisten in den anderen Ländern – mit einem Anti-Migrationsdiskurs und versucht insbesondere die Muslime in den Niederlanden zu den Sündenböcken für die sozialen Einsparungen und die wachsende soziale Ungleichheit zu machen.

Im Wahlkampf 2017 zeigte sich, dass diese Strategie auf fruchtbaren Boden fiel. Lange Zeit sah es so aus, dass die PVV stärkste Partei werden könnte. Erst der deutliche Rechtsschwenk von Rutte verhinderte den Erfolg von Geert Wilders, dessen PVV nach der VVD »nur« den zweiten Platz erreichte. Die Sozialdemokraten, die PvdA, zahlte für ihre Unterstützung der Sparpolitik in der Großen Koalition des zweiten Kabinett Rutte einen hohen Preis: Sie schrumpften bei den Wahlen 2017 um fast 20 Prozentpunkte und wurde auf 5,6% dezimiert.

Ähnlich wie in Österreich konnte ein durchgreifender Erfolg der rechtspopulistischen Partei auch in den Niederlanden nur durch einen deutlichen Rechtsruck einer Partei der Mitte verhindert werden. Indes ist die Rechtsverschiebung moderater als in Österreich, weil in den Niederlanden die rechtsnationalistischen Traditionslinien fehlen und mit den Parteien der Linken, Groenlinks, den Sozialisten und den Sozialdemokraten, aber auch der Partei der Mitte, D66, nach wie vor ein politisches Gegengewicht vorhanden ist.

Deutschland

Unter den fünf untersuchten Staaten ist Deutschland mit Abstand (noch) das stabilste. Das Land verzeichnet nach der Großen Krise die höchsten Wachstumsraten und den stärksten Abbau der Arbeitslosigkeit. Auch die Reallöhne entwickeln sich wieder positiv. Problematisch – und ein zentraler Erklärungsfaktor für das Erstarken des Rechtspopulismus – ist allerdings die Entwicklung der Verteilungsverhältnisse und die zunehmende Wahrnehmung einer sozial-ökonomischen Ungleichheit. Die Angst der unteren Schichten bis hin in die unteren Mittelschichten vor einem sozialen Abstieg aufgrund der Folgen der Globalisierung ist ausgeprägt. Hinzu kommt, dass in den neuen Bundesländern ein starker Teil der Bevölkerung sich hinter den Westdeutschen als Bürger*innen zweiter Klasse wahrnimmt.

Was die politische Stabilität des Landes anbelangt, so dominieren zwar immer noch die beiden Parteien der großen Koalition die Szenerie, aber ihre Verluste bei der letzten Bundestagswahl sind gravierend, und beide Parteien liegen zusammen nur noch knapp über der Marke von 50%. Auch in Deutschland wächst bei einem Teil der Bevölkerung der Eindruck, dass die großen Volksparteien die Probleme des Landes immer weniger zufriedenstellend lösen können.

Befeuert wurde die AfD ohne Frage von dem vierten Erklärungsfaktor, der Flüchtlingskrise. Dominierte in Deutschland noch 2015 die Willkommenskultur, ist diese längst einer wachsenden Skepsis einer Mehrheit der Bürger*innen vor einem starken Zustrom an Zuwanderern gewichen. Die Parteien der Mitte reagieren darauf mit einer Politik der Abschottung und des Abschiebens (EU-Türkei-Abkommen, mehr Staaten werden zu sicheren Drittstaaten erklärt) und übernehmen immer stärker die Rhetorik der AfD in der Flüchtlingsfrage. Selbst vor der Unterstützung der völkerrechtswidrigen und menschenverachtenden Abschirmung der Libyenroute macht dieser Kurswechsel nicht Halt. Wird die Sklaverei in den Lagern Libyens, die seit dem Sommer längst allen Regierungen der Mitgliedstaaten bekannt ist, Thema des EU-Afrika-Gipfels, fließen bei den versammelten Regierungschefs der EU-Staaten einige Krokodilstränen. Ob aber die versprochene Abhilfe tatsächlich kommt, ist mehr als fraglich.

Neben der ökonomischen und der politischen Stabilität ist der historisch-kulturelle Erklärungsfaktor für die im Vergleich zu den anderen Staaten stärkere Eindämmung des Rechtspopulismus in Deutschland verantwortlich. Im Unterschied zu Frankreich und vor allem Österreich ist der Faschismus in der BRD seit der Studentenbewegung und der demokratischen Reformphase, die mit Willy Brandt einsetzte, kritisch aufgearbeitet worden. Nach wie vor stellt es in Deutschland eine hohe Barriere dar, eine Partei zu wählen, die die Gräueltaten der NS-Zeit relativiert.

6.2 Zunehmende politische Instabilität in einigen Mitgliedstaaten

Unsere Länderanalysen zeigen nicht nur die zunehmende Erstarkung des Rechtspopulismus, sie offenbaren darüber hinaus eine wachsende Instabilität im Parteiensystem in den untersuchten Ländern. Am markantesten ist dieser Trend in Italien und in den Niederlanden, aber auch in Frankreich und in Österreich stehen die Systeme vor einem Umbruch, und selbst Deutschland wird tendenziell von dieser Entwicklung erfasst.

Die Entwicklung des doppelten Zusammenbruchs des Parteiensystems in *Italien* ist oben dargestellt worden. Nach den Wahlen Anfang März 2018 steuert das Land auf eine komplizierte politische Situation zu. Denn bei diesen Wahlen haben die populistischen Parteien, das rechte Dreier-Bündnis aus Lega, Forza Italia und Fratelli d'Italia sowie der Movimento Cinque Stelle (M5S), zusammen einen Stimmenanteil von fast 70% erreicht. Das Besondere ist dabei das nach den Umfragen nicht erwartete starke Abschneiden der Lega. Mit dem Erfolg der europa- und ausländerfeindlichen Lega wurde die Grundausrichtung des Dreier-Bündnisses noch einmal deutlich ins Rechtsextreme verschoben. Sie ist beinahe so stark geworden wie der sozialdemokratische PD von Matteo Renzi, der von 25% auf 19% abgerutscht ist. Als Einzelpartei ist der M5S mit 32% eindeutiger Wahlsieger. Da aber weder der M5S, noch der Dreier-Block, noch das Mitte-Links-Bündnis eine Mehrheit der Mandate erringen konnte, wird die Regierungsbildung schwierig. Aufgrund der großen Verluste des PD und der Forza ist eine Koalition dieser beiden Parteien ausgeschlossen, auf die

– als einzige »europafreundliche« Alternative – vor allem Brüssel, Berlin und Paris gehofft hatten.

Das Rechtsbündnis müsste noch etliche Abgeordnete aus anderen Fraktionen abwerben, um eine Mehrheit der Mandate zu erreichen und Salvini zum Premier wählen zu können. Nach der Niederlage Berlusconis dürfte das fragile Bündnis zwischen diesem und Salvini ohnehin sehr gefährdet sein. Der M5S ist im Hinblick auf die Regierungsbildung gespalten. Beppe Grillo fordert, an der Position festzuhalten, keinerlei Koalition einzugehen, während der Spitzenmann der Partei, di Maio auch zu einer Koalition bereit zu sein scheint. Eine solche Koalition mit der bei den Anhängern des M5S verhassten Partei Renzis einzugehen, dürfte schwierig werden. Größere politische Übereinstimmungen des M5S bestehen dagegen mit der Lega. Gemeinsames Band einer Zusammenarbeit könnte die Ablehnung des Vertrages von Lissabon und des Fiskalpakts sowie die Forderung nach einem Austritt aus dem Euro sein. Auch in der Ablehnung von Flüchtlingen und Zuwanderern gibt es große Übereinstimmungen, zumindest was den Grillo-Flügel der M5S anbelangt. Salvini hat bislang eine solche Konstellation nicht ausgeschlossen, aber dem linken Flügel des M5S dürfte eine solche Koalition schwer zu vermitteln sein.

Für die Europäische Union und die Zukunft Europas wäre ein Zusammengehen der populistischen Parteien der worst case. Aber auch eine erneute Herrschaft des rechten Bündnisses unter Berlusconi oder eine von der Unterstützung Berlusconis abhängige Regierung des PD würde die politische Instabilität der EU weiter verstärken.

In den *Niederlanden* kontrollieren die beiden ehedem stärksten Parteien, CDA und PvdA, längst nicht mehr die Parlamente. Zusammen mit der VVD errangen sie noch in den 1990er Jahren mehr als 80% der Stimmen. Seitdem ist deren Anteil im Trend gesunken und lag in den ersten 2000er Jahren noch bei ca. 60%. Bei den Wahlen 2010 sanken der Anteil von CDA und PvdA, die noch 2003 jeweils weit mehr als 25% der Stimmen erhielten, unter 20%, und 2017 fiel die PvdA auf 5,7% und die CDA auf 12,5%, während die Rutte-Partei VVD 21,3% erreichte. Gegenüber den 1990er und den frühen 2000er Jahren ist dieser Absturz des Anteils der drei größten Parteien auf nicht einmal 40% gewaltig. Diese zunehmende Zersplitterung der Parteienlandschaft hat die Regierungsbildung 2017 sehr erschwert. Erst nach einem halben Jahr konnte Rutte eine Vier-Parteien-Regierung bilden.

In *Frankreich* brachten die Wahlen 2017 einen Zusammenbruch des bipolaren Parteiensystems, das seit den 1970er Jahren in der V. Republik mit der PS und den Republikanern (LR, vorher UMP) als Links-Rechts-Alternative die Politik beherrschte. Macrons La République en Marche ist eine Partei der Mitte, die selbst ihr Spitzenpersonal zum Teil aus den Parteien PS und LR rekrutiert. Nach der Dezimierung der PS (weit unter 10%) und der Kooperation eines Reformflügels der Republikaner (Juppé-Flügel) mit Macron bilden vor allem Mélenchons »La France Insoumise« und Le Pens Front National die Opposition, also extreme Parteien am linken und rechten Rand. Abzuwarten bleibt, wie sich die Wahl des Vorsitzenden Laurent Wauquiez im Dezember 2017, der von sich behauptet, er sei vor allem »rechts«, auf die Entwicklung der gespaltenen Republikaner auswirkt.

Stabil ist das neue System nicht, bildet doch Macrons LREM selbst für französische Verhältnisse nur eine schwache Partei mit einem geringen organisatorischen Unterbau. Instabil ist dieses System auch, weil Macron bei einem Scheitern seines Reformprogramms und bei schwachen sozio-ökonomischen Erfolgen in den nächsten Präsidentschaftswahlen einem Gegenkandidaten der extremen Linken oder Rechten gegenüberstünde, die jeweils nicht ohne beachtliche Erfolgschancen wären.

Auch in *Österreich* nimmt die politische Instabilität mit der Bildung einer ÖVP-FPÖ-Regierung nach den Wahlen 2017 zu. Aufgrund des Rechtsrucks des Landes könnte diese Koalition – und das ist die Befürchtung der Gewerkschaften und der SPÖ – das System der Arbeiterkammern abschaffen. Dieses bildet aber den administrativen, wissenschaftlichen und ideologischen Unterbau der Gewerkschaften, unter deren Schwächung auch die SPÖ im hohen Maße leiden würde. Vor diesem Hintergrund plädierte der ÖGB-Vorsitzende Erich Foglar nach den Wahlen 2017 sogar, eine Koalition aus SPÖ und FPÖ nicht vorweg abzulehnen, um den drohenden institutionellen Kahlschlag abzuwenden. Es hat den Anschein, dass aufgrund dieser möglichen Entwicklungen die Zeit der großen Koalitionen und damit der Konkordanzdemokratie erst einmal vorbei ist.

Vor diesem Hintergrund scheint *Deutschland* auch politisch noch ein Hort der Stabilität zu sein. Um diese zu erhalten, wurde deshalb nach dem Scheitern der Jamaika-Sondierungen der Ruf nach einer erneuten Großen Koalition sehr laut. Nach der Zustimmung durch die Mitglieder der SPD ist sie seit dem März 2018 auch wieder im Amt.

Es ist allerdings aufgrund der beschriebenen Entwicklungen in den anderen Staaten, vor allem in den Niederlanden und Österreich, nicht ausgeschlossen, dass die große Koalition – wie schon bei den Wahlen 2017 – die politischen Ränder weiter stärken wird. Eine nach rechts wandernde

FDP könnte von enttäuschten CDU-Wähler*innen profitieren und die Grünen und die Linkspartei von frustrierten SPD-Wähler*innen. Was jetzt als Stabilisierung erscheint, mündete damit geradewegs in eine noch größere politische Instabilität.

Die Zunahme der politischen Instabilität wird nicht nur an der zunehmenden Zersplitterung der Parteienlandschaft bzw. an der Zerstörung ehedem stabiler Parteienkonstellationen sichtbar, sondern auch am Trend zu »Führer«-Parteien. Was in Italien in den Parteien des Rechtsbündnisses begann – mit Berlusconi (Forza) , Bossi, Salvini (Lega) und Grillo (M5S) –, ist inzwischen von Macron in Frankreich aufgenommen worden, der sich in der Nachfolge von Charles de Gaulle als unantastbare und nicht kritisierbare »Majestät« geriert und mit einer Regierung auf »Verordnungswege« und einer ihm hörigen, nicht demokratisch strukturierten Partei LREM die revolutionären Traditionen Frankreichs verrät. Auch Sebastian Kurz hat mit seiner Unterwerfung der ÖVP unter die »Liste Kurz«, die von ihm mit unerfahrenen und damit folgsamen politischen Anhänger*innen bestückt wurde und ihn als Parteichef mit einem in Österreichs Parteien der Mitte bislang unbekannten Durchgriffsrecht ausstattete, diesen Trend zum Bonapartismus aufgegriffen. Er reklamiert auch in der Regierung für sich eine Richtlinienkompetenz, mit der er bis ins Detail die Leitlinien der Regierungspolitik zu bestimmen beabsichtigt. In Deutschland wird eine solche »Führer«-Politik von Christian Lindner erwartet, der sich bereits zu den Wahlen 2017 die FDP mit seinen Gefolgsleute unterworfen hat und dem nachgesagt wird, er wolle von Emmanuel Macron und Sebastian Kurz lernen.

Auch diese Entwicklungen im Parteiensystem tragen zu seiner Destabilisierung bei. Statt sich auf einen demokratisch aufgebauten Apparat mit fester Programmatik zu stützen, werden die »Führer«-Parteien undemokratisch beherrscht, sind den politischen Launen ihrer »Chefs« unterworfen und drohen im Falle politischer Niederlagen für Diadochenkämpfe anfällig zu werden. Unter dem Mantel der Kritik an den verknöcherten »Systemparteien« und der Behauptung, sie durch personelle Erneuerung aus dem Volk demokratisieren zu wollen, verwandeln sich die »Führer«-Parteien ihrerseits in Parteien, die den Prinzipien demokratischer Kontrolle nicht mehr genügen.

Teil 4: Entwicklungspfade für die EU – Zerstörung oder Stabilisierung?

Für die aktuelle Reformdebatte in der EU, die sich seit über einem Jahrzehnt in der schwersten Krise seit Beginn der Integration befindet, sind die beschriebenen Entwicklungstrends eine schwere Hypothek.

Schon die harte Austeritätspolitik, mit der die Eurozone auf die Große Finanzkrise antwortete, hat den Integrationsprozess stark geschwächt. Den überdurchschnittlich betroffenen Staaten Südeuropas wurde eine solidarische Unterstützung, etwa durch die Einführung von Eurobonds, eine wachstumsfördernde Wirtschaftspolitik und Maßnahmen zur Beseitigung der Leistungsbilanzungleichgewichte, verweigert. Im Resultat stieg in diesen Länder die Arbeitslosigkeit, sanken die Reallöhne, wurden die sozialen Sicherungssystem abgebaut und ihre Gewerkschaften geschwächt. Auch in anderen EU-Staaten führte die Austeritätspolitik zu einer Stagnation der Wirtschaft – so in Frankreich und Österreich – oder zu sehr harten sozialen Einschnitten, wie in den Niederlanden. Im Gefolge dieser Politik sank nicht nur die Akzeptanz der EU, und zwar selbst in Ländern wie Italien, die einst zu glühenden Anhängern der Integration zählten. Es erstarkte darüber hinaus der Rechtspopulismus, was in den Europawahlen 2014 besonders sichtbar wurde.

Dieser Rechtsruck wiederum hat alle in den Jahren 2011 bis 2013 diskutierten grundlegenden Reformvorschläge zur Überwindung der Strukturdefizite der Eurozone zur Makulatur gemacht. Pläne zur Einführung einer Europäischen Fiskalpolitik (Wirtschaftsregierung), einer nachhaltigen Stärkung des Haushalts, um symmetrische und asymmetrische wirtschaftliche Krisen besser bekämpfen zu können, zur Einführung von Eurobonds und zur Verwirklichung einer sozialen Komponente der WWU, verschwanden nach den Europawahlen 2014 in der Schublade, weil Vertragsrevisionen angesichts des Rechtsrucks als illusionär betrachtet wurden. In Teil 1, Kapitel 3, ist detailliert dargestellt worden, welche Schwierigkeiten die EU seitdem hat, auch nur moderate Reformpläne (Juncker-Plan 2015; Reflexionspapiere vom Frühjahr 2017; Macron-Pläne vom Sommer 2017; Vorschläge der Europäischen Kommission vom Dezember 2017) in die Realität umzusetzen.

Neben diesen sozio-ökonomischen Problemen verstärken der Brexit, die ungelösten Fragen der EU-Flüchtlingspolitik sowie die Unterhöhlung der demokratischen Verfassungsordnungen in Osteuropa, vor allem in Polen und Ungarn, die Integrationskrise der EU.

Wir gegen im Folgenden der Frage nach, welchen Entwicklungspfad die EU in den kommenden Jahren einschlagen wird. Wird sich der politische und ökonomische Zerstörungstrend, der zunächst in einer Auflösung der Eurozone und dann der EU münden könnte, fortsetzen, oder gelingt es, diesen verhängnisvollen Prozess zu stoppen und Eurozone sowie EU zu stabilisieren und den Integrationsprozess fortzusetzen und zu vertiefen?

1. Der Prozess der Re-Nationalisierung – Zerstörung von Eurozone und EU

In Teil 3 wurde deutlich, wie stark inzwischen im rechtspopulistischen Spektrum, vor allem beim Front National in Frankreich und noch mehr bei den populistischen Parteien in Italien (Lega, Fratelli d'Italia, Movimento Cinque Stelle, große Teile der Forza Italia) die Ablehnung des Euro und der EU gediehen sind. Vor allem nach den Wahlen in Italien im Frühjahr 2018 ist eine politische Konstellation denkbar, die in eine Abkehr vom Euro mündet. Mit einem Austritt Italiens stünde die Eurozone insgesamt vor dem Zusammenbruch, und dies würde auch das Projekt des einheitlichen Binnenmarkts und der politischen Integration der EU gefährden.[60]

Im Folgenden werden die ökonomischen und politischen Konsequenzen einer Abkehr von der Eurozone und einer Auflösung der EU dargestellt (vgl. Busch 2016 b: 82ff. sowie Busch/Troost/Schwan/Bsirske u.a. 2016: 41ff.).

Die Auflösung der Eurozone und die Rückkehr zu nationalen Währungen wäre für eine längere Übergangszeit sowohl in den Ländern, die heute über Leistungsbilanzüberschüsse und unterdurchschnittliche Staatsschuldenquoten verfügen (im Folgenden Gläubigerstaaten), als auch in den Staaten,

[60] Wir teilen nicht die Position von Lucio Baccaro, Direktor des MPI für Gesellschaftsforschung, der in der FAZ (vom 26.2.2018) für einen EU-Austritt Italiens votiert: »Beim Beitritt zu der Gemeinschaftswährung 1999 haben viele Italiener davon geträumt, in der Premier League der Volkswirtschaften mitzuspielen, aber das hat sich als Irrtum herausgestellt.« Ein EU-Austritt könne dazu beitragen, die strukturellen Probleme der italienischen Wirtschaft zu lösen.

die heute Leistungsbilanzdefizite und überdurchschnittliche Staatsschuldenquoten aufweisen (im Folgenden Schuldnerstaaten), mit größten Anpassungsproblemen verbunden.

In den Gläubigerländern käme es zu einer Aufwertung ihrer nationalen Währungen und damit zu vorübergehenden Wachstums- und Beschäftigungseinbußen. Für das größte Überschussland der Eurozone, Deutschland, das gleichzeitig eine hohe Exportquote aufweist, würden sich deutliche Wohlstandsverluste einstellen.

Wesentlich dramatischer wären jedoch die Folgen für die Schuldnerstaaten. Deren Währungen würden stark abwerten, was von den Befürwortern einer Abkehr vom Euro als der entscheidende Vorteil dieses Schritts betrachtet wird.

Eine Abwertung ist aber nicht ohne Kosten zu haben. Sie wird nur dann zu einer Verbesserung der Wettbewerbsfähigkeit eines Landes führen, wenn sie mit einer Reallohnsenkung einhergeht. Kommt es aber nach einer nominalen Abwertung zu einer Kette aus importierter Inflation und kompensatorischen Lohnsteigerungen, wird das inländische Preisniveau schnell nach oben verschoben, die abwertungsbedingte Verbesserung der preislichen Wettbewerbsfähigkeit wird nach und nach ausgeglichen und führt so in kurzer Frist zu einem ähnlichen realen Wechselkurs wie vor der Abwertung. Die von der nominalen Abwertung erhoffte längerfristige Verbesserung der preislichen Wettbewerbsfähigkeit wird dann nicht erreicht. Anders formuliert: Nur wenn die nominale Abwertung von einer entsprechenden Senkung der Reallöhne begleitet wird, kann sie auch zu einer realen Abwertung, also einer Verbesserung der Wettbewerbsfähigkeit führen.

Diese Reallohnsenkungen sind jedoch nicht die einzigen Kosten, die mit einer Abwertung verbunden werden, soll sie erfolgreich sein. Denn nach der Wiederherstellung nationaler Währungsstrukturen würde sich sofort zeigen, dass die Staaten der ehemaligen Eurozone sehr unterschiedliche Staatsschuldenquoten aufweisen.

Die Staaten mit hohen Schuldenquoten würden an den internationalen Kapitalmärkten unmittelbar einen deutlichen Anstieg ihrer Zinssätze für Staatsanleihen hinnehmen müssen. Diese Spreizungen (»spreads«) in der Zinsstruktur fallen derzeit aufgrund der Intervention der EZB, d.h. ihres Bekenntnisses, »alles Notwendige« (»whatever it takes«) zu tun, um den Euro zu retten, sehr gering aus, würden sich aber bei einer Auflösung des Euro sofort wieder einstellen. Gleichzeitig würden die Staatsschulden der Abwertungsländer, in internationaler Währung gerechnet, deutlich steigen.[61] Damit würden sich die Abwertungsländer in einer Zins- und in einer Schuldenfalle befinden. Weder könnten sie ihre Haushaltsdefizite im ausreichenden Maße über den Verkauf von Staatsanleihen an ausländische Kapitalgeber finanzieren, weil ihre Zinslast dramatisch ansteigen würde, noch könnten sie deshalb ihre Leistungsbilanzdefizite finanzieren, denn dies würde größere Kapitalimporte in Form von Käufen nationaler Staatstitel durch Ausländer erfordern.

Die Regierungen der Schuldnerstaaten wären in der Konsequenz dieser makroökonomischen Entwicklung, und zwar gleichgültig, ob die Regierungen sich links oder rechts orientieren, zu einer drastischen Sparpolitik in den öffentlichen Haushalten gezwungen. Nur so ließen sich die Doppeldefizite in Staatshaushalt und Leistungsbilanz eventuell noch finanzieren. Wachstumseinbrüche, ein stärkerer Anstieg der Arbeitslosigkeit, Lohneinbußen und ein Abbau in den sozialen Sicherungssystemen wären die Ergebnisse dieser Entwicklung. Mit hoher Wahrscheinlichkeit wären diese Staaten dann erneut auf öffentliche Kredite internationaler Institutionen, wie des IWF, angewiesen. Diese würden als Bedingung für die Kredite die Durchsetzung der eben beschriebenen Deflationspolitik verlangen.

Mario Draghi hat die Vertreter des Movimento Cinque Stelle darüber hinaus vor der Forderung nach einem Austritt aus dem Euro gewarnt, indem er auf das Problem der Target2-Salden[62] hingewiesen hat. Staaten, die das Eurosystem verlassen wollten, hätten zuvor ihre gegebenenfalls negativen Target2-Salden, also ihre Verbindlichkeiten gegenüber dem EZB-System, zu begleichen.[63] Da seit Ausbruch der Finanzkrise 2008/2009 die Leistungsbilanzüberschüsse bestimmter Länder, vor allem Deutschlands, im Zahlungssystem des Euroraums nicht mehr durch gegenläufige Kapitalverkehrsbewegungen (z.B. Kapitalexporte Deutschlands in die Euro-Defizitländer) im ausreichenden Maße ausgeglichen werden, haben sich Target2-Saldenbeständen im erheblichen Umfange aufgebaut.[64] So verzeichnete Deutschland 2016 einen positiven Saldo in Höhe von 716 Mrd. Euro und die Nieder-

---

[61] Zur Kritik an Flassbeck, der meint, die Staatsanleihen ließen sich nach Einführung einer neuen Währung 1:1 in diese umwandeln – es entstünden den Ausstiegsstaaten damit keine höheren Kosten für die Bedienung der Anleihen –, siehe Busch/Troost/Schwan/Bsirske u.a. 2017b.

[62] Zur Erläuterung der Target2-Salden siehe: www.bundesbank.de/.../DE/.../TARGET2/TARGET2_Saldo/target2_saldo.html.

[63] Draghis Warnung, in: Süddeutsche Zeitung, Nr. 19, 24. Januar 2017.

[64] Statista: Target2-Daten der Euroländer 2016.

lande in Höhe von 170 Mrd. Euro. Dagegen hatte Spanien einen negativen Saldo von 330 Mrd. Euro, Italien von 360 Mrd. Euro, Griechenland von 72 Mrd. Euro und Portugal von 71 Mrd. Euro. Euro.

Würde Italien aus dem Eurosystem ausscheiden, hätte es nach Aussagen Draghis zuvor seine Verbindlichkeiten gegenüber dem EZB-System abzulösen, und zwar durch Devisen, Gold oder andere Vermögenswerte. Da die 360 Mrd. Euro derzeit ca. 20% des BIP Italiens und ca. 40% seiner Staatsausgaben ausmachen, wäre das Land nicht in der Lage, dieser Forderung zu genügen. Müsste die EZB diese Forderungen dann abschreiben, würden die Bilanzen der nationalen Zentralbanken und letztlich die nationalen Staatshaushalte in Mitleidenschaft gezogen werden (Deutschland hätte 27% der Verluste zu tragen).

Auch aus der Schilderung dieses Problems der Target2-Salden wird deutlich, welche ökonomischen Belastungen auf die Länder, die den Euro verlassen, zukommen können, bzw. welches Konfliktpotenzial, besser gesagt, welcher Zündstoff, zwischen den Mitgliedstaaten im Falle einer partiellen oder vollständigen Auflösung der Eurozone entstehen würde.

Noch dramatischer, aber nicht unrealistisch, beschreibt Stephan Schulmeister (2013) die Folgen einer Euroabwicklung. Er sieht die Gefahr eines Wirtschaftskrieges, weil sich Gläubiger- und Schuldnerstaaten bei der Rückabwicklung des Euro nicht darauf einigen könnten, in welche nationale Währung die Staatsschulden zu transformieren seien. Es käme deshalb entweder zu Staatsbankrotten und in deren Folge zu einer generellen Schmelze des Finanzsystems, oder zu massiven Abwertungen in den Schuldnerländern, die aber die realwirtschaftliche Lage in den »Südstaaten« nicht verbessern würden, weil die Abwertungswettläufe zu einer Schrumpfung des Gesamthandels führten. Währungsabwertungen hätten die »Südstaaten« schon zwischen 1973 und 1999 ohne Erfolg ausprobiert. Die ökonomischen, sozialen und politischen Folgen einer Auflösung der Währungsunion wären so gewaltig, dass sie schlagartig die nationalistischen Feindseligkeiten in Europa intensivieren und in einen Wirtschaftskrieg münden würden.

Die Argumentation der Abwertungsbefürworter geht an dieser Stelle einen Schritt weiter und fordert konsequenterweise für die Schuldnerländer größere Schuldenschnitte. Abgesehen von der schwierigen Frage, welche Lasten die Gläubigerländer bei einem Schuldenschnitt akzeptieren würden, wäre aber auch ein erfolgreicher Schuldenschnitt kein einfacher Königsweg aus der Zinsfalle. Denn an den internationalen Kapitalmärkten würde sich für diejenigen Staaten, die einen Schuldenschnitt erzielen konnten, wegen des von den Gläubigern erwarteten erhöhten Verlustrisikos ein überdurchschnittlich hoher Zinssatz ergeben. Ganz abgesehen von dem Problem, dass Schuldnerstaaten, die zunächst noch keinen Schuldenschnitt erreichen konnten, aufgrund der Erwartung dieses Schritts mit einem noch größeren Sprung ihrer Zinsen für Staatstitel zu rechnen hätten (so wie es nach dem Schuldenschnitt für Griechenland im Jahre 2011 bei den südlichen Schuldnerstaaten zu beobachten war!).

Es gehört nicht sehr viel Phantasie zu der Annahme, dass aufgrund dieser ökonomischen und sozialen Turbulenzen nach der Auflösung der Eurozone nicht nur die gemeinsame Währung, sondern auch der einheitliche Binnenmarkt zur Disposition stünde. Wenn der Schritt zur Abwertung über die Zins- und Schuldeneffekte zu hoher Arbeitslosigkeit und großen sozialen Einbußen führt, ist der Ruf nach protektionistischen Maßnahmen schnell auf der politischen Agenda. Mit der Zerstörung des einheitlichen Binnenmarkts würden sich weitere Wachstumseinbrüche und deren ökonomische Folgewirkungen ergeben. Eine Abwärtsspirale wäre in Gang gesetzt. Sollte die Rückkehr zu nationalen Währungen durch einen politischen Rechtsruck in Europa ausgelöst werden, würden sich diese Ergebnisse noch schneller und noch deutlicher einstellen.

Damit sind wir nach der Diskussion der ökonomischen Effekte einer partiellen Wiederherstellung des Nationalstaats (Auflösung der Eurozone) bei der Betrachtung einer vollständigen Abkehr von der EU angelangt. Neben einer schweren ökonomischen Krise würde sich eine dramatische politische Krise ereignen. Das System der Nationalstaaten würde neue politische und militärische Bündnisse erzeugen. Die Annahme ist nicht übertrieben, dass dann auch die lange Friedensperiode, die Europa seit dem Zweiten Weltkrieg erleben durfte, zur Disposition stünde. In der unmittelbaren Nachkriegszeit nach 1945 waren die beiden Hauptmotive der europäischen Integration einerseits die Überwindung des Systems der Nationalstaaten, das in Europa zu zwei Weltkriegen geführt hatte, andererseits die ökonomische Integration, um durch die Liberalisierung der Wirtschaftsbeziehungen die Voraussetzungen für wirtschaftliche Prosperität zu schaffen und um die Fehler der zerstörerischen Periode nach 1929 (Schutzzölle, Abwertungswettläufe) zu vermeiden. In diesem Buch haben wir gezeigt, wie stark erneut in vielen Teilen Europas der nationalistische Rechtspopulismus auftritt, und wie sehr die Erinnerungen an die eben genannten Lehren aus der europäischen Geschichte in Vergessenheit zu geraten scheinen, die von 1945 bis 2005 prägende Motive der europäischen Integration waren. Bis vor kurzem schien es undenkbar zu sein, dass die dunklen Schatten der europäischen Geschichte zurückkehren könnten. Es hat momentan jedoch den Anschein, dass diese Form des Geschichtsoptimismus vorschnell und naiv war.

2. Das Konzept der Stabilisierung von Eurozone und EU

Im Folgenden wird zwischen zwei Szenarien unterschieden: einem grundlegenden Reformszenario, das zu einem Supranationalisierungsschub und einem neuen europäischen Wirtschafts- und Sozialmodell führen würde, und einem Mindest-Stabilisierungskonzept, das diejenigen politischen und ökonomischen Reformen beinhaltet, die in Eurozone und EU in Angriff genommen werden müssten, um den Integrationsprozess zumindest zu stabilisieren und den weiteren Zerstörungsprozess zu verhindern.

Der Sprung nach vorne: Supranationalisierung mit einem neuen europäischen Wirtschafts- und Sozialmodell

In diesem Konzept gelingt der EU nicht nur eine entscheidende Vertiefung des Integrationsprozesses (weitere Supranationalisierung in den Bereichen Politische Union und Wirtschafts- und Währungsunion), sondern auch die Realisierung eines alternativen Wirtschafts- und Sozialmodells, das den Neoliberalismus überwindet. Es handelt sich um eine doppelt tiefgreifende Veränderung mit einem Sprung in Richtung europäischer Bundesstaat und der Durchsetzung einer fortschrittlichen Wirtschafts- und Sozialpolitik. Unter den momentanen politischen Bedingungen in Europa wäre dies eine Herkulesaufgabe.

Im Rahmen eines solchen Supranationalisierungssprungs würde die EU die bisherigen Integrationsblockaden überwinden und im ökonomischen und politischen Bereich entscheidende Vertiefungsschritte durchsetzen. Die Fiskalpolitik würde europäische Kompetenz, der EU-Haushalt wesentlich vergrößert und eine Europäische Wirtschaftsregierung installiert. Diese würde vom Europäischen Parlament kontrolliert, das in allen Bereichen neben dem Rat ein volles, gleichberechtigtes Legislativrecht erhielte.

Um die Wachstumsschwäche zu überwinden, lernte die EU darüber hinaus aus den Fehlern ihrer Austeritätspolitik und würde den Fiskalpakt sowie die darin enthaltene Schuldenbremse aufheben. Auf dieser Grundlage könnte sie dann mithilfe einer expansiven Wirtschaftspolitik eine Phase qualitativen, umweltorientierten und beschäftigungsorientierten Wachstums einleiten. Die EZB könnte vor diesem Hintergrund ihre Politik des ultralockeren Geldes zurückfahren.

In einer auf Ausgleich statt auf Austerität setzenden Gemeinschaft müsste des Weiteren ein Verfahren zum Abbau der heute dramatisch hohen Leistungsbilanzungleichgewichte zwischen den EU-Staaten vereinbart werden. Bisher zwingt die makroökonomische Überwachung der EU nur wirtschaftlich schwachen Staaten Anpassungsleistungen auf. Zukünftig müssten auch und zuallererst Staaten mit hohen Überschüssen in der Leistungsbilanz verpflichtet werden, auf eine ausgeglichene Leistungsbilanz hinzuarbeiten. Für Deutschland hätte ein solches sanktionsbewehrtes Regime ein besonderes Gewicht. Öffentliche Investitionen und Maßnahmen zur Steigerung des Lohnniveaus wären angesichts der jahrelangen Fehlentwicklungen quasi unvermeidlich.

Als ein weiteres Element der Solidarität müsste die im Maastrichter Vertrag vereinbarte »No bailout-Klausel« durch die Einführung einer gemeinschaftlichen Schuldenpolitik aufgehoben werden. Eurobonds und ein gemeinschaftlicher Schuldentilgungsfonds für Staatsschulden, die 60% des BIP der Mitgliedstaaten übersteigen, würden zu einer deutlichen Reduktion der Zinslasten der hoch verschuldeten Staaten beitragen.

Durch europäische Regeln für die Sozial- und Steuerpolitiken würde zudem das System der Wettbewerbsstaaten aufgehoben, das zu Sozial- und Steuerdumping beigetragen hat. Im Tarifrecht würden europaweit die Regeln der Allgemeinverbindlichkeit und die sektoralen Flächentarifverträge gestärkt. Auf der Basis der Re-Kollektivierung der Arbeitsbeziehungen und der Anhebung der Tarifdeckungsgrade könnten die Gewerkschaften eine europäisch koordinierte Lohnpolitik durchsetzen, die sich an den nationalen Unterschieden in der Produktivitätsentwicklung orientiert. Auch in der Wettbewerbspolitik setzte sich in der EU ein Systemwechsel durch. Durch international überdurchschnittliche Ausgaben für Forschung und Entwicklung sowie Bildung würde die EU einen Innovationswettbewerb (siehe das Modell Schweden) einleiten und sich vom Konzept des Kostenwettbewerbs über sinkende oder nur moderat steigende Lohn- und Sozialausgaben verabschieden.

In einer solch föderal gestärkten EU ließe sich auch eine supranationale Flüchtlingspolitik mit europäisch vereinbarten Verteilungsquoten durchführen. Mit mehr als 500 Mio. Einwohnern könnte die EU ohne Probleme jährlich zwischen einer und zwei Mio. Flüchtlinge aufnehmen. In den Nachbarstaaten am Mittelmeer würde die EU Aufnahme- und Warteeinrichtungen für Flüchtlinge zu installieren versuchen, die vor Ort die Asyl- und Flüchtlingsansprüche der Migrant*innen prüfen würden. Von dort könnten jährlich politisch zu vereinbarende Kontingente mit aufnahmeberechtigten Flüchtlingen auf die EU-Staaten verteilt werden. Noch nicht berücksichtigte Migrant*innen würden in Wartezonen untergebracht und hätten dort eine wesentlich bessere Perspektive als die heute rund um das Mittelmeer in Lagern jahrelang verharrenden Mio. Flüchtlinge.

Durch eine höhere Besteuerung der reichen Einkommensschichten sowie höhere Vermögenssteuern könnten die dabei entstehenden Finanzierungsfragen gelöst werden, ohne dass es zu Verteilungskonflikten zwischen der einheimischen Bevölkerung und den Flüchtlingen käme. Die Politik der Festung Europa mit dem Versuch der externalisierten »Lösung« der Flüchtlingskrise wäre beendet und durch ein humanes Konzept abgelöst, das die internationalen Asyl- und Flüchtlingsrechte achtet.

Oben wurde argumentiert, dass die Erfolgschancen für ein solches doppelt alternatives Modell für die Zukunft der EU zurzeit als sehr gering angesehen werden müssen. Dabei spielt auch eine Rolle, dass in der großen EU-27 ein Supranationalisierungsschub mit einem neuen Wirtschafts- und Sozialmodell in etlichen Staaten auf Widerstand stoßen würde.[65] Es sind allerdings politische und ökonomische Entwicklungen in Europa denkbar, die die Kräfte stärken könnten, die eine verkleinerte EU in Form eines »Kerneuropa« anstreben. In einem solchen »Kerneuropa« sind die Bedingungen für die Realisierung dieses alternativen Konzepts möglicherweise deutlich besser.

Das Modell eines »Kerneuropa« wird eventuell dann attraktiver, wenn mit Großbritannien auch andere Staaten in Nord- und Osteuropa, die nicht mehr als ein Europa in Form einer »Großen Freihandelszone« anstreben und/oder mit ihren antidemokratischen Verfassungsvorstellungen grundlegende Prinzipien der EU verletzen, die EU verlassen würden. Denkbar ist auch, dass derartige politische Prozesse in Verbindung mit einer weiteren Großen Finanzkrise an Stärke gewinnen. Möglicherweise nimmt dann die

[65] Die von Martin Schulz auf einem Parteitag der SPD im Dezember 2017 erhobene Forderung, die EU müsse in acht Jahren einen Verfassungsvertrag für die »Vereinigten Staaten von Europa« verabschieden, Staaten, die dazu nicht bereit seien, müssten die EU verlassen, hat bereits in Deutschland ein sehr kontroverses Echo ausgelöst.

Bedeutung derjenigen politischen Kräfte erheblich zu, die die Politik des Neoliberalismus endgültig überwinden wollen. Das Modell eines doppelt alternativen »Kerneuropa«, das in vielfältigen Formen mit den anderen europäischen Staaten verflochten wäre (»differenzierte Integration«), könnte unter solchen politischen und ökonomischen Rahmenbedingungen realisierbar sein (zu den Möglichkeiten einer neuen politischen Architektur in der EU siehe Platzer 2012).

Ein politisch-kultureller Minimalkonsens zur Stabilisierung von Euro und EU

In diesem Konzept geht es darum, den Abwärtstrend, in dem sich die EU momentan befindet, zu stoppen und neues Vertrauen in den Integrationsprozess zu schaffen, um so den Vormarsch populistischer, insbesondere rechtspopulistischer Parteien und Bewegungen zu beenden, die gegen den Euro und die EU gerichtet sind. Das Konzept unterschreitet deutlich das Niveau des gerade beschriebenen Modells einer zusätzlichen Supranationalisierung der EU und eines alternativen europäischen Wirtschafts- und Sozialmodells, es geht aber wesentlich weiter als die moderaten Reformvorschläge, die 2017 von der Europäischen Kommission initiiert worden sind (vgl. Teil 1, Abschnitt 3).

Ein solches Mindest-Stabilisierungskonzept könnte sechs Punkte umfassen:

1. einen wachstums- und beschäftigungsorientierten Politikwechsel in der Fiskalpolitik der Staaten der Eurozone;
2. ein europäisches Investitionsprogramm, das die nach der Großen Finanzkrise stark eingebrochene Investitionstätigkeit in der Eurozone weiter beleben soll, um den seit 2015/2016 zu beobachtenden positiven Trendwechsel (siehe Teil 1, Abschnitt 1) zu festigen;
3. die Einrichtung eines konjunkturellen Stabilisierungsfonds im EU-Haushalt im Sinne der Vorschläge der Juncker-Kommission (siehe Teil 1, Abschnitt 3);
4. die Schaffung eines zusätzlichen arbeitsmarktpolitischen Stabilisierungsfonds im EU-Haushalt, der Transfers in Länder mit überdurchschnittlicher Arbeitslosigkeit in Eurozone und EU ermöglicht;
5. die Stärkung der sozialen Komponente der WWU durch die Einführung eines EU-weiten europäischen Mindestlohnkonzepts sowie die Bindung der nationalen Ausgaben für die soziale Sicherheit an die wirtschaftliche Leistungsfähigkeit der Staaten (sozialer Stabilitätspakt);

6. die Unterstützung der von der Flüchtlingskrise besonders stark betroffenen EU-Mittelmeeranrainer, vor allem Italien und Griechenland, durch die Verteilung von Flüchtlingen auf andere Staaten auf der Basis von Freiwilligkeit. Zur Förderung dieser Politik sind erhebliche Finanztransfers aus dem EU-Haushalt und den öffentlichen Haushalten derjenigen Staaten vorzunehmen, die sich nicht oder nur unzureichend an der Aufnahme von Flüchtlingen beteiligen. Die Finanzmittel sind je nach Betroffenheit auf alle Teilnahmestaaten dieses Flüchtlingssolidaritätsprogramms zu verteilen.

Ad 1) Im Zuge des wachstumsorientierten Politikwechsels in der europäischen Makropolitik müsste Deutschland, das mittlerweile sowohl Haushaltsüberschüsse als auch einen großen Leistungsbilanzüberschuss verzeichnet, eine expansive Fiskalpolitik einleiten. Statt einen Teil seiner Ersparnisse in Form von Kapitalexporten ins Ausland zu transferieren, um die Leistungsbilanzdefizite seiner europäischen Partnerländer mit zu finanzieren, sollten diese Mittel in Deutschland in das Schul- und Hochschulsystem, in Forschung und Entwicklung, in den Gesundheitssektor und die vielfach marode Infrastruktur (Straßen, Wasserwege, Brücken, öffentliche Gebäude) investiert werden. Damit könnte die Binnenwirtschaft stimuliert, die Nachfrage nach Waren und Dienstleistungen aus den Partnerländern gesteigert und die Überschüsse in der Leistungsbilanz reduziert werden.

In Frankreich, Spanien, Portugal, Italien und Griechenland hätte die neue Politik dafür Sorge zu tragen, dass durch die Aufhebung der Austeritätspolitiken Spielräume für eine neue Wachstumspolitik geschaffen werden. Wenn die realen Zuwachsraten des BIP größer sind als die realen Zinssätze und diese Differenz nicht durch zu hohe Defizite in den primären öffentlichen Haushalten aufgezehrt wird, sinken die Schuldenquoten dieser Länder. Ein Blick in die makroökonomischen Daten dieser Staaten zeigt, dass dies durchaus keine Utopie ist.

Ad 2) Die zweite Komponente der neuen Wirtschaftspolitik wäre ein umfassendes europäisches Investitionsprogramm. Infolge der Krise sind die Investitionen in einigen Staaten regelrecht kollabiert – in Griechenland sind sie um 70% eingebrochen, in Italien, Spanien und Portugal um 30% (Deutsche Bundesbank 2016). Im Durchschnitt der Eurozone lagen die Investitionen noch im Jahr 2016 etwa 15% niedriger als vor der Krise. Auch in Deutschland, wo der Vorkrisenstand inzwischen wieder überschritten wird, liegt die Investitionsquote dennoch deutlich unter dem Stand von vor

20 Jahren. Der Verfall der öffentlichen Infrastruktur wird inzwischen selbst im Ausland als besonderes deutsches Problem rezipiert.

Die EU-Kommission hat angesichts dieser Lage nach dem Amtsantritt von Kommissionspräsident Juncker eine Investitionsoffensive verkündet. Der sogenannte Juncker-Plan krankt aber daran, dass die EU kein frisches Geld dafür mobilisieren konnte. Die aus dem EU-Haushalt bereitgestellten 16 Mrd. Euro wurden durch Umschichtungen gewonnen, u.a. aus der Forschungsförderung, und sollen nun mithilfe der Europäischen Investitionsbank (EIB) und privater Investoren um ein Vielfaches auf insgesamt 315 Mrd. Euro gehebelt werden. Das Programm erstreckt sich nur über drei Jahre und erreicht bei voller Umsetzung gerade 0,5% des EU-BIP.

Dabei gibt es längst vielfältige Vorschläge für umfassendere Investitionsprogramme. Sowohl der Deutsche Gewerkschaftsbund mit seinem »Marshall-Plan für Europa« als auch der Europäische Gewerkschaftsbund (»Ein neuer Weg für Europa«) wollen über zehn Jahre Investitionen in Höhe von jährlich 2% des EU-BIP anstoßen (260 Mrd. Euro jährlich). Investitionen in dreistelliger Milliarden-Höhe sehen auch entsprechende Programme der Europa-Fraktionen der Sozialdemokratie (S&D), der Grünen (Grüne/EFA) und der Linken (GUE/NGL) vor (die Programme sind aufgeführt in Pianta/Lucchese/Nascia 2016: 51f.). In Deutschland haben Bofinger u.a. einen neuen Vorschlag für ein europäisches Investitionsprogramm gemacht (Bofinger u.a. 2017).

Ein Investitionsprogramm in dieser Höhe ginge weit über ein Konjunkturprogramm hinaus. Es wäre bei entsprechender Ausrichtung auch Motor für den überfälligen sozial-ökologischen Umbau und würde zugleich die Wirtschaft für die Zukunft leistungsfähig machen (Strukturpolitik). Investitionsfelder wären Energieeffizienz und erneuerbare Energien, industrielle Modernisierung, der Ausbau und Erhalt der öffentlichen Daseinsfürsorge und Verkehrsinfrastruktur, schnelle Internetverbindungen, Bildung und Forschung, der soziale Wohnungsbau sowie weitere öffentliche und soziale Dienstleistungen.

Eine besondere Förderung sollten durch dieses Investitionsprogramm diejenigen Staaten in Südeuropa erhalten, die unter der europäischen Austeritätspolitik im besonderen Maße gelitten haben (Portugal, Spanien, Italien, Griechenland).

Ad 3) Der von der Juncker-Kommission vorgeschlagene konjunkturelle Stabilisierungsfonds für asymmetrische Krisen ist in Teil 1, Abschnitt 3 dargestellt worden. In den Verhandlungen über die Finanzausstattung der EU ab 2020 ist sicherzustellen, dass eine entsprechende neue Haushaltslinie eine ausreichende Größenordnung erhält. Die Kommission geht davon aus, dass mithilfe der Mittel zu unterstützende Staaten Kredite in Höhe von mindestens 1% ihres BIPs erhalten sollten. Der Nachteil des Programms liegt darin, dass es nach Auffassung der Kommission auf keinen Fall dauerhafte Transfers in konjunkturschwache Staaten beinhalten soll.

Ad 4) Diesen Nachteil könnte ein zusätzlicher arbeitsmarktpolitischer Stabilisierungsfonds im EU-Haushalt ausgleichen, dessen Ausgaben Ländern zugutekommen sollte, die eine im EU-Kontext überdurchschnittliche Arbeitslosenquote aufweisen (vgl. Tabelle 2, S. 20). Die EU-Mittel sollten die nationalen Arbeitslosenversicherungen ergänzend unterstützen und die nationalen Mittel, die Arbeitslose erhalten, um einen bestimmten Prozentsatz aufstocken. Es würde sich damit um Transfers handeln, die dem Abbau wirtschaftlicher Ungleichgewichte zwischen den Mitgliedstaaten dienen.

Der Fonds wäre darüber hinaus ein politisches Signal, das sich an die Bürger*innen der EU richtet und ihnen zeigt, dass die Gemeinschaft nach der Phase der Austeritätspolitik einen Kurswechsel vorgenommen hat und nunmehr eine Politik des solidarischen Ausgleichs zwischen den Staaten der Union in Angriff nehmen will.

Ad 5) In Teil 1, Abschnitt 4, ist dargestellt worden, dass es sich bei der Ergänzung der WWU durch eine Säule sozialer Rechte, die von der EU im November 2017 in Stockholm feierlich deklariert wurde, um ein Potemkinsches Dorf handelt. Statt »angemessene« Löhne und Sozialleistungen in den Mitgliedstaaten zu fordern, deren Höhe niemand kennt und niemand benennt, sollte die Gemeinschaft Schritte in der Sozialpolitik in Angriff nehmen, die eine reale Auswirkung auf die soziale Lage der abhängig Beschäftigten in der EU haben. Dies könnten in der Lohnpolitik ein Konzept für europäisch geregelte nationale Mindestlöhne und im Bereich der sozialen Sicherungssysteme ein Stabilitätspakt sein, der die Höhe der nationalen Ausgaben für die soziale Sicherung an die jeweilige wirtschaftliche Leistungsfähigkeit der EU-Staaten bindet.

Die Regel für die Mindestlöhne könnte vorschreiben, dass die in den Staaten vereinbarten Mindestlöhne die Schwelle von 60% des jeweiligen nationalen Durchschnittslohns nicht unterschreiten dürfen.

Was die Sozialausgaben in der EU anbelangt, zeigen empirische Untersuchungen, dass die Höhe des Pro-Kopf-Einkommens (BIP) in den EU-Staaten zu über 80% die Höhe der jeweiligen nationalen Sozialschutzausgaben pro Kopf »erklärt« (Busch 2011). Durch einen »sozialen Stabilitätspakt«

könnten die EU-Staaten vereinbaren, dass sie diesen engen Zusammenhang zwischen wirtschaftlicher und sozialer Leistungsfähigkeit sanktionsbewehrt wahren wollen.

Im Sinne Macrons könnten diese beiden Maßnahmen den Bürger*innen der EU signalisieren, dass sie in einer Gemeinschaft leben, »die schützt«, die ihnen eine soziale Sicherheit gewährt. Für die Überwindung der tiefen Legitimationskrise, in der sich die EU befindet, wäre dies ein äußerst wichtiger Schritt.

Ad 6) Das Flüchtlingssolidaritätsprogramm, nämlich die finanzielle Unterstützung von Staaten, die sich in der Flüchtlingsfrage im besonderen Maße engagieren und/oder von dieser im überdurchschnittlichen Maße betroffen sind (Italien, Griechenland), wäre ein wichtiger Schritt, um die Sackgasse zu überwinden, in der sich die EU in der Flüchtlingskrise befindet. Sie wäre eine deutliche Kritik an der Position der Visegrad-Staaten, der sich unter Missachtung von geltendem EU-Recht Ende 2017 auch der neue Kanzler der Republik Österreich, Sebastian Kurz, und der Präsident des Europäischen Rats, Donald Tusk, angeschlossen haben und die eine krude Nicht-Beachtung des von der EU 2015 mit Mehrheit beschlossenen solidarischen Verteilungsschlüssels für die Flüchtlinge im Mittelmeerraum beinhaltet. Eine solche Maßnahme würde auch einen Paradigmenwechsel in der Flüchtlingspolitik der EU-Staaten bedeuten, die sich – wie in Teil 2 gezeigt – immer stärker von den Positionen rechtspopulistischer Parteien treiben lassen und ihre Politik immer mehr auf das Credo der Festung Europa, der Abschottung und der Abschiebung von Flüchtlingen ausgerichtet haben.

Sollte selbst dieses moderate politisch-kulturelle Stabilisierungskonzept nicht durchsetzbar sein, blieben Eurozone und EU, wie bereits in der Einleitung dargestellt, auf der schiefen Ebene.

Ausblick

Unsere Analysen haben gezeigt, dass und auf welche Weise in der EU in den letzten Jahren eine Rechtsverschiebung zu verzeichnen ist. In den von uns untersuchten Staaten Italien, Frankreich, den Niederlanden, Österreich und Deutschland haben die rechtspopulistischen Parteien an Gewicht gewonnen, in Österreich sind sie seit Dezember 2017 Teil der Regierungskoalition und in Italien haben sie im März 2018 bei den Parlamentswahlen dramatische Erfolge erzielt.

In allen fünf Ländern hat die politische Instabilität zugenommen: In einigen Staaten ist die Zersplitterung der Parteiensysteme größer geworden (Italien, Niederlande, Deutschland), in anderen sind lange bewährte Parteienkonstellationen unterhöhlt worden (Frankreich, Österreich), und in drei der fünf Staaten ist eine starke Tendenz zum Bonapartismus zu beobachten (Italien, Frankreich, Österreich). Diese Entwicklungen haben auch starke Auswirkungen auf den europäischen Integrationsprozess. Der EU gelingt es nicht, die in der Eurokrise sichtbar gewordenen Strukturprobleme der Wirtschafts- und Währungsunion durch vertiefte Integrationsschritte zu überwinden. Ja, selbst äußerst moderate Reformvorschläge, wie die Ende 2017 von der Juncker-Kommission vorgelegten Pläne, drohen angesichts der erforderlichen Einstimmigkeit in den Haushaltsverhandlungen, Widerständen in der CDU/CSU-Bundestagsfraktion und einer »deutschen« Haltung des SPD-Finanzministers Scholz weiter verwässert zu werden.

Die Zunahme des Nationalismus verhindert darüber hinaus eine gemeinschaftliche Lösung in der Flüchtlingskrise. In ihrer Not flüchtet sich die EU in völkerrechtswidrige Abkommen mit der Türkei und eine Kooperation mit politischen Kräften in Libyen, die die Flüchtlinge in KZ-ähnlichen Gefängnissen misshandeln. Diese Praxis der Abschottung und der Abschiebung führt jedoch nicht zur Eindämmung des Rechtspopulismus, sondern fördert im Gegenteil die Ressentiments gegen Flüchtlinge und ihre Stigmatisierung als Sündenböcke. Rechtspopulismus und Nationalismus sind darüber hinaus für den Austritt Großbritanniens aus der EU verantwortlich (Brexit) und befördern in Osteuropa, vor allem Polen und Ungarn, die Unterhöhlung demokratischer Verfassungsprinzipien, ohne dass die EU bislang in der Lage wäre, diese vertragswidrigen Praktiken einzudämmen.

Unsere Analysen haben auch deutlich gemacht, dass eine Zunahme dieser Tendenzen zu einer Zerstörung des Euro, des einheitlichen Binnenmarkts und der Europäischen Union führen können. Die damit einhergehenden ökonomischen und politischen Krisen würden in Europa ein neues Zeitalter einläuten, das Entwicklungen wie in der ersten Hälfte des 20. Jahrhunderts nicht ausschließt.

Gerade in solchen Zeiten der Bedrohung ist es die Aufgabe von WissenschafterInnen und Intellektuellen, Vorschläge für alternative Entwicklungspfade zu entwerfen. Das Manifest von Ventotene, in dem 1941 die Antifaschisten Altiero Spinelli, Ernesto Rossi und Eugenio Colorni die Überwindung des Systems der Nationalstaaten und einen föderalen europäischen Bundesstaat forderten, um in Zukunft Katastrophen wie den Faschismus und den Weltkrieg zu vermeiden, ist ein positives Beispiel für ein solches in einer schier ausweglosen Lage entwickeltes politisches Programms, das etliche Jahre, ja Jahrzehnte, großen Einfluss auf die Entwicklung des europäischen Integrationsprozesses hatte.[66]

Die Kernthese des Manifests lautete: Die Niederlage Deutschlands wird nicht automatisch die Neuordnung Europas mit sich bringen, die seinem Kulturideal entspricht. Die reaktionären Kräfte verfügen über geschickte Anhänger und Kader, die zum Befehlen erzogen worden sind und ihre Vorherrschaft hartnäckig verteidigen werden. Im kritischen Moment werden sie sich geschickt zu verstellen wissen und beteuern, wie sehr ihnen die Freiheit, der Friede, der allgemeine Wohlstand der benachteiligten Klassen am Herzen liege. Vor allen Dingen werden sie die Wiederherstellung des Nationalstaates ins Feld führen. Sie gewinnen so jenes Volksempfinden für sich, das am weitesten verbreitet ist und am leichtesten zur Beute reaktionärer Manipulationen wird: das patriotische Gefühl. Die erste Aufgabe, die angepackt werden muss und ohne deren Lösung jeglicher Fortschritt auf dem Papier bleibt, ist die endgültige Beseitigung der Grenzen, die Europa in souveräne Staaten aufteilen. Ein freies und geeintes Europa ist die unerlässliche Voraussetzung für die Verbreitung der modernen Kultur, deren Entwicklung die totalitäre Epoche aufgehalten hat.

Die Europäische Union wurde mit dem Ziel gegründet, den Kriegen zwischen Nachbarn endgültig ein Ende zu bereiten, die ihren Höhepunkt im

---

[66] Dieses Manifest ist jüngst neu aufgelegt worden: Reclaim the Manifesto of VENTOTENE. What future for the EU? Brüssel 2018 (www.dielinke-europa.eu/kontext/controllers/document.php/741.c/3/d28917.pdf). Wir interpretieren den Aufruf so, dass nur mit einer proeuropäischen Grundhaltung eine Erneuerung der Eurozone und der EU gelingen kann.

Zweiten Weltkrieg gefunden hatten. Das Manifest von Ventotene hat die Programmatik der europäischen Föderalisten in der unmittelbaren Nachkriegszeit stark beeinflusst. Es stand Pate beim Verfassungskonzept der »Europäischen Politischen Gemeinschaft«, das im Rahmen der Pläne für eine Europäische Verteidigungsgemeinschaft (EVG) entwickelt wurde, aber 1954 am Votum der französischen Nationalversammlung scheiterte. Und es bildete den Hintergrund des 1984 vom Europäischen Parlament mit breitester Mehrheit verabschiedeten Entwurfs eines »Vertrages zur Gründung der Europäischen Union«, den maßgeblich Altiero Spinelli erarbeitet hatte.

Dem Rechtspopulismus mit einem radikalen Alternativprogramm entschieden entgegentreten

Die Verfasser des Manifests von Ventotene haben ihren Aufruf zur Überwindung des Nationalstaats und zur Gründung eines vereinten Europas in den finstersten Zeiten von Krieg und Faschismus formuliert. Heute gilt es, die Errungenschaften der europäischen Integration vor den zerstörerischen Kräften des Rechtspopulismus zu verteidigen, um einem Rückfall in diese Zeiten der Barbarei Einhalt zu gebieten.

Jürgen Habermas hat in der »Zeit« in der ihm eigenen Präzision die doppelte Herausforderung an Gesellschaft und Politik in Deutschland und Europa formuliert: Auf dem Weg zu einem sozialen Europa müssen »die Bürger erkennen können, dass jene sozialen und wirtschaftlichen Probleme angepackt werden, die die Verunsicherung, die Angst vor sozialem Abstieg und das Gefühl, die Kontrolle zu verlieren, verursachen. Sozialstaat und Demokratie bilden einen inneren Zusammenhang, den in einer Währungsgemeinschaft nicht mehr der einzelne Nationalstaat allein verbürgen kann.« (Habermas 2016)

Die ab 2010 eingeleiteten Sparmaßnahmen und Steuererhöhungen haben in Spanien, Portugal und Italien nicht wie erhofft die Staatsverschuldung gesenkt, sondern dazu beigetragen, dass die drei Volkswirtschaften zurück in die Rezession getrieben wurden. Die Erfolglosigkeit des Konsolidierungskurses ist entgegen einer verbreiteten Meinung nicht die Folge mangelnden »Reformeifers« der jeweiligen Regierungen – vielmehr haben die drastischen Ausgabenkürzungen und Steuererhöhungen verhindert, dass die unternommenen Reformen ihre volle Wirkung entfalten.

Literatur

Affaticati, Andrea (2018): »In Italien kommen wieder mehr Flüchtlinge an«, www.n-tv.de/20262617).

Akerlof, G.A./Shiller, R.J. (2009): Animal Spirits: Wie Wirtschaft wirklich funktioniert, Frankfurt a.M.

Alduy, Cécile/Wahnich, Stéphane (2015): Marine Le Pen prise au mot. Décryptage du nouveau discours frontiste, Paris.

Anheier, Helmut (2017): Wut auf die Eliten, in: IPG – Internationale Politik und Gesellschaft, 6.11.2017, www.ipg-journal.de/aus-meinem-buecherschrank/artikel/wut-auf-die-eliten-2409/.

Bank für Internationalen Zahlungsausgleich (2014): 84. Jahresbericht, Basel.

Barro, Robert/Sala-I-Martin, Xavier (1995): Economic Growth, New York.

Becker, Frans (2010): Vom Poldermodell zum Populismus, Vortrag im Haus der Niederlande in Münster am 8. Dezember; www.uni-muenster.de/NiederlandeNet/nl-wissen/politik/vertiefung/laboratorium/.

Bellera-Kirchhoff, Ricard (2016): Spanien: Stier aus Gips, in: Bsirske, Frank/Busch, Klaus/Höbel, Olivier/Knerler, Rainer/Scholz, Dieter (Hrsg.): Gewerkschaften in der Eurokrise – Nationaler Anpassungsdruck und europäische Strategien, Hamburg.

Best, Heinrich/Niehoff, Steffen/Salheiser, Axel/Vogel, Lars (2017): Thüringens ambivalente Mitte: Soziale Lagen und politische Einstellungen. Ergebnisse des Thüringen-Monitors 2017 – Zusammenfassung, Jena.

Best, Heinrich/Hiehoff, Steffen/Salheiser, Axel/Salomo, Katja (2016): Thüringen im 25. Jahr der deutschen Einheit. Thüringen-Monitor 2015, Jena.

Betz, Hans-Georg (1998): Rechtspopulismus: Ein internationaler Trend? In: Aus Politik und Zeitgeschichte.

Bischoff, Joachim (2017): Kapitalismus ohne Systemopposition?, in: Michael Brie/Joachim Bischoff, Ist der Kapitalismus am Ende?, Supplement der Zeitschrift Sozialismus, Heft 1017.

Bischoff, Joachim/Gauthier, Elisabeth/Müller, Bernhard (2015): Europas Rechte. Das Konzept des »modernisierten« Rechtspopulismus, Hamburg.

Bischoff, Joachim/Müller, Bernhard (2016): Moderne Rechte und die Krise des demokratischen Kapitalismus, Supplement der Zeitschrift Sozialismus, Heft 12.

Bischoff, Joachim/Müller, Bernhard (2017): Soziale Ungleichheit als Kampffeld, in: Sozialismus, Heft 3.

Bofinger, Peter, u.a. (2017): Eine Strategie für mehr Investitionen, mehr Wachstum und Beschäftigung in Europa, Arbeitspapier der Gruppe »Restart EUROPE now!«, Berlin

Brandau, Bastian (2013): Erfolg und Misserfolg des Movimento Cinque Stelle. Die Parlamentswahlen 2013, PIFO, Universität Gießen, Occasional Papers 17/13, Gießen.

Braun, Michael (2013): Der Stiefel ist voll, in: taz, 11.10.

Brumlik, Micha (2016): »Das alte Denken der neuen Rechten. Mit Heidegger und Evola gegen die offene Gesellschaft«, in: Blätter für deutsche und internationale Politik, Heft 3.

Brumlik, Micha (2017): Die Erben des Rassismus. Die AfD und ihre WählerInnenschaft beerben den tief verwurzelten Rassismus Deutschlands. Die Partei ist eine aktualisierte Wiedergängerin der NSDAP, in: taz 25.9.

Bsirske, Frank/Busch, Klaus (2013): A Concept for Deepening the Social Dimension of the European Union, in: Social Europe Journal, 14.8.2013.

Bsirske, Frank/Busch, Klaus/Höbel, Olivier/Knerler, Rainer/Scholz, Dieter (Hrsg.) (2016): Gewerkschaften in der Eurokrise – Nationaler Anpassungsdruck und europäische Strategien, Hamburg.

Bundesministerium des Innern im Auftrag der Deutschen Islam Konferenz (Hrsg.) (2012): Muslimfeindlichkeit – Phänomen und Gegenstrategien. Beiträge der Fachtagung der Deutschen Islam Konferenz am 4./5.12.2012, Berlin.

Busch, Klaus (1990): Umbruch in Europa – Die ökologischen, ökonomischen und sozialen Perspektiven des einheitlichen Binnenmarktes, Köln.

Busch, Klaus (2011): Das Korridormodell – relaunched, Friedrich-Ebert-Stiftung, Internationale Politikanalyse, Berlin.

Busch, Klaus (2016a): Nachwort: Schlussfolgerungen und politische Botschaften, in: Bsirske, F./Busch, K./Höbel , O./Knerler, R./Scholz, D. (Hrsg.) (2016): Gewerkschaften in der Eurokrise – Nationaler Anpassungsdruck und europäische Strategien, Hamburg, S. 230-238.

Busch, Klaus (2016b): Das Versagen Europas. Die Euro- und die Flüchtlingskrise sowie die »Brexit«-Diskussion. Eine Flugschrift, Hamburg.

Busch, Klaus/Hermann, Christoph/Hinrichs, Karl/Schulten, Thorsten (2012): Eurokrise, Austeritätspolitik und das Europäische Sozialmodell, FES, Internationale Politikanalyse, Berlin.

Busch, Klaus/Troost, Axel/Schwan, Gesine/Bsirske, Frank, u.a. (2016): Europa geht auch solidarisch – Streitschrift für eine andere EU, Hamburg.

Busch, Klaus/Troost, Axel/Schwan, Gesine/Bsirske, Frank (2017a): Ausgleich statt Austerität – Für eine solidarische Europäische Union, in: Blätter für deutsche und internationale Politik, Nr. 1/17, Berlin, S. 93-104.

Busch, Klaus/Troost, Axel/Schwan, Gesine/Bsirske, Frank, u.a. (2017b): Replik auf Heiner Flassbeck, in: Sozialismus.de, 30.1.2017.

Business Insider Reuters (2017): www.businessinsider.de/tuerkei-konkrete-druckmittel-sind-begrenzt-5589846, Karlsruhe.

Caccia, Beppe (2017): »Drei Populismen und kein ›Volk‹. Politische Konstellationen in Italien«, in: Luxemburg. Gesellschaftsanalyse und Linke Praxis, Januar 2017, Berlin

Centro Studi Confindustria (Hrsg.) (2014): Scenari Industriali, Roma.

Chwala, Sebastian (2015): Der Front National. Geschichte, Programm, Politik und Wähler, Köln.

Decker, Oliver/Kiess, Johannes/Brähler, Elmar (Hrsg.) (2016): Die enthemmte Mitte. Autoritäre und rechtsextreme Einstellung in Deutschland, Gießen.

Deutsche Bundesbank (2016): Zur Investitionstätigkeit im Euroraum, Monatsbericht Januar 2016, Frankfurt a.M.

Dullien, Sebastian (2013): Umbau der Finanzmärkte – Übermäßiges Vertrauen in Marktrationalität hält an, in: Wirtschaftsdienst 2013, Sonderheft, Hamburg.

Ehrich, Issio (2017): »Berlin ist lebensgefährlich pragmatisch«, in: n-tv, 9.8.2017, www.n-tv.de/19976096

Ehrich, Issio (2017): »Türkei-Pakt ist nichts gegen neuen EU-Deal«, in: n-tv, 23.12.2017.

Engler, Marcus (2017): Migrationsprofil Frankreich, in: Frankreich, hrsg. von der Bundeszentrale für politische Bildung, Bonn.

Europäische Kommission (2012): Ein Konzept für eine Vertiefte und Echte Wirtschafts- und Währungsunion – Auftakt für eine Europäische Diskussion, COM (2012) 777 final/2, Brüssel.

Europäische Kommission (2017a): Weißbuch zur Zukunft Europas – Die EU 27 im Jahre 2025 – Überlegungen und Szenarien, Brüssel.

Europäische Kommission (2017b): Reflexionspapier zur Vertiefung der Wirtschafts- und Währungsunion, Brüssel.

Europäische Kommission (2017c): Reflexionspapier zur sozialen Dimension Europas, Brüssel.

Europäische Kommission (2017d): Vorschlag für eine interinstitutionelle Proklamation zur europäischen Säule sozialer Rechte, Brüssel.

Europäische Kommission (2017e): Mitteilung der Kommission an das Europäische Parlament, den Rat, den Europäischen Wirtschafts- und Sozialausschuss und den Ausschuss der Regionen zur Einführung einer Säule sozialer Rechte, Brüssel.

Europäische Kommission (2017f): Arbeitsunterlage der Kommissionsdienststellen — Begleitunterlage zur Mitteilung der Kommission an das Europäische Parlament, den Rat, den Europäischen Wirtschafts- und Sozialausschuss und den Ausschuss der Regionen zur Einführung einer europäischen Säule sozialer Rechte, Brüssel.

Europäische Kommission (2017g): Arbeitsunterlage der Kommissionsdienststellen – Sozialpolitisches Scoreboard, Brüssel.

Europäische Kommission (2017h): Weitere Schritte zur Vollendung der Wirtschafts- und Währungsunion Europas: Ein Fahrplan, COM (2017) 821 final, Brüssel.

Europäische Kommission (2017i): Neue Haushaltsinstrumente für ein stabiles Euro-Währungsgebiet innerhalb des Unionsrahmens, COM (2017) 822 final, Brüssel.

Europäische Kommission (2017j): Ein Europäischer Minister für Wirtschaft und Finanzen, COm (2017) 823 final, Brüssel.

European Central Bank (2012): Verbatim of the remarks made by Mario Draghi. Speech by Mario Draghi at the Global Investment Conference in London, 26 July 2012, Frankfurt a.M.

European Commission (2013): Communication from the Commission to the European Parliament and the Council. Strengthening of the Social Dimension of the Economic and Monetary Union, 2.10.2013, Brussels.

European Commission (2015): European Economic Forecast. Statistical Annex, Spring 2015, Brussels.

European Commission (2016): European Economic Forecast. Statistical Annex, Winter 2016, Brussels.

European Commission (2017): Statistical Annex of European Economy, Autumn 2017, Brussels.

Eurostat (2016): Statistics explained, Brussels.

Eurostat (2017): Asylum and first time asylum applicants by citizenship, age and sex. Annual aggregated data (rounded), letztes Update: 26.4.2017, Brussels.

Falter, Jürgen (1991): Hitlers Wähler, München.

Falter, Matthias (2018): Die rechtsextreme Mitte, in: Blätter für deutsche und internationale Politik, Heft 2.

Farida, Nina (2017): Ist die AfD eine Gefahr für die Demokratie? Semesterarbeit. Berlin. Unv. Mskr.

Feigl, Georg/Breiteneder, Sandra/Greif, Wolfgang (2016): Österreich: erfolgreiche Sozialpartnerschaft in der Krise, in: Bsirske, F./Busch, K./Höbel , O./ Knerler, R./Scholz, D. (Hrsg.): Gewerkschaften in der Eurokrise – Nationaler Anpassungsdruck und europäische Strategien, Hamburg, S. 93-107.

Flecker, Jörg/Kirschenhofer, Sabine (2007): Die populistische Lücke, Berlin.

Fratzscher, Marcel/Junker, Simon (2015): Integration von Flüchtlingen – Eine langfristig lohnende Aufgabe, in: DIW-Wochenbericht, Nr. 45, Berlin.

Frehse, Lea (2017): »Die EU hat die Türkei als offenes Gefängnis gemietet«, ZEIT online, 10.4.2017.

Fukuyama, Francis (1992): Das Ende der Geschichte. Wo stehen wir?, Reinbek b. Hamburg.

Fund for Peace (2015): Fragile States Index 2015, Washington, D.C.

Funke, Hajo (1993): Brandstifter. Deutschland zwischen Demokratie und völkischem Nationalismus, Göttingen.

Funke, Hajo (2002a): Der amerikanische Weg. Hegemonialer Nationalismus in der US-Administration, Berlin.

Funke, Hajo (2002b): Paranoia und Politik. Berlin.

Funke, Hajo (2002c): Rausch und Rage, in: Paranoia und Politik, Berlin.

Funke, Hajo (2006): Gott Macht Amerika. Ideologie, Religion und Politik der US-amerikanischen Rechten, Berlin.

Funke, Hajo (2015): Staatsaffäre NSU, Münster.

Funke, Hajo (2016): Von Wutbürgern und Brandstiftern, Berlin.

Funke, Hajo (2017): Sicherheitsrisiko Verfassungsschutz. Staatsaffäre NSU: das V-Mann-Desaster und was daraus gelernt werden muss, Hamburg.

Funke, Hajo/Mudra, Christiane (2018): Gäriger Haufen. Die AfD: Ressentiments, Regimewechsel und völkische Radikale. Handreichung zum demokratischen Widerstand, Hamburg.

Funke, Hajo/Nakschbandi, Walid (2017): Deutschland. Die herausgeforderte Demokratie. Frankfurt a.M.

Gedeon, Wolfgang (2012): Der grüne Kommunismus und die Diktatur der Minderheiten – eine Kritik des westlichen Zeitgeists, Frankfurt a.M.

Grabka, Markus M./Goebel, Jan (2017): Realeinkommen sind von 1991 bis 2014 im Durchschnitt gestiegen – erste Anzeichen für wieder zunehmende Einkommensungleichheit, DIW-Wochenbericht 4.

Grunberg, Gérard (2013): Frankreich in der Krise, in: Deutsch-Französisches Institut (Hrsg.): Frankreich-Jahrbuch, Wiesbaden.

GUE/NGL (Hrsg.) (2018): Reclaim the Manifesto of Ventotene. What future for the EU? Brussels.

Guérot, Ulrike (2016a): »Das Versagen der politischen Mitte. Die EU und der Aufstieg des Rechtspopulismus«, in: Blätter für deutsche und internationale Politik, Heft 6.

Guérot, Ulrike (2016b): Warum Europa eine Republik werden muss. Eine politische Utopie, Bonn.

Habermas, Jürgen (2016): Die Spieler treten ab. Kerneuropa als Rettung: Ein Gespräch mit Jürgen Habermas über den Brexit und die EU-Krise, in: ZEIT online, 9.7.

Hacker, Björn (2015): Die Zukunft der Eurozone: Der Fünf-Präsidenten-Bericht orientiert sich an Schäubles Stabilitätsunion, Friedrich-Ebert-Stiftung, Berlin

Handelsblatt (2018): »Frankreich setzt auf Abschreckung und riskiert Verfassungskrise«; www.handelsblatt.com/politik/international/fluechtlinge-in-calais-frankreich-setzt-auf-abschreckung-und-riskiert-verfassungskrise/20130756.html.

Handelsblatt (2018): »Österreich will Europa den Weg weisen«, www.handelsblatt.com/politik/international/fluechtlingskrise-oesterreich-will-europa-den-weg-weisen-/19219606.html.

Heidegger, Martin (1967): Sein und Zeit, Tübingen.

Heitmeyer, Wilhelm (Hrsg.) (2006): Deutsche Zustände, Folge 6, Frankfurt a. M.

Heitmeyer, Wilhelm (Hrsg.) (2012): Deutsche Zustände, Folge 10, Frankfurt a.M.

Hensel, Alexander/Geiges, Lars/Pausch, Robert/Förster, Julika (2016): Die AfD vor den Landtagswahlen 2016. Arbeitspapier der Otto Brenner Stiftung 20, Gießen.

Hentges, Gudrun/Nottbohm, Kristina/Platzer, Hans-Wolfgang (Hrsg.) (2017): Europäische Identität in der Krise? Europäische Identitätsforschung und Rechtspopulismusforschung im Dialog, Wiesbaden.

Hilmer, Richard/Kohlrausch, Bettina/Müller-Hilmer, Rita/Gagné, Jérémie (2017): Einstellung und soziale Lebenslage. Eine Spurensuche nach Gründen für rechtspopulistische Orientierung, auch unter Gewerkschaftsmitgliedern, Working Paper der Forschungsförderung in der Hans-Böckler-Stiftung Nummer 44, Juli; www.boeckler.de/pdf/p_fofoe_WP_044_2017.pdf.

Holtmann, Everhard/Jaeck, Tobias/Völkl, Kerstin (2014): Sachsen-Anhalt-Monitor 2014. Festigung der Demokratie. Erhebung im Auftrag der Landeszentrale für politische Bildung Sachsen-Anhalt, Halle.

Hopf, Christel (1995): Familie und Rechtsextremismus, Weinheim/München.

Human Rights Watch (2016): Türkei schießt an Grenze auf syrische Flüchtlinge, die vor IS fliehen (https://deutsch.rt.com/international37850-human-rights-watch-turkei-schiesst/), 18. April 2016.

Ignazi, Piero (2017): Erst Berlusconi jetzt Grillo – Was ist los mit den Italienern? Interview von Andrea Affaticati mit Piero Ignazi, in: n-tv, 14. April 2017, Berlin.

International Monetary Fund (2014a): Global Financial Stability Report, Washington, D.C., April 2014.

International Monetary Fund (2014b): Global Financial Stability Report, Washington, D.C. , October 2014.

International Monetary Fund (2016): World Economic Outlook Update, Washington, D.C., January 2016.

Ivaldi, Gilles (2017): Europa in der Konfrontation mit populistischen und rechtsradikalen Parteien, in: Hentges, Gudrun/Nottbohm, Kristina/Platzer, Hans-Wolfgang (Hrsg): Europäische Identität in der Krise? Europäische Identitätsforschung und Rechtspopulismusforschung im Dialog, S. 121-148, Wiesbaden.

Jacobsen, Lenz (2016): Was deutsch ist, soll es ewig bleiben, in: ZEIT online, 1.5.

Jaschke, Hans-Gerd (2001): Rechtsextremismus und Fremdenfeindlichkeit, Wiesbaden.

Jelic, Marco (2013): Die Sarrazin-Debatte in den Medien. Masterarbeit, Universität Bonn.

Juncker, Jean-Claude u.a. (2015): Die Wirtschafts- und Währungsunion vollenden, Brüssel.

Kazim, Hasnain (2016): »Geflohene Syrer in der Türkei: Betteln und Buckeln«, in: Spiegel Online, 12.2.2016.

Kemper, Andreas (2016): »... die neurotische Phase überwinden, in der wir uns seit 70 Jahren befinden«, Rosa-Luxemburg-Stiftung Thüringen, Februar.

Kempf, Udo (2017): Das politische System Frankreichs, Wiesbaden

Kepel, Gilles (2016): Terror in Frankreich – Der neue Dschihad in Europa, München.

Kepel, Gilles (2017): Interview mit dem Politikwissenschaftler Gilles Kepel; www.bpb.de/gesellschaft/migration/laenderprofile/245057/2017-interview-mit-dem-franzoesichen-politikwissenschaftler-gilles-kepel, Bonn.

Kitzler, Jan-Christoph (2017): »Die Lega Nord in Italien«, Bundeszentrale für politische Bildung, www.bpb.de/politik/extremismus/rechtspopulismus/241034/die-lega-nord-in-italien, Bonn.

Köcher, Renate (2016): Generation Mitte, Studie des Instituts für Demoskopie Allensbach, September.

Küpper, Beate (2016): Das Denken der Nichtwählerinnen und Nichtwähler. Einstellungsmuster und politische Präferenzen, Friedrich Ebert Stiftung, Forum Berlin.

Lepsius, M. Rainer (1966): Extremer Nationalismus. Strukturbedingungen vor der nationalsozialistischen Machtergreifung. Stuttgart/Berlin/Köln/Mainz.

Lipgens, Walter (1986): 45 Jahre Ringen um die Europäische Verfassung. Dokumente 1939-1984. Von den Schriften der Widerstandsbewegung bis zum Vertragsentwurf des Europäischen Parlaments, Bonn.

Lipset, Seymour Martin (1960): Political Man, New York.

Maass, Gero/Möllers, Henri (2016): Schweden und das nordische Modell, in Bsirske, F./Busch, K./Höbel , O./Knerler, R./Scholz, D. (Hrsg.): Gewerkschaften in der Eurokrise – Nationaler Anpassungsdruck und europäische Stra-

tegien, Hamburg, S. 70-92.
Macron, Emmanuel (2017): Rede von Staatspräsident Macron an der Sorbonne, 26. September 2017, Paris; https://de.ambafrance.org/Initiative-fur-Europa-Die-Rede-von-Staatsprasident-Macron-im-Wortlaut.
Meiler, Oliver (2015): »Von Schakalen, Ratten und Würmern«, in: sueddeutsche.de, 13. September 2015, München.
Metzger, Frank/Behrens, Kilian: »Die Bedrohung wächst. Rassistische Mobilisierungen in Berlin und Brandenburg«, in: Monitor. Rundbrief des Apabiz 73, 4/2016.
Minkenberg, Michael (1998): Die neue radikale Rechte im Vergleich, Wiesbaden.
Movimento Cinque Stelle (o.J.): »Programma«, www.beppegrillo.it, www.beppegrillo.it/iniziative/movimentocinquestelle/Programma-Movimento-5-Stelle.pdf.
Mudde, Cas (2004): The Populist Zeitgeist. Government and Opposition 39 (4): 542-563.
Müller, Jan-Werner (2016a): Auch Protestwähler wollen ernst genommen werden, in: NZZ vom 18.6.
Müller, Jan-Werner (2016b): Was ist Populismus?, Frankfurt a.M.
Müller, Torsten/Platzer, Hans-Wolfgang (2016): Gewerkschaften und Arbeitsbeziehungen im Europa der Krise. Strukturdaten und Entwicklungstrends im Vergleich, in: Bsirske, Frank/Busch, Klaus/Höbel, Olivier-Andre/Knerler, Rainer/Scholz, Dieter (Hrsg.): Gewerkschaften in der Eurokrise – Nationaler Anpassungsdruck und europäische Strategien, Hamburg.
Müller, Karsten/Schwarz, Carlo (2017): Fanning the Flames of Hate: Social Media and Hate Crime, University of Warwick (verfügbar unter: dx.doi.org/10.2139/ssrn.3082972).
Münchau, Wolfgang (2016): Wie die Flüchtlingskrise den Arbeitsmarkt unter Druck setzt, in: Spiegel online, 22.1.2016.
Nachtwey, Oliver (2016): Die Abstiegsgesellschaft. Über das Aufbegehren in der regressiven Moderne, Berlin.
Neckel, Sighard (2016): Aus Scham wird Rache, in: Süddeutsche Zeitung, 21.11.
Nohlen, Dieter (1992) Lexikon der Politik, Band 3, München.
Non-Paper (2013): The social dimension of a genuine Economic and Monetary Union, Brussels.
Pelinka, Anton (2002): Die FPÖ im internationalen Vergleich. Zwischen Rechtspopulismus, Deutschnationalismus und Österreich-Patriotismus, conflict & communication online, Vol. 1, No. 1.
Pelinka, Anton (2013): Der Preis der Salonfähigkeit, in: www.doew.at, Rechts-

extremismus in Österreich.
Pelinka, Anton (2017a): Vor dem Bruch. Eine Ära geht zu Ende. Die Koalition von Rot und Schwarz hat das Land geprägt. Nun verzetteln sich die Erben in taktischen Spielen, um nicht ganz die Macht zu verlieren, in: ZEIT online, 3.7.
Pelinka, Anton (2017b): Türkis ist das neue Blau. Die FPÖ wird die Herbstwahl zwar nicht gewinnen, ihre Ideologie hat sich aber durchgesetzt, in: ZEIT online, 8.9.
Pfetsch, Frank R./Beichelt, Timm (2005): Die Europäische Union – Geschichte, Institutionen, Prozesse, Stuttgart.
Pianta, Mario/Lucchese, Matteo/Nascia, Leopoldo (2016): What is to be produced? The making of a new industrial policy in Europe, Rosa Luxemburg Stiftung, Juli 2016, Brüssel; www.rosalux.eu/publications/what-is-to-be-produced-the-making-of-a-new-industrial-policy-in-europe/.
Pickel, Gert/Decker, Oliver (Hrsg.) (2016): Extremismus in Sachsen, Leipzig.
Platzer, Hans-Wolfgang (2012): Vom Euro-Krisenmanagement zu einer neuen politischen Architektur der EU? Internationale Politikanalyse. Friedrich-Ebert-Stiftung, Berlin.
Pro Asyl (2017): Zahlen, Fakten und Argumente, www.proasyl.de/thema/fakten-zahlen-argumente/.
Proust, Sarah (2013): Le Front national: Le hussard brun contre la république, Lormont.
Quent, Matthias/Schmidtke, Franziska/Salheiser, Axel (2016): Gefährdungen der demokratischen Kultur in Thüringen. Expertise zur Überarbeitung des Thüringer Landesprogramms für Demokratie, Toleranz und Weltoffenheit, Jena.
Rafael, Simone (2016): »Gespaltene Mitte – Feindselige Zustände«: Welche Normen gelten noch?, netz-gegen-nazis.de, 21. November.
Rehfeldt, Udo (2016): Frankreich: Von der Exzeptionalität zum Neokorporatismus? In: Bsirske, F./Busch, K./ Höbel, O./Knerler, R./Scholz, D. (Hrsg.) (2016): Gewerkschaften in der Eurokrise – Nationaler Anpassungsdruck und europäische Strategien, Hamburg, S. 108-124.
Rehfeldt, Udo (2017): Die Arbeitsmarktreformen Macrons, in: Mitbestimmung, Nr. 6, Düsseldorf.
Rensmann, Lars/Hagemann, Steffen/Funke, Hajo (2011): Autoritarismus und Demokratie, Schwalbach.
Richter, Christoph/Bösch, Lukas (2017): Afd als Nachfolger der NPD? Demokratiefreie Räume, Wahlkreisanalyse zur Bundestagswahl 2017, Eine Studie im Auftag der Amadeo Antonio Stiftung
Rompuy, Van Herman/Barroso, J.M./Juncker, J.-C./Draghi, M. (2012): Towards

a Genuine Economic and Monetary Union, Brussels.
Röpke, Andrea (2014): »Gefährlich verankert«, Schwerin.
Rosanvallon, Pierre (2013): The Society of Equals, Cambridge.
Ruzza, Carlo (2013): Italian Populism and the trajectory of two leaders: Silvio Berlusconi and Umberto Bossi, Università degli Studi di Trento, Research Gate, www.researchgate.net/publication/272160961, Trento.
Sander, Bernhard (2017a): Rechtspopulistischer »Plan für die Niederlande«, in Sozialismus, Heft 3.
Sander, Bernhard (2017b): Rechtspopulist Wilders: »Rutte wird mich nicht los«, in: Sozialismus.de, 17.3.
Sanft, Hilde/Sanders, Eike/Jentsch Uli (2014): »Reihenweise Einzeltäter. Die Behörden verhindern die Aufklärung des NSU-Netzwerks«, in: Monitor. *R*undbrief des Apabiz 66, 10.
Sarrazin, Thilo (2010): Deutschland schafft sich ab, München.
Sauer, Dieter/Stöger, Ursula/Bischoff, Joachim/Detje, Richard/Müller, Bernhard (2018): Rechtspopulismus und Gewerkschaften. Eine arbeitsweltliche Spurensuche, Hamburg.
Schäfer, Armin (2015): Der Verlust politischer Gleichheit. Warum die sinkende Wahlbeteiligung der Demokratie schadet, Frankfurt a.M.
Scharsach, Hans-Henning 2017: Stille Machtergreifung, Wien.
Schoof, Ulrich (2015): Brexit – Mögliche wirtschaftliche Folgen eines EU-Austritts, Bertelsmann Stiftung, Policy Brief #2015/05, Gütersloh.
Schulmeister, Stephan (2013): Euroabwicklung: Der finale Schritt in den Wirtschaftskrieg, in: Blätter für deutsche und internationale Politik, Heft 10.
Schulze-Buschoff, Karin (2016): Atypische Beschäftigung in Europa – Herausforderungen für die Alterssicherung und die gewerkschaftliche Interessenvertretung, Hans-Böckler-Stiftung, Study No. 1, März.
Schwörer, Jakob (2016): »Populismus in Italien. Das Movimento Cinque Stelle«, Göttinger Institut für Demokratieforschung, Blog, 20.12., Göttingen.
Sellner, Martin (2017): Identitär. Geschichte eines Aufbruchs, Schnellroda.
Sellner, Martin/Spatz, Walter (2015): Gelassen in den Widerstand. Ein Gespräch über Heidegger, Streiga.
Spannagel, Dorothee (2016): Soziale Mobilität nimmt weiter ab, WSI-Verteilungsbericht 2016, WSI-Report Nr. 31, Oktober.
Spiegel Online (2017): www.spiegel.de/politik/ausland/recep-tayyip-erdogan-neue-nazi-vorwuerfe-gegen-deutschland-a-1140511.html, Hamburg
Statista (2016): »Target2-Daten der Euroländer 2016«, Hamburg
Steffani, Winfried (1992): Parlamentarisches und präsidentielles Regierungssystem, in: Dieter Nohlen (Hrsg.), Lexikon der Politik. Band 3: Die westli-

chen Länder, München, S. 288ff.
Steppat, Timo (2017): »Le Pen verliert ihren Schrecken«, www.faz.net/aktuell/politik/wahl-in-frankreich/wahlanalyse-frankreich-der-front-national-ist-noch-nicht-geschlagen-14992111.html, Frankfurt a.M.
Stöss, Richard (2000): Rechtsextremismus im vereinten Deutschland, Berlin.
Streeck, Wolfgang (2013): Gekaufte Zeit: Die vertagte Krise des demokratischen Kapitalismus, Frankfurt a.M.
Sumner, William (1906): Folkways. A study of the sociological importance of usages, manners, customs, mores, and morals, New York.
Telljohann, Volker (2016): Italien: Marginalisierung des Tripartismus, in: Bsirske, Frank/Busch, Klaus/Höbel, Olivier/Knerler, Rainer/Scholz, Dieter (Hrsg.): Gewerkschaften in der Eurokrise – Nationaler Anpassungsdruck und europäische Strategien, Hamburg.
Todd, Emmanuel (2005): Gespräch mit Emmanuel Todd, in: FAZ, 12.11.2005
Tóth, Barbara (2015): Am mächtigsten in der Opposition: Die FPÖ in Österreich, in Hillebrand, Ernst (Hrsg.): Rechtspopulismus in Europa. Bonn.
UNHCR (2015): Zahlen und Statistiken, Genf.
UNHCR (2017): www.unhcr.org/dach/de/services/statistiken, Genf.
Vehrkamp, Robert/Wegschaider, Klaudia (2017): Populäre Wahlen. Mobilisierung und Gegenmobilisierung der sozialen Milieus bei der Bundestagswahl 2017, Bertelsmann-Stiftung, Oktober.
Vorländer, Hans/Herold, Mai/Schäller, Steven (2016): Pegida. Entwicklung, Zusammensetzung und Deutung einer Empörungsbewegung, Berlin.
Welt N24 (2016): »Berlusconi fordert zweite Währung für Italien«, 1.12.2016
Wölk, Volkmar (2016): »Kreuzritter für das Abendland«, in: Burschel, Fritz (Hrsg.): Durchmarsch von rechts. 17. Manuskripte. Neue Folge, Rosa Luxemburg Stiftung, Berlin.
Zick, Andreas/Klein, Anne (2014): Fragile Mitte – Feindselige Zustände. Herausgegeben für die Friedrich-Ebert-Stiftung, Bonn.
Zick, Andreas/Küpper, Beate (2015): Wut, Verachtung, Abwertung. Rechtspopulismus in Deutschland, Bonn.
Zick, Andreas/Küpper, Beate/Krause, Daniela (2016): Gespaltene Mitte. Feindselige Zustände, Bonn.
Ziebura, Gilbert (1995): Staat, Wirtschaft und Gesellschaft am Ende der Ära Mitterrand – Kontinuitäten, Brüche, Perspektiven, in: Deutsch-Französisches Institut (Hrsg.): Frankreich-Jahrbuch, Wiesbaden.